住房城乡建设部土建类学科专业"十三五"规划教材

高等学校城乡规划专业系列推荐教材

城市基础设施运营管理理论与实践

秦颖 主编

中国建筑工业出版社

图书在版编目（CIP）数据

城市基础设施运营管理理论与实践 / 秦颖主编. — 北京：中国建筑工业出版社，2022.8
住房城乡建设部土建类学科专业"十三五"规划教材
高等学校城乡规划专业系列推荐教材
ISBN 978-7-112-27520-5

Ⅰ.①城… Ⅱ.①秦… Ⅲ.①城市—基础设施建设—高等学校—教材 Ⅳ.① F294

中国版本图书馆 CIP 数据核字（2022）第 101794 号

城市基础设施的建设与运营关系到一个城市发展的过去、现在和未来。教材在梳理国内外关于城市基础设施运营相关研究成果和行业实践的基础上，对城市基础设施、城市基础设施的运营以及理论基础重新进行了界定和明确；在前人总结的基础上将城市基础设施系统及其子系统进一步扩展和明确。此外，教材紧跟国家战略将"新基建"的内容进一步补充进书里，使该书的理论体系更加完整。教材的另一大特色是从城市基础设施投融资角度对内容进行了充分完善，将全生命周期智慧运营、物联网、BIM、FM 等比较先进的运营理念写进书里，让学生可以从中了解城市基础设施运营的最新趋势。

本书可作为高校城乡规划、城市管理、物业管理、工程管理、工商管理、资产评估及管理等相关学科和相关专业本科及研究生的教材和参考书用，也可作为从事城市基础设施建设和运营相关物业、资产运营等从业人员的参考和培训用书。

为更好地支持相应课程的教学，我们向采用本书作为教材的教师提供教学课件，有需要者可与出版社联系，邮箱：jckj@cabp.com.cn，电话：（010）58337285，建工书院 http://edu.cabplink.com。

责任编辑：杨 虹 尤凯曦 冯之倩
责任校对：李欣慰

住房城乡建设部土建类学科专业"十三五"规划教材
高等学校城乡规划专业系列推荐教材
城市基础设施运营管理理论与实践
秦 颖 主编

*

中国建筑工业出版社出版、发行（北京海淀三里河路9号）
各地新华书店、建筑书店经销
北京雅盈中佳图文设计公司制版
北京云浩印刷有限责任公司印刷

*

开本：787毫米×1092毫米 1/16 印张：16 字数：307千字
2022年8月第一版 2022年8月第一次印刷
定价：**49.00**元（赠教师课件）
ISBN 978-7-112-27520-5
（39666）

版权所有 翻印必究
如有印装质量问题，可寄本社图书出版中心退换
（邮政编码100037）

前言

随着我国城市化进程的不断加快,城市基础设施建设可以说快马加鞭,对城市发展起到了举足轻重的作用。交通、供电、供水、供气、供房及社会服务等充分发挥民生功能,大大提高了人民的生活水平,但是不得不承认城市基础设施运营管理没能跟上城市建设的步伐,出现了某种程度的"重建设轻运营""运营效率低下""生命周期缩短""运营手段落后""运营模式固化"等问题。随着我国城市管理精细化要求提高,存量城市基础设施运营管理越来越重要,本教材就是在这样的背景下应运而生的。

本教材获评"住房城乡建设部土建类学科专业'十三五'规划教材",可作为高校城乡规划、城市管理、物业管理、工程管理、工商管理、资产评估及管理等相关专业的必修、选修课程;其他专业可以选择其中的一部分内容作为上课的补充。

本教材共分为10章:第1章城市基础设施概述;第2章我国城市基础设施运营管理概述、现状及问题;第3章城市基础设施系统;第4章新基建运营管理;第5章城市基础设施运营管理机制;第6章城市基础设施运营管理的投融资模式;第7章PPP模式在城市基础设施运营管理中的应用;第8章城市基础设施全生命周期智慧运营;第9章发达国家典型城市基础设施运营管理实践;第10章城市基础设施运营管理的机制保障。

本教材内容体系力求完整新颖,知识点的逻辑严密,在原有的城市基础设施系统基础上强化了运营管理的内容,该内容区别于传统的内容体系,更侧重于成本管理、价值链管理、投融资及其资产运营管理和最新的运营模式;同时在每个章节加入案例辅助理解，加入思考题帮助教材使用者加深对教材内容的掌握。本教材部分内容采用二维码链接等方式，方便读者查阅最新的课外知识。

本教材在写作过程中参考了很多国内外学者和实践者的成果资料，在此表示深深的谢意。受篇幅及编者的能力和知识水平所限，教材内容的分析深度、广度都不够充分，还存在很多疏漏和不尽如人意的地方，敬请读者批评指正，待再版时修改完善。

目录

001 第1章 城市基础设施概述
002 1.1 城市基础设施的定义、特点及功能
004 1.2 城市基础设施类型
005 1.3 城市基础设施范畴
008 1.4 城市基础设施运营与管理的理论基础

011 第2章 我国城市基础设施运营管理概述、现状及问题
012 2.1 城市基础设施运营管理概述
015 2.2 机构设置与发展沿革
016 2.3 发展状况及存在的问题

023 第3章 城市基础设施系统
024 3.1 城市能源系统
039 3.2 供水与污水处理系统
046 3.3 城市供气系统
055 3.4 城市交通系统
071 3.5 城市地下空间与地下综合管廊系统
080 3.6 "海绵城市"建设系统
087 3.7 社会基础设施系统

089　3.8　垃圾收运与处理系统
094　3.9　城市防灾系统

097　第4章　新基建运营管理
098　4.1　新基建内涵
099　4.2　新基建内容
108　4.3　新基建的运营

113　第5章　城市基础设施运营管理机制
114　5.1　城市基础设施的管理机制
116　5.2　城市基础设施运营模式基础研究
118　5.3　城市基础设施的运营模式
119　5.4　城市基础设施公司类型
121　5.5　我国典型城市的城市基础设施运营管理模式

123　第6章　城市基础设施运营管理的投融资模式
124　6.1　我国城市基础设施运营管理投融资现状及问题
127　6.2　我国城市基础设施投融资管理体制的历史沿革
129　6.3　我国城市基础设施建设运营的资金来源
131　6.4　城市基础设施建设与运营的市场化融资方式

137	6.5	城市基础设施不动产信托模式（REITs）
152	6.6	城市基础设施投融资方式改革与对策

155	第7章	PPP 模式在城市基础设施运营管理中的应用
157	7.1	PPP 模式的定义及特征
159	7.2	PPP 模式在城市基础设施运营管理中的作用
161	7.3	我国 PPP 模式的发展历程
162	7.4	PPP 模式的适用范围
163	7.5	PPP 项目类别及回报机制
165	7.6	PPP 的典型运作模式
166	7.7	PPP 模式组织结构
169	7.8	PPP 模式的运作流程
169	7.9	PPP 模式的"一案两评"

177	第8章	城市基础设施全生命周期智慧运营
178	8.1	全生命周期概念
179	8.2	全生命周期智慧运营
184	8.3	物联网在城市基础设施中的运用
187	8.4	BIM 在城市基础设施运营中的运用
191	8.5	设施管理概述

197 第9章 发达国家典型城市基础设施运营管理实践
198 9.1 美国城市基础设施运营管理实践
201 9.2 日本城市基础设施运营管理实践
208 9.3 德国城市基础设施运营管理实践
215 9.4 新加坡城市基础设施运营管理实践

229 第10章 城市基础设施运营管理的机制保障
230 10.1 明确责任主体
230 10.2 规划先行
231 10.3 一体化管理
231 10.4 创新投融资模式
231 10.5 费用价格改革
232 10.6 绩效考核

234 附录：城市基础设施专业术语
235 参考文献
243 后记

第 1 章

城市基础设施概述

📝 **学习目标**

➢ 深刻理解和掌握城市基础设施的定义和特点。
➢ 全面理解公共物品的属性和类型。
➢ 对照城市基础设施的分类简图进一步与你眼中的设施进行对比。
➢ 进一步查找文献理解城市基础设施的理论基础。

1.1 城市基础设施的定义、特点及功能

1.1.1 定义

基础设施是指为人类生产与生活活动提供服务的、不可或缺的物质载体与基本条件。城市基础设施是城市建设的物质载体,是城市维持经济与社会活动的前提条件,是城市存在和发展的基础保证,也是城市现代化的重要体现,是保障城市生产和生活顺利进行的各种基础性物质设施以及相关产品和服务的总称。它具有建设规模大、成本回收周期长、社会共同受益等特点,是城市社会经济发展的重要基础,是维持城市正常运转的前提条件。

作为中观层次的城市基础设施,既有其独立性又有其联系性。从独立性来说,每个城市都有一套相对完整的基础设施系统,它保证了城市昼夜不息的活动得以持续。从联系性来说,每个城市又都不是孤立的,它必与外界有千丝万缕的关系,有能量的交换、有信息的传递、有物质的出入、有人员的往来,这一切都依赖于区域

性与全国性基础设施而进行。城市基础设施便是其中的节点与终端，是宏观大系统中的无数子系统。因此城市基础设施不仅起到了承上启下的桥梁作用，而且发挥着担负国民经济运行的重要渠道作用。

1.1.2 特点

（1）公用性和公益性

基础设施资产满足日常生活中的基础性需求，如能源、交通、供水排水、通信、教育、安全、文化与医疗，是经济增长、社会繁荣及保证生活质量的基础性条件。基础设施与其他设施的显著区别在于，后者可能只为某些企业或人提供服务，而城市基础设施必须为全社会、全体市民提供服务。公共的开放系统不能拒绝任何使用者的需求，即使作为商品也是公共商品（Public Goods），而非私有品，一个人的使用不能以排斥其他人的使用为前提。区别于私人物品，城市基础设施属于公共物品或准公共物品。三种不同性质物品的区别见表1-1。

不同性质物品的区别　　　　　表1-1

名称	基本特征	供应方式	实例
公共物品	共同消费 具有外部利益 供应不易排除	政府提供 政府投资	国防设施 敞开式公路
私人物品	单独消费 没有外在利益 供应易于排除	市场提供 向消费者直接收费	食品 服装 汽车
准公共物品	单独消费 具有外在利益 供应易于排除	政府提供或政府资助市场提供 政府投资或直接收费	学校 医院 收费性的高速公路等

（2）自然垄断性

较高市场进入门槛的准垄断性。因为初始投资成本很高，基础设施资产难以重复建设，例如供水、供电、轨道交通等项目建设，项目建设运行多年，其边际成本会不断降低，因为投资大、时间长、市场进入门槛很高，这类基础设施几乎没有竞争者。存在政府规制，在几乎没有竞争者的情况下，规制机构承担对市场失灵的纠偏作用，例如设定价格或提供最低收入保障。出于社会公平、社会稳定及社会伦理的原因，对于一些收费、实行商品化管理的服务和供应，也必须无偿供应或低价供应。

（3）成本沉淀性

在经济学和商业决策制定过程中会用到"沉没成本"（Sunk Cost）的概念，代指已经付出且不可收回的成本。为什么说城市基础设施具有成本沉淀性特征，是因为大部分城市基础设施的公益性大于商业性，有的甚至无法回收成本，但是它具有较强的功能性、服务性和外部性，满足了公众的利益诉求，是一种主动的沉没成本。

（4）不可移动性

城市基础设施一般形成的是大型的固定资产，如公园、铁路、公路、给水排水等，不可随意搬动，具有地域性。

（5）需求弹性低

由于是基本公共服务，即使价格上涨，这些基础设施所提供的服务需求仍独立于经济周期及经济状况，需求是稳定的（低的波动性）、可预测的（基于长期合同）。

（6）使用寿命长

基础设施资产的服务寿命有的超过100年。当然历史原因有很多，除去经济寿命或者不可抗力造成的人为破坏以外，基础设施资产的自然寿命往往较长。

1.1.3 功能

城市基础设施具有以下功能：

（1）城市基础设施是城市存在和发展的物质基础。

（2）城市基础设施是社会生产不可缺少的外部条件。

（3）城市基础设施是市民生活的基本条件。

（4）城市基础设施为生产和生活提供了一个减少污染的环境。

（5）城市基础设施能避免和减轻各种灾害对生产和生活的危害。

（6）城市基础设施是城市现代化的前提和重要标志。

（7）城市基础设施是城市竞争手段和竞争力的表现。

1.2 城市基础设施类型

城市基础设施（Infrastructure），是指为社会生产和居民生活提供公共服务的物质工程设施，具体包括：交通、邮电、供水、供电、环境保护、文化教育、卫生事业等市政公用设施和公共服务设施等。按服务属性划分，可分为：

（1）市政公用设施：公路、铁路、机场、通信、水电燃气、污水处理、广场、涵洞、防空等。

（2）公共服务设施：教育、科技、医疗卫生、体育、文化事业等。

（3）新型基础设施，简称"新基建"，主要包括：5G、特高压、城际高速铁路和城际轨道交通、充电桩、大数据中心、人工智能、工业互联网等。

1.2.1　按照政府对基础设施所有权的控制程度及其客观属性划分

（1）垄断性城市基础设施

垄断性城市基础设施是指决定国计民生、影响重大、由于客观或其他社会经济原因形成的在生产和生活中不能替代、不可缺少的一类城市基础设施。

这类城市基础设施必须由城市政府控制其所有权，经营权可以按市场规律放开，但对其产品和服务的价格或收费标准还是要进行必要的合法干预。它包括：城市供水、供电、有线通信、对外交通、防灾等设施。

（2）非垄断性城市基础设施

非垄断性城市基础设施是相对于垄断性城市基础设施而言，其基础地位虽然重要，但可以通过多元化经营、竞争来降低成本，实现自然资源和社会资源的合理配置。这类设施包括：城市燃气、供热、园林、绿化、环境卫生等设施。

1.2.2　按照城市基础设施的建设投资及其经营权的可市场化程度划分

（1）经营性城市基础设施

经营性城市基础设施可以通过国家立法作保证，以经营权的市场化为手段，采取投资、融资、建设、合理定价（收费），实现建设、经营、发展的良性循环。根据工业化国家的经验，城市供水、供电、邮电通信、污水处理、环卫、燃气、供热等基础设施属于这一类。

（2）非完全经营性城市基础设施

非完全经营性城市基础设施是指那些公益性极强，难以明确具体服务对象，以达到社会和环境效益为主要目的的基础设施，其必须由政府财政投资及补贴来维持经营和发展。包括：城市道路、防灾、绿地、环境监测等设施。

1.3　城市基础设施范畴

城市基础设施的范畴包括：

（1）能源设施，包括电力的生产、输配和供应设施；燃气和暖气的生产、输配和供应设施等。

（2）供水排水设施，包括城市水资源开发、利用保护设施；自来水生产和供应系统；污水、废水和雨水的接纳、输送、净化及排放系统；中水供应系统等。

（3）交通设施，包括城市对外交通设施和内部交通设施两部分。

（4）邮电通信设施，包括邮政设施、电信设施、电视和广播设施等。

（5）环保设施，包括绿化、园林、垃圾收集和处理、环境卫生、环境监测和治理环境污染设施等。

（6）防灾设施，包括城市防洪设施、公共消防设施、防地震设施、防止地面沉降设施、人民防空设施以及防风、防潮设施等。

城市基础设施包罗万象，涉及人民生活的方方面面。从硬服务和软服务角度分为：技术性城市基础设施和社会性城市基础设施，如图1-1所示。

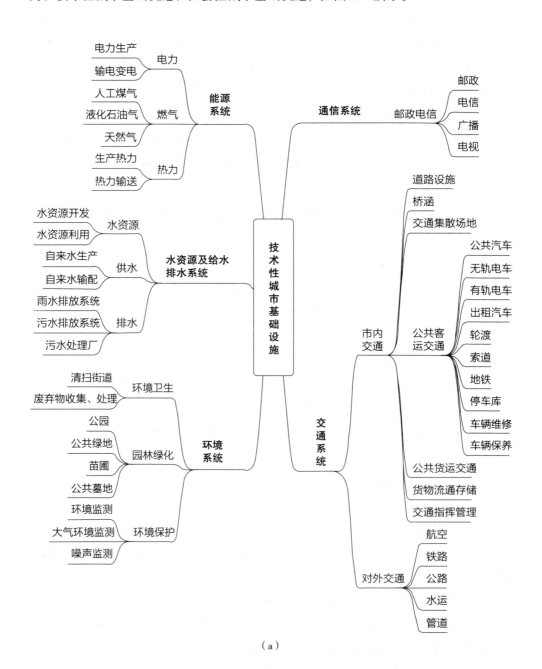

(a)

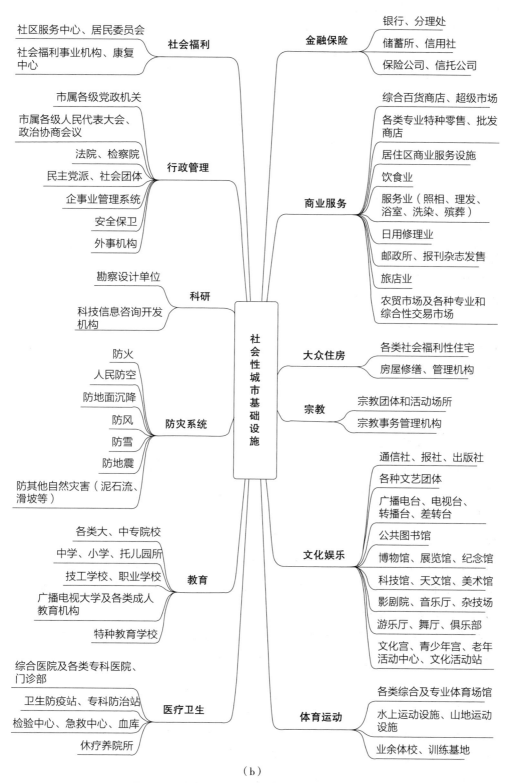

(b)

图 1-1　技术性与社会性城市基础设施分类简图
（注：参照刘亚伟老师的城市基础设施课件整理完善）

1.4 城市基础设施运营与管理的理论基础

1.4.1 公共物品及外部性理论

公共物品是指公共使用或消费的物品。公共物品是可以供社会成员共同享用的物品，严格意义上的公共物品具有非竞争性和非排他性。所谓外部性就是当生产或消费某种商品时，由于第三方受到正面或者负面影响就会造成市场失灵，第三方受到的影响就是外部性。如果外部影响使第三方产生成本，就称之为负外部性；如果外部影响使第三方得到收益，就称之为正外部性。城市基础设施的公共性和外部性决定了在建设运营过程中必须遵守其理论根基。公共产品具有区别于其他产品的两大特性：非竞争性与非排他性。非竞争性是指任何人消费公共物品，并不减少其他消费者进行消费的效用；非排他性是指该产品无形中具有"搭便车"的问题，并不是只有私人才能消费，即该种产品在技术上无法将未付费的人排除在外，产品具有公用性、集体性。公共物品包括纯公共物品、准公共物品与私人物品。纯公共物品大多由政府来提供。私人物品与公共物品相对立，对于私人物品来说，增加一个消费者必然会对其他消费者产生影响；私人物品由私人部门来提供，它的供需平衡是由市场来操控的。

公共物品供给理论是城市基础设施建设与管理的理论依据。

1.4.2 契约理论

"契约"一词源于拉丁文，原义为"交易"，契约精神就是遵守交易规则。基本精神为：契约自由、契约平等、契约信守、契约救济。交易双方在平等地位的基础上，本着自由与信守承诺的观念实现交易行为，并规定相应的救济模式。事实上契约精神在一定程度上是将合同法的法律规制上升到理念层面，让人们自觉去遵守规则，而不是仅仅依靠法律强制。委托—代理理论是由美国经济学家伯利和米恩斯在20世纪30年代提出的，该理论建立在非对称信息的基础上，非对称信息的涵义是部分参与人拥有而另外一些人没有的信息。该理论常是某一主体为实现某个目的，通过协议、契约等方式委托另一主体提供相关的服务，以达到预期目的。在为其提供服务的过程中，需要给予被授权者相应的决策或某些特殊的权利，最后根据后者提供产品或服务，支付相应的报酬。PPP实质上也是一种委托—代理关系，通过私人资本的引入，建立相关的协议合同来约束双方的权利或义务，以达到预期的目的。

城市基础设施项目工程复杂、期限长，政府和社会资本双方需要较长的谈判时间。有些地方政府忽视PPP模式最重要的体制机制创新内涵，仅仅单纯地将其理解为新型的融资工具，不愿意拿出现金流预期明确的PPP项目，缺乏与社会资本合作的诚意，导致社会资本质疑地方政府采取PPP模式的初衷。由于环境压力、经济因素或其他原因，政府还可能撕毁合同，甚至以或明或暗的手段阻碍项目正常运作。因而，政府与社会资本方在PPP项目中践行契约精神非常重要。

1.4.3 公私合作伙伴关系（PPP）理论

"公共"和"私人"两个词都源于拉丁语，前者与多数人的利益相关，有较多社会公众参与的事务领域；而后者是"分离的"，表示作为私人事务而与公众事务相分离的领域。政府提供公共物品也可采用"公私合作伙伴关系"机制。目前，大部分城市基础设施建设与运营采用PPP（公私合作伙伴关系）模式，PPP最为核心的法律关系即为公共部门与私人部门之间的法律关系。PPP协议中反映了公共部门与私人部门之间对于公共服务的买卖合同关系，还反映了私人部门作为公共服务的生产者和经营者与公共部门作为公共服务市场的监管者之间的管理与被管理关系。PPP协议形成的是以私人部门参与实现政府公共服务职能为内容的公法与私法相结合的新型法律关系，应属于兼具公法和私法性质的混合合同，双方当事人应同时受到公法和私法原则的约束。

1.4.4 项目区分理论

项目区分理论将项目划分为三大类，分别是经营性项目、非经营性项目和准经营性项目。经营性项目具有完整稳定的收费机制，一般由市场来调节效率最高。非经营性项目追求的往往是社会效益最大化，通常由政府部门承担整个项目的建设、运营才能更好地达到目标。准经营性项目介于上述二者之间，虽然也有适当的收费机制，但是并不能完全覆盖成本，甚至只能覆盖小部分成本，交由私营部门来承担这类项目的运营，势必需要通过政府补贴、税收优惠对私营部门进行激励。

1.4.5 利益相关者理论

"利益相关者"一词最早由经济学家Ansoff提出，翻译成英文是"Stakeholder"。利益相关者提出后，有各种不同的定义。其中比较有代表性的是1984年Freeman在《战略管理：利益相关者方法》一书中的定义："利益相关者是能够影响一个组织目标的实现，或者受到一个组织实现其目标的过程影响的所有个体和群体"。利益相关者理论与传统的股东至上主义比较，有了很大的进步。该理论认为任何一个公司的发展都离不开各个利益相关者的投入和参与，企业最终追求的是利益相关者的整体利益，而不是某一些主体的利益。城市基础设施建设与管理是一项复杂的系统工程，是社会利益和商业利益平衡的结果。一般来说，项目采用代建、委托运营或者PPP模式就会产生利益纷争，政府代表民众的利益，企业追逐商业利润，因为城市基础设施项目的公共性及外部性、自然垄断性特征，使得项目建设与运营不断产生利益相关者的博弈。

1.4.6 全生命周期理论

全生命周期理论是美国哈佛大学教授雷蒙德·弗农于1966年在其《产品周期中的国际投资与国际贸易》一文中首次提出的。产品生命周期（Product Life Cycle），简称PLC，是产品的市场寿命，即一种新产品从开始进入市场到被市场淘汰的整个过程。产品生命是指产品在市场上的营销生命，产品的生命和人的生命一样，要经历形成、成长、成熟、衰退这样的周期。就城市基础设施而言，完全可以当作工程产品，从规划设计、采购建设、运营维护到最后的拆迁回收再利用，完全符合全生命周期理论的理念和方法。

本章小结

本章主要对城市基础设施的概念、特点及功能；城市基础设施的分类和范畴以及城市基础设施运营管理的理论依据进行了归纳和梳理，为后续研究做好铺垫。

思考题

1. 你都去过哪些国家及地区？对你所去过的城市，城市基础设施建设与运营比较好的进行举例说明，为什么？

2. 城市公厕建设与运营是否属于城市基础设施的范畴，你对我国城市公厕建设与运营有何建议？

第 2 章

我国城市基础设施运营管理概述、现状及问题

> **学习目标**
>
> ➢ 深刻理解和掌握城市基础设施运营的定义和特点。
> ➢ 城市基础设施运营模式的国内外比较。
> ➢ 我国城市基础设施运营管理的现状及存在的问题。

2.1 城市基础设施运营管理概述

2.1.1 内涵

城市基础设施运营管理是指基于全生命周期理念，本着公平、效率与效益最优原则，对城市基础设施进行投融资策划、运营方式与管理模式选择及监督调控等活动的过程。

2.1.2 特点

城市基础设施在运营管理中有以下几个特点。

（1）公平性

城市基础设施作为一个公开的系统，具有别的商品没有的特征，就是能够为全城市的人民提供服务。城市基础设施的自然垄断性，就是由政府统一调控基础设施的空间布局及财政预算规划，以便能够普及大多数群众，做到公平公正。同时，为了保证城市基础设施能最大限度地服务于人民，保证稳定运行，政府一般对一些公共产品进行价格干预。

（2）效益性

城市基础设施具有一定的社会性。大多数基础设施都是公共产品或者准公共产品，也有少数设施具有商业性，但无论哪种情况都要追求效益最大化，这里的效益是指综合效益，包括社会效益、环境效益及经济效益。如果一个城市基础设施项目的综合效益低，则说明项目是失败的。

（3）系统性

作为城市的基础和发展目标，一个城市基础设施建设的好坏会影响到该城市的发展，因为服务、输送等都会在一定相关的系统中运行，如交通道路系统会形成道路的骨架，会让城市内外流通，电、气等每一种管线形成一个网络系统。同时城市基础设施的规划、布局、设计、运行等就是一个大系统工程。

（4）可持续性

从全生命周期理论的角度来说，城市基础设施运营关系到城市的长远发展，是一个城市的血脉，因此从规划设计、建设到运营维护必须考虑到未来很长一段时间的应用，使其具有可持续性。

2.1.3 城市基础设施管理模式

（1）国内管理模式

1）政府全包全管模式

实施政府全包全管模式的体制基础是计划经济，在这种管理模式下，由于政府的财力、精力有限，加上基础设施产品和服务的生产、供给都实行了垄断，基础设施的资源配置往往失当，造成供给严重不足，运营效率低下，只能满足人们较低的需求，并且容易形成基础设施建设长期欠账的问题。

2）政府公共管理模式

政府公共管理模式的体制基础是完全市场经济和社会主导型城市管理制度，在这种管理模式下，政府的职能十分明确，即只供给和管理涉及公共利益的具有非竞争性的、非排他性的基础设施产品和服务，以保证城市的平稳运行。这种模式的特点为：第一，政府职能明确，管理边界清楚，政府能集中精力管好该管的事；第二，财政支出范围清楚，管理经费、财政补贴经费每年列入预算，资金有保障；第三，管理效率较高，综合成本相对较低；第四，管理以法律和经济手段为主，约束力较强，管理行为规范，具有长效性。

3）政府分级管理模式

政府分级管理模式一般是特大城市或大城市采用的模式，其体制就是城市的分级分权管理。这种管理模式的采用，一方面有利于减轻市级政府的管理负担，使其有更多的时间和精力来考虑、规划城市基础设施建设与管理的大事情；另一方面也有利于调动下级（区、县）政府的积极性，从而扩大管理的覆盖面。然而实行这种管理模式时必须处理好以下问题：第一，划分好上下级政府间的管理职能、管理范围及具体的事权财权，以便于管理衔接并且保证不留管理空白；第二，协调好条块之间的关系，即明确对凡是涉及城市整体利益和长远利益的基础设施实行条块管理；第三，建立有效的监督和协调机制，减少管理中的摩擦。如果上述问题处理不当，那么管理效果将事倍功半。

4）政府调控管理、市场多元运作相结合模式

我国香港特别行政区政府主要实行这种模式。该模式的体制基础是较完善的基础设施管理市场和较强的政府调控能力。它的缺点是城市基础设施产品和服务的供给是多元的，但又在政府调控范围之内。多元供给的形式包括办公公营式、办公商营式。政府调控管理的重点是政府财力的投放对象管理，基础设施产品和服务的定价控制，基础设施专营权的拍卖、招标管理等。在这种模式下，政府通过基础设施管理市场，以有限的财力调动更多社会资源或资金用于城市基础设施建设与管理，但实现这一目标的基本条件就是必须制定好相关法律、市场规则与合同条款。

（2）国际管理模式

1）私有化的英国模式

英国在城市基础设施供水行业所采取的方式是完全私有化的，政府通过将原属于国有的水务、交通等公司出售给私人企业。在这一体制改革中，政府进行了大量的基础设施私有化制度建设，包括：完善法律法规，建立严格的市场准入并不断调整；建立独立的监管机构，保证监管的独立性；加强对价格的管制；逐步完善公众参与机制等。

2）日本基础设施中财政制度模式

在日本，有以下两种与基础设施相关的财政制度：①目的税制度。目的税，顾名思义即所征收的税款将投资于特定目的，且缴纳目的税的公民必须是此项特定投资的受益者。与道路相关的目的税有：汽油税、天然气税、地方道路让与税、汽油交易税、小汽车购买税和汽车转让税，此举极大地推动了道路基础设施建设。②财政投融资制度。单一依靠税收无法满足城市基础设施建设的需要，政府投融资活动以国家担保的邮政储蓄、退休公积金等为财源，交付国家和地方事业团体等政府型企业去投资、建设、管理和回收。通过以上财政措施，日本在第二次世界大战后用于基础设施建设的资金一直保持在国民生产总值 7%~8% 的高水平，实施了一系列大规模的基础设施开发建设，一举摆脱基础设施落后的局面。如今日本继续向股权融资模式发展并保持着健康和持续稳定的劲头。

2.2 机构设置与发展沿革

2.2.1 城市基础设施管理机构

在计划经济体制下,我国城市公用事业按行业、地域划分为若干条块,按条块组成企业,绝大多数企业是作为事业单位来进行运营管理的。与此相对应,政府设立若干管理部门,直接管理企业的人、财、物和生产任务,企业收入全部上缴财政,支出由财政包干供给,企业所有权和经营权由政府掌握。

1999年,建设部出台《关于进一步推进建设系统国有企业改革和发展的指导意见》,成为城市基础设施行业行政事业管理体制改革的标志,围绕"政企分开""政事分开"的基础设施经营管理体制改革逐步展开。城市基础设施行业政企分离、政事分离和事业单位的企业化改制进程加快,主要大中城市的市政公用企业基本实现了由传统事业制向公司制的转变,基础设施投资、运营逐步走向多元化,政府逐步由行业管理走向市场管理。但是,受传统经济体制的影响,部分供水、供气、供热企业,特别是园林、环卫等基础设施仍然沿用行政事业管理体系,城市基础设施行业呈现行政事业管理和企业化经营管理方式并存的混合管理型模式。

由于城市基础设施类型多、行业广、内容复杂,所以城市基础设施管理机构也相应地呈现多样性和复杂性特点。从城市政府层面来看,我国基础设施管理机构主要有以下三类:第一,专业管理机构。根据城市基础设施各子系统的职责需要,专门设置政府机构负责城市基础设施某行业、某领域或某环节的具体组织实施、管理监督等工作。第二,综合管理机构。作为城市政府的职能部门,基础设施综合管理机构既对市政府负责,又以上级机关的身份对城市基础设施各专业管理机构进行业务指导和综合管理。这些综合管理机构的主要职责是制定相关法规和规划方针,组织实施重大工程设施建设,指导和协调城市基础设施各方面的管理。第三,协调机构。城市基础设施系统性较强,尤其是在城市基础设施内部各子系统之间需要保持一定的比例关系和设置协调机构。通过合理地设置一些跨部门、跨行业、跨领域的协调机构,能够促进多方面的工作良好开展。

2.2.2 历史阶段

城市基础设施的建设与发展不是一蹴而就的,同样,各种矛盾也并非产生于一朝一夕。当前我国城市基础设施建设与管理领域存在诸多问题,其中既有传统体制下的遗留问题,又有新制度在完善过程中遇到的新问题。因此,认识我国城市基础设施建设与管理的现状不仅需要历史的眼光,而且需要现实的视角。中华人民共和国成立以来,城市基础设施的建设以改革开放为分水岭,大体上分为两个阶段。

（1）改革开放前

改革开放前，受计划经济体制和当时城市建设指导思想的影响，我国城市基础设施发展缓慢。计划经济时代的城市基础设施是由国家垄断经营的，物品和服务的生产数量以及价格由国家统一控制，背离了正常的市场价值，生产效率低下。计划经济体制的统收统支财政政策，导致国家城市基础设施融资渠道单一，政府财政负担相对较大。此外，国家和城市的经济政策和计划安排也是影响城市基础设施的重要因素。当时城市基础设施被认为是非生产性建设，所以在"先生产，后生活"和"把消费城市建设成为生产城市"思想的指导下，国家和城市都把城市基础建设项目安排在固定资产投资的最后，结果造成城市基础建设投资偏低、建设规模较小、欠账越积越多，城市基础建设严重滞后于城市发展。

（2）改革开放后

改革开放后，我国社会主义市场经济体制得以建立，并逐步完善。城市和城市经济迅速发展，居民生活水平不断提高，对城市基础设施提出的要求越来越高。为此，国家通过设立新税种、实行新收费制度来增加城市基础设施建设的资金投入。进入20世纪90年代以后，随着政府职能的不断转变以及市场化改革的持续深入，城市基础设施建设与管理体制发生了深刻的变革。城市政府由基础设施投资、建设、运营的全包全揽者逐步向城市基础设施的决策者、规划者和监督者转变。城市基础设施投资和建设、运营和管理的方式趋向多元化和多样化，城市基础设施现代化程度和经营管理水平都有了较大提高，承载能力得到有力加强，服务功能有了显著改善和发展。

2010年以后随着我国城镇化水平的提高，对城镇基础设施建设的速度和规模要求越来越高，传统的土地财政难以支撑基础设施投资的大量需求，造成地方政府单靠土地售卖、房地产拉动GDP的模式逐渐乏力，此外传统模式下城市基础设施靠政府建设运营已经超出了政府的承受能力，致使城市基础设施建设运营的质量和效率大大降低，基于以上资金压力和政府的功能转换，政府提出引入社会资本进入城市基础设施的建设和运营中来，于是政府与社会资本合作（PPP）模式重新归来，城市基础设施的建设与运营向市场化模式发展逐渐成熟。

2.3 发展状况及存在的问题

2.3.1 发展状况

我国市政设施建设能力普遍提高，支撑了城镇化快速发展。"十二五"时期，我国城市市政基础设施投入力度持续加大，累计完成投资95万亿，比"十一五"时期投资增长近90%。市政基础设施建设与改造稳步推进，设施能力和服务水平不断提高，城市人居环境显著改善，城市综合承载力不断增强，城市安全保障能力明显提高，有力支撑了新型城镇化进程。据中国产业调研网发布的《2019~2025年中国基建市场现状全面调研与发展趋势预测报告》显示，2017年，基建投资增速将保持在20%左右的水平，整体规模预计在16万亿左右，基建将继续成为稳定投资及稳增长的主要力量。城市基础设施和重大交通项目以及基于供给侧结构性改革的重大工程或支柱性产业依然是投资热点。基础设施建设尤其是交通领域项目，将占据重要地位。

2.3.2 问题表象

（1）与世界城市基础设施水平差距较大

世界经济一体化导致生产要素竞争优势缩小，而城市基础设施建设对一国或地区的竞争力将起着越来越重要的作用。20世纪80年代之后，我国的城市化进程明显加快，然而我国城市基础设施建设与国外相比，仍有很大的差距，因此，较大幅度地增加城市基础设施的供给自然成为我国广大居民生活和经济发展的迫切要求，并且世界经济的全球化、信息化与网络化本身已造就一批新的城市基础设施，如网络、通信、卫星传送等。

（2）我国城市基础设施区域发展极不平衡

中西部地区市政基础设施发展水平总体上仍落后于东部地区，西部地区污水处理率仍然落后东部地区10个百分点左右；中西部地区建成及在建轨道交通密度为10.5km/百万人，不足东部地区的1/2；西部地区垃圾焚烧处理占比仅为24%，与东部地区55%的水平仍有较大差距；老城区市政基础设施由于建成历史长、建设标准低、改造难度大等原因，设施水平明显低于城市新区，尤其是供水、排水、供热、燃气等设施的"最后一公里"，改造和维护长期不到位，严重影响老城区居民生活品质的提升。

（3）投入不够，总量不足

一是市政基础设施供需矛盾缺口大仍是今后一个时期的主要矛盾。长久以来，我国市政基础设施建设的投入远低于合理水平，历史欠账巨大。"十三五"时期的投入总量有了很大增长，但城市市政基础设施投资占基础设施投资和全社会固定资产投资的比例持续下降。同时，市政基础设施服务需求持续扩大、服务标准不断提高，进一步加剧了市政基础设施总量不足的形势，影响和制约了城镇化的健康发展。

二是设施水平偏低，"城市病"问题突出。市政基础设施建设水平低是导致"城市病"普遍的根本原因，城市路网级配不合理，路网密度普遍低于$7km/km^2$，尤其是作为城市"毛细血管"的支路网，密度不足国家标准要求的1/2，城市污水的收集与处理达不到水生态环境质量要求，城市排水管网现状水平远远低于新修订的国家设计标准要求,"十三五"时期有300多座垃圾填埋场面临"封场",新建垃圾处理设施选址困难。"人地矛盾"日益凸显,城市开发建设用地挤占山水林田湖生态空间,导致城市生态功能严重退化。总体来看,城市市政基础设施老化。旧账未还、又欠新账,一些城市的市政基础设施建设距离绿色、低碳和循环理念要求差距很大。由此引发的城市内涝、水体黑臭、交通拥堵、马路拉链、垃圾围城、地下管线安全事故频发等各类"城市病"呈现出集中爆发、叠加显现的趋势,严重影响城市人居环境和公共安全。

三是产业集中度低,服务效率和质量参差不齐。市政公用企业"小、散、弱、差"成为服务水平提高的瓶颈,以供水行业为例,有的县24%的供水企业的供水能力不超过1万 m^3/日,距离成熟的产业发展模式差距较大,由于缺乏专业化、规范化、规模化的建设和运营管理。一方面,城市市政基础设施的运行效率、服务质量难以得到有效提高,设施效能不能得到有效发挥,同时安全隐患也较多。另一方面,由于市政基础设施监管信息化水平普遍偏低,监管手段缺乏,难以实现对大量、分散的小企业的有效监管,距离规范化、精细化和智慧化管理仍有较大差距。

2.3.3 深层原因

(1)重建设、轻运营维护

由于新建项目通过投资乘数作用可以直接拉动城市经济增长,更能显示政府施政业绩,基础设施管理维护工作却由于费时耗力,难以产生立竿见影的效果或无法带来直接的经济效益,所以城市基础设施管理中,存在较为普遍的重建设、轻运营维护的观念,对基础设施建成后如何发挥其最大功能、效益没有引起足够的重视,以至于有些基础设施项目仍在其使用年限内即发生损伤、破坏或管理维护不易等现象,有时也出现在规划设计上企图节省经费而导致长期耗费高昂的维护成本等情况。

1)管理维护技术水平低

维护工程通常涉及新技术、新工艺、新材料的使用,为保证基础设施能长期有效发挥效用,在维护的检测手段上需要现代化的综合检测设备。但是,在城市基础设施实际经营过程中,缺乏科学化及自动化的管理维护技术,习惯于依靠人工、目视方法,依照排定的时间表对基础设施进行检测。这既耗时、费财、费力,也难以获取即时性与持续性的系统化信息,难以掌握环境及结构系统特质的变化。

2)维护资金来源单一,资金缺口加大

由于经济发展的制约和认识不到位等因素,政府对基础设施管理投入不足。基础设施维护管理资金主要来源于经营收益,而由于目前城市基础设施运营单位普遍存在经营效率低下、亏损运行等情况,导致城市基础设施老化、陈旧、装备落后的现象较为普遍,难以发挥其应有作用。

3）城市基础设施管理水平低，法制不健全

由于重新建、轻运营维护思想的存在，在城市基础设施实际运营维护管理过程中，管理部门间缺乏必要整合，各自为政，难以协调工作。比如基础设施的规划、建设有时不配套，建设周期也不同步，造成城市道路重复开挖，浪费了宝贵资源。规章不够健全，一些地方性立法程序不够合理，缺乏立法的预见性和超前性。城市基础设施管理执法亦有较大的随意性，有法不依、执法主体不明确、多头执法的情况同时存在。城市基础设施管理也没有形成一个完整、有机的监督体系和运行机制监督机构。

（2）投运管渠道单一

城市基础设施投融资问题关系到整个城市建设、居民生活和经济发展。城市基础设施建设投融资活动是指政府运用多种手段筹集资金、经营资金、回收资金和完成城市基础设施建设项目的过程，可分为投资活动与融资活动。投资活动是指投资者将资金投入特定的项目而最终获得城市建设的社会、环境或经济效益的过程，它包括投资决策、实施投资以及回收资金获益的整个过程。融资活动是筹资者在特定条件下通过一定的融资渠道筹措一定量资金的过程。融资活动以投资活动为目的，投资活动需要通过融资活动获得资金，融资制约着投资，投资需要融资相配合。

长期以来，我国城市基础设施投融资主要依靠政府投资，由政府统包统揽，政府扮演了投资、建设、管理使用"三位一体"的混合角色，政府既是投资主体，又是资金的供给者，民间资本、企业资本和国际资本很难进入城市基础设施建设领域，导致政府投资比重过高，投融资主体单一，投融资渠道狭窄。

随着我国城市化进程的加速和城市建设规模的扩大，城建投融资需求快速增长，资金供给短缺矛盾加大，必须加大城市基础设施建设投入，运用多种融资方式，拓宽投融资渠道。在市场经济条件下，政府应当尽量减少政府干预，转变政府角色，从参与项目建设管理的经营者转变为项目建设引导者、监督者和协调者。城市基础设施投融资实行投资、建设、运营三分离，既要突出政府主导作用，又要充分发挥民间资本、金融资本、企业资本以及国际资本等投资主体的作用，引入市场竞争机制，推进投融资市场化，拓宽城市基础设施建设投融资渠道，提高城市服务质量和经营效率。通过基础设施存量资产划转、授权、专项资金注入和资产运作等方式，实现资源优化配置，形成规模优势，提高融资信用度，组建城建企业集团，积极吸收民营资本和国际资本等参与城市基础设施建设，优化资源配置，提高投融资效率，加快城市基础设施建设进程。

（3）运营方式落后

1）政府垄断经营

政府垄断经营是城市基础设施运营效率低下、公用产业资不抵债的主要原因，也是我国城市基础设施管理改革中的顽症。目前，我国大部分城市基础设施仍然为国有，并实行行业垄断经营。一些行业虽然引入了竞争，但新进者并不能改变行业的垄断性质，真正的竞争并未形成。虽然20世纪90年代对基础设施的垄断经营体制进行了一系列改革，但传统体制的弊端并未从根本上消除。目前，我国大部分城市基础设施仍然是国有并实行行业垄断经营，市场化、产业化程度十分有限。长期垄断经营的结果是，经营单位缺乏生存忧患意识和竞争压力，生产、运营效率低下，技术、管理创新乏力，人员大量冗余，政府财政负担过大，企业经营包袱沉重，而且出现了越来越多的政府经营企业凭借垄断优势，限制竞争、损害消费者利益的问题。

2）政府角色错位，职能混乱

在我国城市基础设施管理中，政府主要扮演三种角色：一是作为一般社会管理者；二是作为市场管制者；三是作为企业所有者或者生产者。但是在利益诉求、责任要求等方面，这三种角色存在内在冲突。在一些城市，政府仍是许多基础设施建设项目的直接投资者和所有者，同时又是具体项目的经营管理者。"全能"角色造成政企不分，基础设施权责利关系不明确，建设、管理、运营脱节，竞争意识弱，效率低下，投入产出效益差，资产流失浪费现象严重。我国城市基础设施自建立伊始就是政府高度垄断经营。与其他行业的改革一样，基础设施的改革也将政企分开作为改革的重要目标。但迄今为止，无论是哪个基础设施部门的企业都没有实质性的分离。

3）基础设施价格定位不合理

价格管制机构大多是在核准成本的基础上制定公共产品的固定价格，缺乏有差别的、灵活的、激励性的价格管制方式。由政府制定固定价格隔断了企业与市场之间的相互作用关系，使价格调节机制受到很大限制，企业缺乏降低成本、提高效率的激励，同时影响资源配置效率。从成本的角度看，在不同的流通环节、不同的地区和不同的季节，公共产品的成本消耗是不一样的；同样在不同的管理水平和不同的生产效率下，企业产品的成本也是不一样的。因此公共产品的价格应能灵活反映该商品不同成本消耗造成的成本差别，不仅要形成地区差价、批零差价、季节差价等差价系列，而且价格管制方法上也应多样化，给予企业一定的弹性定价空间，使企业在一定的利益激励下努力降低成本、提高效率。

（4）市场化改革缺少政策配套

由于城市基础设施行业具有自然垄断与弹性缺乏的特性，企业只需要提高价格就能获得丰厚利润，而不是改进效率。城市基础设施的市场化改革缺少相应的政策配套，这可能使城市基础设施市场化改革既不能提高效率，也不利于社会公平。为了防止这种风险，必须明确政府的监督职责，增加公众的参与程度，使市场化改革真正有利于提高公众的福利。

本章小结

首先介绍了城市基础设施建设的概念及其特点，国内及国际的管理模式；接下来介绍了管理机构和历史发展进程；最后点明基础设施建设发展状况、面临的问题，并分析深层原因。

思考题

1. 调研所在城市的生活垃圾分类及处理状况，撰写调研报告。
2. 调研所在城市的城市基础设施建设与运营状况，撰写调研报告，可以采取问卷方式也可以采取访谈方式，并分析原因。

第 3 章

城市基础设施系统

> **学习目标**
>
> ➢ 深刻理解城市基础设施系统的构成。
> ➢ 掌握每个系统的价值链构成,目的是在运营过程中如何创造价值。
> ➢ 选取自己感兴趣的行业及结合未来的职业规划重点掌握系统的构成,并画出产业链。
> ➢ 对新领域新概念重点掌握,如海绵城市、地下综合管廊、垃圾发电等,有条件的去现场观摩。

3.1 城市能源系统

3.1.1 能源行业结构

城市是能源消费升级的主战场,城市能源系统是今后能源变革的主战场,能源生产和消费革命主要体现在消费端和供给端。在消费端,首先要打造城市中高级的能源消费结构,使能源的消费更加绿色、高效。在供给端,要推动煤炭清洁高效开发利用,同时实现增量需求主要依靠清洁能源。

(1) 电力生产与供应过程

能源行业(电力行业)主要基于集中式发电厂、单项传输、配送网络和最少限度的能源存储能力。不过随着可再生能源发电厂(太阳能、电力等)和分布式网络(分布式发电)的适用范围逐步扩大,以及新能源存储技术的发展,产生了智慧能源、特高压输送电等复杂的行业结构。

作为生产过程的组成部分，不同的能源渠道按照不同的方式转换为一次能源。传输系统运营商（TSO）通常使用专用的"高压传输网络"对电力进行远距离输送，如图3-1所示。传输网络中的电力销售到市场，并通过配送网络被送到终端用户。配送网络既包括中等电压的区域性配送网络，也包括配送给用户的"最后一公里"的低电压网络。配送网络由配送系统运营商（DSO）运营，通常被用于处理所有的与终端用户之间的关系。

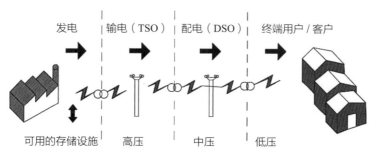

图3-1 电力行业当前的市场结构

输电系统运营商与各配送系统运营商共同协调电力调度，以满足整个电网的预期需求。如果电力供应与需求之间不匹配，系统运营商必须增加或减少生产或负荷。

三类电力网络（高压、中压、低压）都属于"自然垄断"，新进入者的空间有限且壁垒很高。因此国家主管部门对此进行规制，以确保市场参与者有机会进入。

（2）电力交易市场

在任何地理区域中，电力市场通常包括批发商（通过传输网络）、零售商（通过配送）和最终用户，市场可以跨越国家。三类交易如下：

1）双边直接交易

发电商和消费者通过签订长期供应合同，诸如电力购买协议（PPA），建立直接的关系。消费者也可以是一家公共机构，在特定时期应当承接一定数量的电力。构建这种机制的目的是确保用电方可以得到长期充分的电力供应，而售电方可以得到预测的现金流。

2）批发电力交易所

竞争性的电力生产者在当期市场向零售电力经销商提供电力，后者再以确定性价格向终端用户输送。世界著名的批发电力交易所有：澳大利亚能源市场运营商（AEMO）、加拿大的独立电力系统运营商（IESO）、位于法国的欧洲电力交易所现货市场（EPEX SPOT）、日本电力交易所、美国纽约、加州等的电力交易所。目前，中国成立了30多家电力交易中心，几乎遍布各个省市。

3）零售电力市场

终端用户可以对不同价格方案的竞争性电力零售商及绿色能源供应商进行选择。例如，在英国、美国可以从很多电力供应商中选择，其中有一些是全部提供可再生能源发电的绿色能源公司。在中国，电力运营商单一，无法自主选择不同的供应商。

（3）我国城市供电管理的内容

城市电网设施输送维持城市运转的重要电力能源，由电力部门统一布设、统一管理、统一调配。

1）输变电建设管理：包括做好负荷预测；制订电网发展规划；变电所地址选择；送电线路的路径选择。

2）供电设备运行、检修管理：运行管理要加强巡视检查；进行定期计划检修和事故抢修；预防季节性事故和外力破坏事故；加强技术管理。

3）用电营业管理：做好用户业务扩充管理工作；加强电能质量管理，包括频率质量管理、电压质量管理和供电可靠性管理；抓好计划、节约、安全用电。

3.1.2 电力行业价值链

电力行业涉及诸多价值链因素，从发电、输配电到存储。电属于无形商品，不利于存储，而且电的来源比较多样，因此价值链比较复杂。电力行业的价值链及基础设施见表3-1。

在这些价值链中，涉及电力的提供与管理、调度网络与存储设施项目，包括设计、建设与维护。后端的电力销售属于运营领域。

3.1.3 能源管理系统

（1）概念

能源管理系统是一种基于网络、计算机等先进技术的现代化能源管理工具和平台，可对企业能耗数据进行采集、存储、处理、统计、查询和分析，提供企业能源消耗计划、能耗核算及定额管理，对企业能源消耗进行监控、分析和诊断，实现节能绩效的科学有效管理及能源效率的持续改进。能源管理系统流程：一次能源—集中转换—输电系统—分散转换及末端设备—终端用户—用途，价值链很长，管理复杂。

（2）系统原理

能源管理系统采用分层分布式系统体系结构，对建筑的电力、燃气、水等各分类能耗数据进行采集、处理，并综合分析建筑能耗状况，实现建筑节能应用等。

通过能源计划、能源监控、能源统计、能源消费分析、重点能耗设备管理、能源计量设备管理等多种手段，使企业管理者对其能源成本比例、发展趋势有准确的

电力行业的价值链及基础设施　　　　　　　　　表 3-1

价值链因素	基础设施
不可再生能源发电	
☆ 煤、原油、天然气、油页岩等产生的电力	主要燃烧系统，汽水系统和发电系统。燃料系统主要实现输煤、磨煤、粗细分离、排粉、给粉、锅炉、除尘、脱硫等；汽水系统主要实现加热循环水，将水蒸发成汽，送至汽轮机做功；发电系统主要实现水蒸气推动汽轮机转动，汽轮机同轴带动发电机发电
可再生能源发电	
☆ 太阳能电厂生产与销售 ☆ 风电厂生产与销售 ☆ 水电站生产与销售 ☆ 生物质电厂生产与销售	☆ 光伏电厂 ☆ 集中式太阳能发电厂 ☆ 风电场 ☆ 水电站 ☆ 生物质电站 ☆ 生物质原料存贮设施
电力输送	
☆ 高压电力输送 ☆ 中低压电力输送	☆ 传输电网 ☆ 中压（配送）网络 ☆ 低压（最后一公里）网络
电力/能源存储	
☆ 抽水储能 ☆ 网络管理	☆ 抽水储能水电站 ☆ 智能电网 ☆ 基于现有和新技术的设施/设备
电力销售	
☆ 账单管理 ☆ 收益管理	☆ 计量设施 ☆ 客户的自我存储和能效投资

掌握，并将企业的能源消费计划任务分解到各个生产部门及车间，使节能工作责任明确，促进企业健康稳定发展。

能源管理系统在企业信息化系统中具有重要的地位，公司级 MES 完成对包括能源管理系统在内的信息集成和一贯制管理，以实现公司生产、经营的过程优化和提高公司的总体效率，进而提高公司的市场竞争力。为了实现上述目标，能源管理系统建设的基本技术路线是：

1）规划先进的能源 SCADA 系统

能源工艺系统分散，面广量大。数据采集对象的选择应按照工艺监控的实际要求、能源系统输配和平衡的要求、能源管理的精度和粒度要求谨慎选择。数据采集系统宜采用分散方式，以减少系统风险和提高系统的安全性和可维护性。根据能源系统的特点和具体情况，综合采用与之适应的基本技术：①行业标准监控和管理技术；②现代安全网络技术和数据通信技术；③数据库及实时数据处理技术；④预测和平衡优化技术；⑤集成式GIS（地理信息系统）技术；⑥数字化运行和调度技术；⑦异构系统无缝集成技术。

2）设计集中统一的"数字化"能源输配及平衡控制应用系统

"数字化"能源输配及平衡控制应用系统是指在上述基本技术的基础上，利用信息技术手段，实时再现工艺系统的过程映象，使运行管理和调整决策建立在可靠的过程信息之上。调度人员能够在能源控制中心对系统的动态平衡进行直接控制和调整，从而减少管理控制环节，提高工作效率，尤其是在工艺系统故障时的处理指挥和即时系统调整方面，体现出了极大的优越性。

3）建立系统化的能源成本中心管理平台

MES从成本控制的角度，优化能源管理体制，合理定义能源系统的成本中心。MES在系统规划、架构设计、功能配置和应用集成等方面全面反映能源系统本质的管理特征，根据效益最大化原则配置能源管理要素，通过能源管理系统的计划编制、实绩分析、质量管理、平衡预测、能耗评价等技术手段对能源生产过程和消耗过程进行管理评价。

4）与ERP或MES系统的无缝集成能源管理

系统实现与ERP系统的无缝集成，是确保能源管理功能完整实现和ERP系统信息完整的重要技术保证。能源管理系统的基础管理任务之一是，实现按成本中心模式向ERP系统提供完整的能源系统分析数据和分析结果，ERP也将按能源管理和预测分析的需要，向能源管理系统提供公司的生产计划、检修计划和相关的生产实际信息。信息的交互作用能较好地解决能源系统评价中的不科学因素，在公司层面及时掌握能源消耗情况，并对环境状况作出估计。

（3）系统构成

能源管理系统在企业信息化系统中具有重要地位，其基本功能划分为三大部分：信息处理子系统、故障处理子系统和能源管理子系统。

1）信息处理子系统

信息处理子系统的基本功能是数据采集和过程监控，它是能源管理系统的基础子系统，包括最基本的SCADA系统功能：①不同需求的数据采集（周期采集、中断采集、SOE）；②分类数据归档（实时数据、短时数据、统计数据、历史数据、记录）；③实时闭环调节；④逻辑分析处理（条件联锁、越限报警等）；⑤人机界面（过程图、过程曲线、设定和查询等）；⑥管理报表（瞬时报、正点报、日报、月报等）；⑦基本数据处理等。

2）故障处理子系统

故障处理子系统主要包括：①监测；②分级报警（按轻、重故障分类）；③信息记录和归档（按类别）；④故障基本分析（时序记录分析、在线查询等）；⑤故障分析专家系统等。

3）能源管理子系统

能源管理子系统的基本功能包括：①能源计划管理（计划编制、跟踪等）；②能源实绩管理（实绩分析、归档、查询、平衡分析、成本分析、对标分析等）；③能源质量管理（质量分析、质量跟踪、趋势评估、越限警告等）；④运行技术支持（运行方式管理、停复役管理、操作评估等）；⑤预测分析（在线预测决策、能耗预测分析、电力负荷预测等）。

3.1.4 可再生能源发电

（1）非再生能源与可再生能源

1）非再生能源

在自然界中经过亿万年形成，短期内无法恢复，且随着大规模的开发利用储量越来越少的能源称之为非再生能源。非再生能源包括煤、原油、天然气、油页岩、核能等。

据统计中国电力系统累计装机中，有58%是化石能源，39%是可再生能源。到2025年，化石能源占比将下降到47%，可再生能源占比将提高到50%，以储能为主的灵活电源开始起势，将达到1%。到2050年，化石能源占比将下降至23%，可再生能源累计装机量将占比67%，灵活电源占7%。

不可再生能源，如煤、石油等在开采、运输、加工、利用等环节会对环境造成严重的污染，威胁人类的健康。为缓解能源相对不足，减轻环境污染，可再生能源的开发利用就显得尤为重要。可再生能源具有资源丰富、分布广泛、污染小、可永续利用的特点。

2）可再生能源

可再生能源是指从自然界获取的可以再生的非化石能源，分为传统的可再生能源与新的可再生能源。传统的可再生能源主要包括采用传统技术开发的风能、太阳能、水能、生物质能、地热能和海洋能等。新的可再生能源主要指采用现代技术开发的小水电、太阳能、风能、生物质能、地热能、海洋能和固体废弃物等。

（2）可再生能源发电的发展现状

我国可再生能源发展已从数量扩张向质量提升转变。2018年，可再生能源利用率显著提升，弃水、弃风、弃光状况明显缓解。2019年，国家能源局将积极推进风电、光伏发电无补贴平价上网项目建设，全面推行风电、光伏电站项目竞争配置工作机制，建立健全可再生能源电力消纳新机制，结合电力改革推动分布式可再生能源电力市场化交易，扩大可再生能源分布式发电、微电网、清洁供暖等终端利用，全面推动可再生能源高质量发展。2020年4月10日，国家能源局发布《中华人民共和国能源法（征求意见稿）》。在这份中国首部能源法征求意见稿中，国家明确：鼓励高效清洁开发利用能源资源，支持优先开发可再生能源，合理开发化石能源资源，因地制宜发展分布式能源，推动非化石能源替代化石能源、低碳能源替代高碳能源。

2020年我国可再生能源装机规模稳步扩大。截至2020年年底，可再生能源发电装机达到9.34亿kW，同比增长约17.5%。其中，水电装机3.7亿kW；风电装机2.81亿kW；光伏发电装机2.53亿kW；生物质发电装机2952万kW。全国可再生能源发电量达22148亿kW·h，同比增长约8.4%。其中，水电13552亿kW·h，同比增长4.1%；风电4665亿kW·h，同比增长约15%；光伏发电2605亿kW·h，同比增长16.1%；生物质发电1326亿kW·h，同比增长约19.4%。

2020年，我国可再生能源保持高利用率水平。全国主要流域弃水电量约301亿kW·h，水能利用率约96.61%，较上年同期提高0.73个百分点；全国弃风电量约166亿kW·h，平均利用率97%，较上年同期提高1个百分点；全国弃光电量约52.6亿kW·h，平均利用率98%。

中国风电、光伏发电设备制造形成了完整的产业链，技术水平和制造规模处于世界前列。2019年中国多晶硅、光伏电池、光伏组件的产量分别约占全球总产量份额的67%、79%、71%，光伏产品出口到200多个国家及地区。风电整机制造占全球总产量的41%，已成为全球风电设备制造产业链的重要地区。

目前，中国已成为全球最大的能源生产国和能源消费国。未来，中国将加大煤炭的清洁化开发利用，推动用低碳能源来替代高碳能源，以新一代信息基础设施建设为契机，推动能源数字化和智能化发展。

（3）太阳能发电

太阳能是太阳内部或者其表面的黑子在连续不断的核聚变反应过程中产生的能量，具有资源充足、分布广泛、安全、清洁、技术可靠等优点。由于太阳能可以转换成多种其他形式的能量，因此应用范围非常广泛，在热利用方面有太阳能温室、物品干燥和太阳灶、太阳能热水器等。

太阳能热发电是指通过水或其他装置将太阳辐射能转换为电能的发电方式。它有两种转化方式：一种方式是将太阳热能直接转化成电能，如半导体或金属材料的温差发电、真空器件中的热电子和热电离子发电、碱金属热电转换以及磁流体发电等；另一种方式是将太阳热能通过热机（如汽轮机）带动发电机发电，与常规热力发电类似，只不过其热能不是来自燃料，而是来自太阳能。太阳能热发电主要有以下五种类型：塔式系统、槽式系统、盘式系统、太阳池和太阳能塔热气流发电。

太阳能发电技术主要有两类：光伏发电和聚光太阳能发电（CSP）。

1）光伏发电

光伏发电（图3-2）的主要原理是半导体的光电效应。光子照射到金属上时，它的能量可以被金属中某个电子全部吸收，电子吸收的能量足够大，能克服金属内部引力做功，离开金属表面逃逸出来，成为光电子。硅原子有 4 个外层电子，如果在纯硅中掺入有 5 个外层电子的原子，如磷原子，就成为 N 型半导体；若在纯硅中掺入有 3 个外层电子的原子，如硼原子，就形成 P 型半导体。当 P 型和 N 型结合在一起时，接触面就会形成电势差，成为太阳能电池。当太阳光照射到 P-N 结后，空穴由 P 极区向 N 极区移动，电子由 N 极区向 P 极区移动，形成电流。

光电效应就是光照使不均匀半导体或半导体与金属结合的不同部位之间产生电位差的现象。它首先是由光子（光波）转化为电子、光能量转化为电能量的过程；其次就是形成电压的过程，如图 3-3 所示。

图 3-2 光伏发电

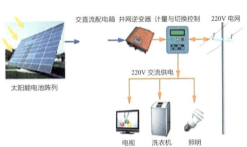

图 3-3 光电效应示意图

与常用的火力发电系统相比，光伏发电的特点主要体现于：照射的能量分布密度小，即要占用巨大面积；获得的能源同四季、昼夜及阴晴等气象条件有关；目前相对于火力发电，发电机会成本高；光伏板制造过程不环保。

2）聚光太阳能发电

聚光太阳能发电（CSP），也称作太阳能热发电，是通过汇集太阳辐射获得热能，并将热能转化成高温蒸汽，最后利用高温蒸汽驱动蒸汽轮机发电的技术。

目前，共有四种聚光太阳能设备类型，即抛物面槽式（PT）（图 3-4）、线性菲涅尔式（FR）、塔式（ST）和碟式（SD）（图 3-5）。根据镜场和接收器的设计、配置，所用的传热流体以及是否涉及储热，这四种设备类型有所不同，前三种设备类型主

图 3-4 抛物面槽式聚光太阳能发电

图 3-5 碟式聚光太阳能发电

要用于集中发电。重要的是，风电和光伏发电需要依赖一个单独的储能系统才能实现电力稳定输出，聚光太阳能发电提供了集成储热的可能性，能够存储白天收集的能量，并在需要时将其用于发电。这样聚光太阳能发电既可以在太阳辐射高时提供清洁的电力，也可以在夜间和太阳辐射低时提供可调度的电力。此外，聚光太阳能可利用化石燃料和太阳能混合加热，这种混合技术可以提高发电岛的有效利用，提高聚光太阳能技术的价值。然而，受到对太阳能资源要求较高等因素的影响，与光伏发电技术相比，聚光太阳能发电的应用并不广泛。

（4）风力发电

1）弃风现象及其原因

风力发电在技术上日益成熟，随着制造和运营成本降低，已经可以和传统火电竞争，欧洲近几年增长率大于30%。目前，我国风电投资规模，随着装备成本降低、制造装备国产化程度加深和市场原因，投资规模2015年后呈下降趋势，但是装机容量稳步上升。发电量增长缓慢，发电企业增加，亏损企业也在增加。未来随着对清洁能源需求增加，风能产业成本下降，风能仍具有巨大发展潜力。我国风电行业始终处于"弃风限电"的魔咒之中。仅2015年，全国风电全年弃风电量达到339亿kW·h，造成的直接经济损失超过180亿元，到2018年弃风率降至7%，目前总体来说仍旧面临巨大的资源浪费，尤其在西北风能丰富的地区。出现这种现象的原因主要是各级政府、风电企业、电网等群体利益不协调，风电行业的"弃风限电"源于机制问题。火电整个产业链较长，可以更好地拉动地方的经济，因此一些地方政府通过变相降低可再生能源电价的方式打压风电，也有装机负荷不匹配、电源电网不够协调、威胁到本地火电利益等原因。目前，规章制度的执行力度欠佳，法规出台的实效性不足，还不能解决可再生能源发展的实质性问题。风能依赖复杂多变的天气状况，本身就带有波动特征，不好控制和预测，难以和市场需求相一致，需要与传统的火力发电机组协调，统一供电，这对火力发电机组的配置提出更高的要求。目前的水力储能、机械储能和储能技术都不能适应风电储能的发展步伐，同时对国家电网的调度、预测和职能管理都提出挑战。风力发电如图3-6、图3-7所示。

图3-6 风力发电一

图3-7 风力发电二

2）风力发电的原理

风能源于太阳辐射使地球表面受热不均，导致大气层中压力分布不均而使空气沿水平方向运动所获得的动能。据估计，地球上可开发利用的风能约为 $2×10^7$MW，是水能的10倍，只要利用1%的风能即可满足全球能源的需求。典型的风力发电机组主要由

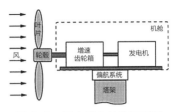

图3-8 风力发电结构示意图

风轮（包括叶片、轮毂）、增速齿轮箱、发电机、对风装置（偏航系统）、塔架等构成（图3-8）。其工作原理为：风以一定的速度和攻角流过桨叶，使风轮获得旋转力矩而转动，风轮通过主轴连接齿轮箱，经齿轮箱增速后带动发电机发电。由于风力发电机组频繁起停，风轮转动惯量又很大（大型风力发电机组的单个叶片重达数吨），故风轮的转速设计值较低，通常为20~30r/min（机组容量越大，转速越低）。另一方面，为了限制发电机的体积和重量，其极对数较少，故在风轮与发电机间通常设置增速齿轮箱，将风轮输入的较低转速增速到1000~1500r/min，以满足发电机所需。

3）风力发电系统的基本结构和工作原理

风力发电系统从形式上有离网型和并网型。离网型的单机容量小（为0.1~5kW，一般不超过10kW），主要采用直流发电系统配合蓄电池储能装置独立运行；并网型的单机容量大（可达兆瓦级），且由多台风电机组构成风力发电机群（风电场）集中向电网输送电能。另外，中型风力发电机组（几十千瓦到几百千瓦）可并网运行，也可与其他能源发电方式相结合（如风电—水电互补、风电—柴油机组发电联合）形成微电网。并网型风力发电的频率应恒等于电网频率，按其发电机运行方式可分为恒速恒频风力发电系统和变速恒频风力发电系统两大类。恒速恒频风力发电系统具有电机结构简单、成本低、可靠性高等优点，其主要缺点为：运行范围窄；不能充分利用风能（其风能利用系数不可能保持在最大值）；风速跃升时会导致主轴、齿轮箱和发电机等部件承受很大的机械应力。变速恒频风力发电系统，其主要特点为：低于额定风速时，调节发电机转矩使转速跟随风速变化，使风轮的叶尖速比保持在最佳值，维持风电机组在最大风能利用率下运行；高于额定风速时，调节桨距以限制风力机吸收的功率不超过最大值；恒频电能的获得是通过发电机与电力电子变换装置相结合实现的。风力发电目前已经获得了巨大的进步，并且得到了全世界范围的认可和使用，这与风力发电本身具有的先天优势是分不开的。

4）我国风力发电在未来的发展策略与方向

①严格明确风力发电的主要发展目标。随着我国人民群众对于美好生活环境的追求不断提高以及我国科技水平的不断进步，发展风力发电已经成为必然的选择。为保证风力发电发展效果良好，首先必须明确风力发电的发展方向，并制定一系列相关辅助政策，以扶持风力发电相关企业的发展。由于风力发电能够取得的收益并

不明显，所以相关风力发电企业与工厂收益较小，我国有关政府部门可以出台相关政策，以扶持风力发电行业的发展。当风力发电行业与其他行业产生冲突时，也可以进行有效的协调以保证风力发电行业的发展。

②对我国整体供电电网进行合理布局。目前，我国风力资源比较丰富的地区是东北、西北以及沿海地区，这就使得在风力发电过程中经常处于西电东输或者北电南输的状态，不但增加了电网建设的成本，同时也会在电能运输过程中产生非常大的浪费。在这种情况下，我们需要不断结合地理因素以及电网分布情况进行合理的电网布局。

③对风力发电的设备进行革新以降低成本。由于我国的风力发电行业还处于刚刚起步的阶段，并没有形成一个较为完善的体系。国内的大量机械设备都需要从国外进行购买，导致整体成本大幅度提升，对行业发展影响较大。为促进我国风力发电行业的稳步发展，需要对所使用的机械设备进行创新创造以降低整体成本。

④不断完善风力发电技术中存在的问题，研发先进新技术。现阶段的风力发电中，为了降低风力发电的单位成本，会对风力发电机的容量进行适当增加。但同时风力发电机整体的重量与体积都会增加，导致整体工作效率与发电量会受到一定的影响。为保证发电量与发电效率，需要对原有传统的发电工艺与发电设备进行一定的改进与更新，保证整体的发电效果。

⑤研究发展海上风力发电相关设备。作为大容量风力发电机组研发中非常重要的目标之一，海上风力发电是世界各国都在研究和发展的重要课题。能否不断提升海上风力发电的建设规模以及发电能力，成为各国研究的核心目标。我国自从2010年第一座海上风电场并网发电以来，海上风电技术发展迅速，仅用10年时间，2020年单机容量从3MW跳跃到10MW。我国10MW风力机组成功并网发电，已参与到世界顶尖水平的竞争中。作为一个海上风电资源非常丰富的国家，我国海上风力发电的有效利用可以大幅度提升风力发电产业的整体发展，同时为我国电力行业发展和节约能源作出巨大的贡献。

（5）水力发电

1）水力发电的概念

水力发电是利用河流、湖泊等位于高处具有势能的水流至低处，将其中所含势能转换成水轮机之动能，再以水轮机为原动力，推动发电机产生电能，如图3-9所示。即利用水力（具有水头）推动水力机械（水轮机）转动，将水能转变为机械能，如果在水轮机上连接另一种机械（发电机），随着水轮机转动便可产生电，这时机械能又转变为电能。水力发电在某种意义上讲是水的势能转变成机械能，再转变成电能的过程。因水力发电厂所发出的电力电压较低，要输送给距离较远的用户就必须将电压经过变压器增高，再由空架输电线路输送到用户集中区的变电所，最后降低为适合家庭用户、工厂用电设备的电压,并由配电线输送到各个工厂及家庭。

2)水力发电原理及水电站种类

水力发电的基本原理是利用水位落差,配合水轮发电机产生电力,也就是利用水的势能转为水轮的机械能,再以机械能推动发电机而得到电力。科学家们以此水位落差的天然条件,有效地利用流力工程及机械物理等,精心搭配以达到最高的发电量,供人们使用廉价又无污染的电力。而低位水通过吸收阳光进行水循环分布在地球各处,从而回复高位水源。水力发电示意图如图3-10所示。

图3-9 水力发电

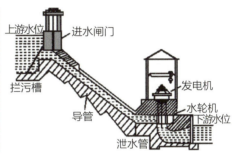

图3-10 水力发电示意图

水电站种类包括:

①按集中落差的方式分类:堤坝式水电厂、引水式水电厂、混合式水电厂、潮汐水电厂和抽水蓄能电厂。

②按径流调节的程度分类:无调节水电厂和有调节水电厂。

③按照水源的性质,一般称为常规水电站,即利用天然河流、湖泊等水源发电。

④按水电站利用水头的大小,可分为高水头(70m以上)、中水头(15~70m)和低水头(低于15m)水电站。

⑤按水电站装机容量的大小,可分为大型、中型和小型水电站。一般将装机容量在5000kW以下的称为小水电站,5000~100000kW的称为中型水电站,100000kW或以上的称为大型水电站或巨型水电站。

3)水力发电项目对生态环境的影响

①气候方面的影响。一般来说,区域气候是由大气环流控制。水力发电是利用潜在的水的势能发电,一方面,水力发电项目的建设会淹没一定的土地和植物,降低植物覆盖面积,在一定程度上改变了区域地块结构,会影响到区域的二氧化碳浓度,进而影响温度的变化,该地区的温度可能会上升,平均年温度略有上升。这也是一种湖泊效应的表现,无论是地理上的还是温度上的影响程度都较低,甚至是微不足道的,而二氧化碳的浓度也并不和水力发电本身直接相关。另一方面,大型水力发电更环保,可以有效地减少化石燃料燃烧带来的二氧化碳、氮氧化物和其他气体排放。

如果使用水力发电代替煤炭发电,产生的电力可以减少 0.3kg/kW·h 的二氧化碳排放,而由此带来的气候影响将不能被忽略。

②水资源方面的影响。流动性的水在水库中储存时间过长便会产生变化,会影响水库的整体水质,主要表现在以下几个方面:一方面,水库的水流水速将会减少,但透明度会上升,透明度会对藻类的光合作用更有利,但这将导致大量的海藻生长,最终导致水体营养过剩。另一方面,当水库水流的速度下降时,污染物的迁移速度和空气的流动将会减少,而水的自我净化能力将比河流水库更弱。如果水体含有重金属或难以提取的有毒物质和污染物,会导致分解能力不利,从而演变为二次污染。此外,对自然河流来说,河水是给水库提供水资源的主要源泉,既能造成洪涝灾害,也会产生干旱。而水库的空间和临时对水源的分配可以改变自然河流水的流入或利用,是控制和调配水资源的重要手段。

③水泥沙方面的影响。水电站水库的建造会改变水流的输沙过程和输沙能力,一方面会对环境造成不利影响,主要表现为以下几点:①泥沙堆积过多会影响大坝运行安全,在严重的情况下,它也会威胁到下游两岸的环境以及两岸的居民;②淤积的泥沙量大会降低水库库容,并影响水库的使用;③水库的排放将减少下游河流的泥沙淤积,冲刷河岸和下游河床,最初附着在沉淀物上的微生物和矿物会大大减少,这可能会破坏水生生物的生活环境,特别是鱼类,也可能净化下游水质的质量。

另一方面,河流泥沙的影响是不确定因素,一般会利用水库的水资源调配来改变泥沙沉积造成的问题,并结合过往的实践经验来进行泥沙治理。如果采用的治理方法正确合理,设计方法符合实际,将会在很大程度上减少水土流失和泥沙对环境造成的破坏。例如,在黄河上的三峡和小浪底水库,水库对泥沙的调节成功有效,成为了解决河流泥沙问题的有力措施。

④观光方面的影响。水力发电项目建设对景观的影响几乎都是比较有利的,即使水库的储水和水力发电项目的建设或破坏原始的景观,或减少其最初的原有生态,但水库的水面积一般将会形成新的港口和湖泊,可以有效地改善水库区域的原始景观,有利于建设和打造新的生态景观,增加旅游项目,吸引更多的观光游客,利用旅游业的发展来改善当地居民的生活质量,提高水库使用的经济效益。

(6)生物质发电

1)生物质发电的含义和特点

生物质能是指蕴藏在生物质中的能量,是绿色植物通过叶绿素将太阳能转化为化学能而贮存在生物质内部的能量。煤、石油和天然气等化石能源也是由生物质能转化而来的。

生物质能源作为可再生能源中的一部分,是世界第四大能源。目前,生物质能利用占世界总能源的 14%,相当于 12157 亿 t 石油。在发展中国家,生物质能占总耗能的35%，相当于1188亿t石油。目前全世界有25亿人口用生物质能做饭、取暖、照明。但是生物质能利用总量还不到其生产总量的1%。由此可见，生物质能的开发利用前景十分广阔。

生物质发电是利用生物质所具有的生物质能进行的发电，是可再生能源发电的一种，包括农林废弃物直接燃烧发电、农林废弃物气化发电、垃圾焚烧发电、垃圾填埋气发电、沼气发电。世界生物质发电起源于20世纪70年代，当时，世界性的石油危机爆发后，丹麦开始积极开发清洁的可再生能源，大力推行秸秆等生物质发电。自1990年以来，生物质发电在欧美许多国家开始大力发展。

生物质能源产业发展较好的国家美国、巴西、欧盟各国均制定了生物质能源规划。其中，欧盟计划到2020年，可再生能源替代率达到20%，在交通燃料中的替代率达到10%以上。各国为支持生物质能源产业发展，出台了一系列税收优惠、政府补贴、用户补助等激励政策。此外，还通过法律和政策确保生物质能源健康持续发展。

2）常用的生物质发电方法

①直接燃烧发电技术。生物质直接燃烧发电是一种最简单也最直接的方法，但是由于生物燃料密度较低，其燃料效率和发热量都不如化石燃料，因此通常应用于大量工、农、林业生物废弃物需要处理的场所，并且大多与化石燃料混合或互补燃烧。显然，为了提高热效率，也可以采取各种回热、再热措施和各种联合循环方式。

目前，在发达国家，生物质燃烧发电占可再生能源（不含水电）发电量的70%。我国生物质发电也具有一定的规模，主要集中在南方地区，许多糖厂利用甘蔗渣发电。

秸秆直接燃烧发电示意图如图3-11所示。

②甲醇发电技术。甲醇作为发电站燃料，是当前研究开发利用生物能源的重要课题之一。日本专家采用甲醇气化与水蒸气反应产生氢气的工艺流程，开发了以氢气作为燃料使燃气轮机带动发电机组发电的技术。甲醇发电的优点除了低污染外，其成本也低于石油发电和天然气发电，因此很具有吸引力。利用甲醇的主要问题是燃烧甲醇时会产生大量的甲醛（比石油燃烧多5倍），一般认为甲醛是致癌物质，

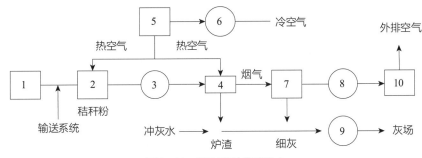

图3-11　秸秆直接燃烧发电

1—生物质储存区；2—粉碎系统；3—排粉风机；4—锅炉；5—空气预热器；
6—送风机；7—除尘器；8—引风机；9—灰渣泵；10—烟囱

且有毒、刺激眼睛。目前对甲醇的开发利用存在分歧，因此应对其危害进一步研究观察。

③城市垃圾发电技术。当今世界，城市垃圾的处理是一个非同小可的问题。垃圾焚烧发电最符合垃圾处理的减量化、无害化、资源化原则。此外，还有一些其他方式。例如，1992年加拿大建成第一座下水道淤泥处理工厂，把干燥后的淤泥在无氧条件下加热到450℃，使50%的淤泥气化，并与水蒸气混合转变成为饱和碳氢化合物，作为燃料供低速发动机、锅炉、电厂使用。

④生物质燃气发电技术。生物质燃气发电系统主要由气化炉、冷却过滤装置、煤气发动机、发电机四大主机构成，其工作流程为：首先将生物燃气冷却过滤送入煤气发动机，将燃气的热能转化为机械能，再带动发电机发电。

⑤沼气发电技术。目前，我国应用范围最广泛的生物质发电方式是沼气发电，其作用原理主要是通过厌氧发酵技术对废弃物进行发酵处理，使其生成沼气，然后利用沼气推动发电机稳定运行，达到发电效果。由于该方法具有较高的稳定性，所以普及力度相对来说比较大。其次还有生物质气化发电法，该技术的作用原理是将生物质置于气化炉中，使其转化为可燃烧气体，经过净化处理后投入燃气机内作为燃料维持燃气机运行，进而达到发电效果，也可以直接冲入燃料电池发电。气化发电技术的要点是要保证燃气净化程度，由于初期气化的燃气含有焦炭以及焦油等污染杂质，如果直接使用可能会加快设备老化，并且造成环境污染，所以在生物质气化后要对其进行一定的精华处理才能作为燃料使用。

此外，生物质还可以与其他燃料混合作用发电，比如煤炭等，该技术称为生物质混合燃烧发电法。其主要的混合方法有两种：一种是将煤炭与生物质直接混合作为燃烧介质，但是这种方法实施过程无论对燃烧设备和燃烧处理环节的要求都比较高，一些小型发电企业根本无法实现，所以应用范围不是很广；还有一种是将气化后的生物质与煤炭混合作为燃烧材料，将燃烧后的蒸汽注入汽轮发电机实现发电功能，这种方法实际可操作性更高。

另外，可以直接燃烧生物质进行发电，承包商负责提供更完善的通风设备。为了节省设备成本，一些设备应根据时间更换通风设备，如果不改善煤矿通风效果或通风效果有限，容易留下煤矿生产安全隐患。此外，通风设备的位置也会影响通风的效果，在不允许通风的情况下，极有可能引发事故。因此，必须加强局部通风检查，不得在没有计划的情况下进行生产。如果安装了本地风机，那么还应同时安装气体传感器，以便有效监测井下条件并更好地控制矿井安全。如果由于意外情况而关闭风扇，则需要立即启用应急电源。在地下燃气关闭的情况下，生产工作只能在燃气有效排放后才可以再次进行。为了进行天然气检查，有必要聘请专门的技术人员，定期科学地评估矿井通风设备，快速识别和解决问题。

3.2 供水与污水处理系统

3.2.1 行业总体特征

水是万物之源,没有一个城市基础设施行业像水行业一样投资资金和资金需求缺口这么大。洪涝灾害与干旱缺水一样困扰着人类的发展。人类使用的水一般为泉水、井水、湖水、河流及地下水,对于不同水质使用不同的技术和化学处理方式。处理后的水在供水网络中通过泵站输送到用户,水被使用后作为污水回流到公共系统中,所产生的污水通过下水道被输送到污水处理厂,进行生物或化学处理后,再重新进入自然水体循环中。这样就有了城市基础设施的供水和排水系统。

供水与污水处理行业基础设施价值链见表3-2。

供水与污水处理行业基础设施价值链　　　　表3-2

价值链要素	投资设施	价值链要素	投资设施
◆ 供水		◆ 污水处理	
取水 ☆ 地表水 ☆ 地下水	取水设施 地表水 ☆ 水塔 ☆ 拦河坝 ☆ 运水管网(南水北调) ☆ 水池 ☆ 取水厂 地下水 ☆ 水井	污水排放	☆ 排水管网 ☆ 泵站 ☆ 沉淀池 ☆ 分离装置
制水	☆ 制水厂	输水	分流制、合流制系统
储水	自然或人工建造的水库 ☆ 储水湖 ☆ 深水池 ☆ 消防水库 ☆ 水塔	污水处理	分散式:分散式设施 集中式:污水处理设施 ☆ 机械/物理处理 ☆ 生物处理 ☆ 化学处理
配水	配水网络 ☆ 泵站 ☆ 增压站 ☆ 压力管道 ☆ 重力管 ☆ 控制中心 ☆ 水质监测 ☆ 监测井	☆ 污水排放 ☆ 中水利用 ☆ 污泥处理	☆ 制蒸汽 ☆ 农业 ☆ 填埋场 ☆ 焚烧炉
接水	用户服务管道		
收费	计量设施		

城市水系统主要包括四个分系统,即:①水资源开发、利用和管理系统;②自来水生产与供应系统;③污水排放及处理系统;④雨水排放系统。

3.2.2　水务行业基础设施及价值链

水务行业的必要基础设施是高度资本密集型项目。水务行业一般由地方政府负责,具有区域性特点,与其他公共基础设施的输送距离相比,供水系统覆盖的区域相对较小。

供水与污水处理行业的主要收入是用户支付的自来水费和污水处理费以及国家的适当补贴。

3.2.3　城市供水系统

生活用水主要通过水厂的取水泵站汲取江河湖泊及地下水,地表水由自来水厂按照国家生活饮用水相关卫生标准,经过沉淀、消毒、过滤等工艺流程的处理后,最后通过配水泵站输送到各个用户,如图3-12所示。

城市供水管理的内容包括:

(1)水资源管理。要防止地表水被污染,合理安排取水量。地下水宜饮用,但需平衡采水与灌水,控制地面沉降。

(2)供水工程的建设管理。主要包括取水、净水和配水的工程管理。

(3)供水的水质和水压管理。根据具体情况,可分别采取水厂一次加压、管网中途加压或局部地区加压等做法。

(4)节约用水管理。一是加强宣传;二是实行计划用水;三是使用节水设备;四是提高水的重复利用率。

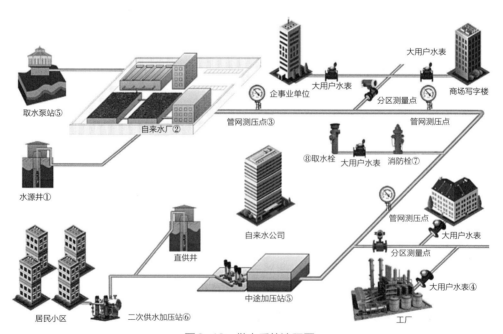

图3-12　供水系统流程图

3.2.4 污水处理系统

(1) 污水的分类及其来源

根据污水来源,污水可以分为生活污水、工业污水、雨水和农业废水。

1) 生活污水:主要包括粪便水、洗浴水、洗涤水和冲洗水。其来源除家庭生活排的废水外,还有集体单位和公共事业单位排出的废水。生活污水以有机物污染为主,可生化性好,但随着饮食结构的改变,尤其是治病的新药层出不穷,部分排泄物与生活污水混为一体使污水结构趋于复杂并使处理的难度增加。城市污水中90%以上是水,其余是固体物质,包含悬浮物、病原体、需氧有机物等物质,如果不经过处理会严重污染环境。

2) 工业污水:是指工业生产过程排放的废水,由工业生产车间与厂矿排出的绝大部分工业废水用于冷却、洗涤及地面冲洗,因此,里面会含有工业生产所用的原料、产品、副产品和中间产物。

工业废水的排放特点有:①排放量大,方式多,范围广;②种类繁多,浓度波动范围大;③迁移变化规律差异大;④毒性强,危害大;⑤不易治理,恢复困难。

3) 雨水:是指雨雪降至地面形成的地表径流。工业废渣和垃圾堆放厂冲刷排水随着时间、季节、环境的变化,其成分复杂。

4) 农业废水:包括农田灌溉、畜牧业养殖、食品生产加工等过程中废液的排放。其分散面积广,不易集中,治理困难。农药化肥,有机富营养物的含量较高。

(2) 污水处理的方法及工艺

污水处理的方法有物理方法、化学方法和生物方法,如图3-13所示。

物理方法是在不改变污染物化学性质的基础上通过分离、回收废水中不溶解的呈悬浮状态的污染物(包括油膜和油珠)的废水处理法,可分为重力分离法、离心分离法和筛滤截留法等。

化学方法是通过化学反应和传质作用改变污染物的分子结构来分离、去除废水中呈溶解、胶体状态的污染物或将其转化为无害物质的废水处理法。其中传质作用的处理过程中既包含化学作用,又有与之相关的物理作用,所以也可从化学处理法

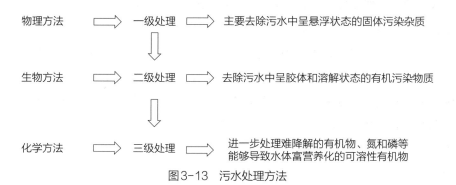

图3-13 污水处理方法

中分出来，成为另一类处理方法，称为物理化学法。

生物方法是利用自然界存在的生物，通过它的代谢作用，使废水中呈溶液、胶体以及微细悬浮状态的有机污染物转化为稳定、无害的物质的废水处理法。根据作用微生物的不同，生物处理法又可分为需氧生物处理和厌氧生物处理两种类型。

污水处理的工艺流程如图3-14所示。

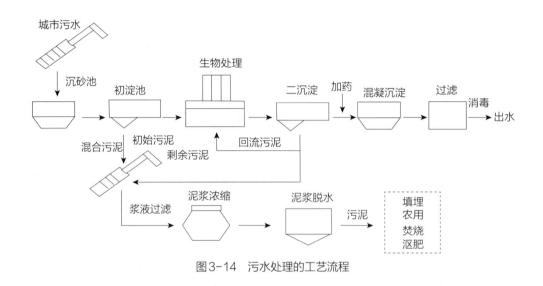

图3-14 污水处理的工艺流程

（3）污水处理设备

污水处理设备是一种能有效处理城区的生活污水、工业废水等的工业设备，避免污水及污染物直接流入水域，对改善生态环境、提升城市品位和促进经济发展具有重要意义。地埋式污水处理设备适宜住宅小区、医院疗养院、办公楼、商场、宾馆、饭店、机关、学校、部队、水产加工厂、牲畜加工厂、乳品加工厂等生活污水和与之类似的工业有机废水处理，如纺织、啤酒、造纸、制革、食品、化工等行业的有机污水处理，主要目的是将生活污水和与之相类似的工业有机废水处理后达到回用水质要求，使废水处理后实现资源化利用。

膜生物反应器（Membrane Bio-Reactor，MBR）技术是生物处理技术与膜分离技术相结合的一种新工艺，取代了传统工艺中的二次沉淀池（图3-15），它可以高效地进行固液分离，得到直接使用的稳定中水；又可在生物池内维持高浓度的微生物量，使工艺剩余污泥少，极有效地去除氨氮，出水悬浮物和浊度接近于零，出水中的细菌和病毒被大幅度去除，能耗低，占地面积小。20世纪70年代在美国、日本、南非和欧洲的许多国家就已经开始将膜生物反应器用于污水和废水处理的研究工作，其水源取自生活污水（如淋浴排水、盥洗排水、洗衣排水、厨房排水、厕所排水等）和冷却水。

图3-15 污水处理厂沉淀池

污水处理设备主要有以下几种：

1）气浮机

气浮机是利用小气泡或微小气泡使介质中的杂质浮出水面的机器。对于水体中含有的一些密度接近于水的细微悬浮物，由于其难以下沉或上浮，即可采用该气浮装置。

气浮机应用范围：分离地表水中细小悬浮物、藻类等微聚体；回收工业废水中的有用物质，如造纸废水中的纸浆等；代替二次沉淀池分离和浓缩水中的污泥等悬浮物。

2）曝气机

曝气机（曝气头）是通过散气叶轮，将"微气泡"直接注入未经处理的污水中，在混凝剂和絮凝剂的共同作用下，悬浮物发生物理絮凝和化学絮凝，从而形成大的悬浮物絮团，在气泡群的浮升作用下，"絮团"浮上液面形成浮渣，再利用刮渣机将浮渣从水中分离。曝气机（曝气头）由潜水泵、射流器、散流器、吸气管和软管五部分组成。

3）微滤机

微滤机是一种转鼓式筛网过滤装置，是将80~200目/平方英寸的微孔筛网固定在转鼓型过滤设备上，通过截留养殖水体中的固体颗粒，实现固液分离的净化装置。微滤机占地面积小，生产能力大（250~36000m^3/d），操作管理方便，已成功地应用于给水及废水处理。

4）离心机

离心机就是利用离心机转子高速旋转产生的强大离心力，加快液体中颗粒的沉降速度，把样品中不同沉降系数和浮力密度的物质分离开。离心机主要用于将悬浮液中的固体颗粒与液体分开或将乳浊液中两种密度不同又互不相溶的液体分开。

5）污泥脱水机

污泥是污水处理厂以及污水站污水处理后的必然产物，污水处理厂的污泥大致有物化污泥、生化污泥、物化生化混合污泥三种。目前，国内污泥脱水机的常用机型有离心式、滤带式、螺旋环碟式及板框式。污泥脱水机的特点是可自动控制运行、连续生产、无级调速。其主要适用于给水排水、造纸、铸造、皮革、纺织、化工、食品等多种行业的污泥脱水。

3.2.5 污水处理设施管理模式

（1）设施规划管理

在污水处理设施规划的过程中需要遵循的原则有：

1）因地制宜、重点突出。遵循城市发展和建设规律，合理安排建设内容，监管并重，防止举债建设和大拆大建。

2）厂网并重、同步建设。为确保污水处理设施在建成后可以顺利运行，防止由于管网建设滞后导致设施停运现象发生，新建污水处理设施必须做到厂区和配套污水管网工程同步建设，必要时可考虑委托污水处理设施建设单位予以一并建设。

3）排查损坏设施、逐步修缮。建议行政主管部门摸清已损坏废弃或出水水质无法达到水污染物排放标准的污水处理设施现状，根据实际需求逐步修缮或更新改造污水处理设施。

4）依靠科技、公众参与。加强对当地污水组成、污水排放等的特征分析，科学合理选择适合当地的技术进行推广应用。同时，加大水环境保护宣传力度，让公众认识到水环境保护的重要性，为今后的污水处理设施可顺畅建设运营打下基础。

（2）设施建设移交管理模式

国内外对于市政基础设施的建设分为两种模式。一种是以政府为主导的建设模式，另一种是以市场为主导的建设模式。以政府为主导的建设模式，主要是指政府通过招标投标确定污水处理设施建设主体，其建设费用由政府直接支付。政府投资建设项目具有可快速筹集资金、操作简便、项目易于统一管理、不会给后续政府带来负债等特点。以市场为主导的建设模式，主要是指政府通过特许经营等方式，由企业或社会先期支付设施的建设费用，后续由政府以运行费用等方式进行支付。社会化投资建设模式一般分为 BT、BOT、PPP、PFI 等。采用社会化投资建设模式不仅可以缓解政府项目投资的压力，还可以充分发挥市场竞争机制的作用。目前，北京农村污水处理设施一般采用 BOT 或 PPP 模式建设。BOT 模式的特点是项目确认与可行性研究以及项目招标阶段由政府主导，所以项目的回报率相对明确，会严格按照中标价格执行，并将项目融资的所有责任转移给民营企业。但其缺点是由于政府与企业之间需要长期的互相了解，且由于政府参与了可行性研究等材料的编制，所以限制了企业使用新技术、新工艺建设污水处理设施。PPP模式的特点是特许经营企业在项目初期就已经与政府达成共识，企业参与到项目论证、可行性研究等工作中，可有效缩短项目周期，降低项目花销，同时有助于企业更早地引入新技术。由于企业与政府共同参与建设，双方可形成互利的长期目标。但是这种模式对于合作公司的选择需要政府有一套可行的机制手段，同时在合作过程中政府也要承担一定的责任，增加了政府承担的风险。对于财政收入较高的地区，可在部分急需建设污水处理设施的地区采用政府直接投资方式，加快建设进程，使其污水问题得到快速解决。

在设施移交管理过程中应该考虑以下几个方面：

（1）建立资产移交制度。根据资产移交清单，做好固定资产的管理、使用、维护工作，更好地发挥设施的经济效益和社会效益。

（2）明确设施产权。在污水处理设施的投资、规划设计、建设、运行监管等环节理应发挥使用人主体作用，让使用方经济组织成为建设运行的责任主体。政府投资兴建的污水处理站、污水收集管网及附属设施的产权全部归下属使用单位。非政府投资或BOT等项目按协议约定确定产权。

（3）规范污水处理设施移交接管程序

污水处理设施移交接管程序如下：①按照前期洽谈拟定移交协议；②移交相关设施及档案资料；③签订移交协议等相关程序；④移交污水处理设施。

与此同时还应由市水务主管部门制定统一的移交协议书，移交协议书应包括建设单位名称、养护管理单位名称、移交材料明细、工程质量保修责任约定等方面的内容。

（4）设施运营维护管理制度

1）建立管网管护机制

一是规范排水管网的运营维护经费标准；二是创新管护模式。政府出资组织建立专业化管线维护队伍，负责对污水管线进行日常维护和清掏；或由污水处理设施运营单位管理其运营范围内的污水管线，其运行费用与污水处理设施费用经协商后统一拨付；或将污水收集处理管线与污水处理设施的建设运行，通过合理合法的招标投标或特许经营方式，指定给专业公司统一负责建设维护，建设运行及养护费用按照协商的合同或特许经营协议拨付。

2）优化运营维护经费核拨方式

按吨水成本核拨污水处理费：根据委托协议中双方约定的吨水成本，按处理水量核拨处理费。对于处理能力在100t/d以下的污水处理设施，由于水量较小，流量计无法检测，建议按照设计处理水量核拨运营维护经费。对于处理能力在100~500t/d

的污水处理设施，建议安装水表计量水量。对于处理能力在500t/d以上的污水处理设施，建议安装流量计计量水量。

按电费和运行技术费核拨污水处理费：建议电费由区水务局按照装机容量或实际费用将电费拨付给运营公司或当地水务站，统一交付电费。对于人工费、维护费等，建议由专业化运营公司在年初预算，统一拨付。

3）建立运行情况报告制度

常规运行报告制度：常规运行报告包括月报和年度运行报告。其内容包括污水处理量、进出水水质（包括COD、氨氮、总磷、SS、PH和溶解氧等）、设施运行天数等。运营单位要在每月5日前将以上内容上报当地水行政主管部门。

异常情况报告制度：当污水处理设施发生运行事故、进水水质严重超标、暂停运转、维修、拆除、限制或者更新改造等情况时，必须按照程序报告水行政主管部门及有关部门。

4）建立突发事件处置制度

如污水处理设施发生突发事件，按照"属地管理"原则，由运营单位和产权所有单位及时处理处置。设施产权或管理单位不明的污水处理设施，由设施所在地的运营单位予以处置。处置过程和处置结果应及时报告区水行政主管部门，重大事件需报送市水行政主管部门。

1- 污水处理案例分析

> **【例3-1】北京洪灾后的反思**
>
> 2012年7月21日至22日8时左右，中国大部分地区遭遇暴雨，其中北京及其周边地区遭遇61年来最强暴雨及洪涝灾害。截至8月6日，北京有79人因此次暴雨死亡。根据北京市政府举行的灾情通报会的数据显示，此次暴雨造成房屋倒塌10660间，160.2万人受灾，经济损失116.4亿元。时任北京市委书记的郭金龙承认，京城基础设施相当脆弱。北京市政府呼吁民众向暴雨灾区捐款赈灾，但遭到网民的强烈炮轰和抵制："我们可以为天灾捐款，但是不能为人祸一次又一次埋单"。您对此有什么反思，分组讨论。

3.3 城市供气系统

3.3.1 城市燃气行业界定

城市燃气是指用于生产、生活的天然气（Natural Gas）、人工煤气（Manufactured Gas）、液化石油气（liquefied Natural Gas）等气体燃料的总称。城市燃气主要产品说明见表3-3。

城市燃气主要产品说明　　　　　　　　　　表 3-3

名称	主要成分	消费特点
人工煤气	烷烃、烯烃、芳烃、一氧化碳、氢气等	本地生产、本地消费，燃气企业自建煤气厂生产，通过城市燃气管道到达用户
天然气	甲烷	来自气田，通过既定输配系统到达用户。液化天然气需要借助液化及再气化
液化石油气	丙烷	油田伴生或炼油厂生产，液化后运输到城市，瓶装消费

3.3.2 城市燃气行业的特点

（1）受国家政策严格管制

1）行业主管部门

主管行政机构：国家发展改革委员会、住房和城乡建设部及各级地方政府相关主管部门。

自律机构：中国城市燃气协会及各地方城市的燃气行业协会，主要负责协助政府主管部门进行行业管理，发挥政府主管部门与企业间联系的桥梁纽带作用，促进企业的横向联系等。

2）法律法规及政策

国家级别：《中华人民共和国建筑法》《中华人民共和国消防法》《基础设施和公用事业特许经营管理办法》。

地方级别：各地政府参照国家规定，也相继出台了一系列《燃气管理条例》，就燃气的规划与建设、燃气设施管理、燃气经营管理作出了相应的规定。《北京市燃气管理条例》于 2006 年 11 月 3 日正式通过。

3）燃气经营权

目前，国内各城市实行管道燃气特许经营的方法具有很强的低垄断性。一般由各城市的建设行政主管部门以一定的方式选择符合条件的管道燃气经营企业，并与之签订特许经营协议，界定其营业范围。

4）定价机制

对燃气行业不同环节价格的管制手段不尽相同。目前，政府已经取消了对燃气设备、安装、维修、燃气工程建设等非垄断领域的价格监管，主要依靠市场机制调节。对燃气、管线网络等垄断领域价格的监管，仍延续计划经济时代的体制。其特点是燃气采购价格完全市场化（从 20 世纪 90 年代起），但对其销售价格进行严格控制（一般会结合地区性居民收入水平、工业生产成本等因素执行地方政府的指令性价格）。

（2）气源供应、输送干线高度垄断

燃气开采主要被中石油、中石化、中海油三家公司控制，2019 年 12 月新成立的国家管网集团主要负责油气干线管网及储气调峰等基础设施的投资建设运营，其他企业进入的壁垒非常高。

（3）具有明显的地域特点

一方面，燃气产品必须依靠既定的市政公用设施（市内燃气管道网）到达客户端，需要严密的规划、大量的前期投入，其运营具有天然的垄断性。另一方面，由于行政区域划分、经济发展水平、燃气行业发展规划的差异，目前国内燃气行业较难建立跨地区的供应网络。

（4）以居民生活用气为主

目前国内的城市用气主要用于居民生活炊事和供热。据统计，2007年时，我国城市居民生活用气占燃气总量的70%，工商业用气比例很低，而同期发达国家城市燃气主要用于工商业。

随着应用的普及，燃气将在发电、工业锅炉、宾馆酒楼、燃气汽车、冷热电三联供、燃气热泵等领域广泛使用，逐渐强化在工商业中的应用。

（5）消费需求波动性很强

消费需求存在两种波动：一种为季节性的周期波动，通常表现为冬季需求高峰，夏季需求低谷；另一种则为气候变化造成的偶发性波动，例如2009年入冬后，我国遭遇的强降雪直接导致许多城市的燃气需求量猛增80%以上。

3.3.3 燃气设施

燃气设施是指人工煤气生产厂、燃气储配站、门站、气化站、混气站、加气站、灌装站、供应站、调压站、市政燃气管网等的总称，包括市政燃气设施、建筑区划内业主专有部分以外的燃气设施以及户内燃气设施等。

（1）市政燃气设施

市政燃气设施是指从门站出来到用户立管中间的部分管线及设备，主要包括：埋地或架空的管线、地面标识桩、埋地的警示带、调压器、阀门、抽水缸、阴极保护系统等。

（2）建筑区划内业主专有部分以外的燃气设施

建筑区划是指对按照统一的城市规划要求，遵循统一规划、合理布局、因地制宜、综合开发、配套建设的原则规划建设的，能满足人们生产、生活需要的建筑物聚集区进行的区域划分。按照主要建筑物的功能可以划分为居住区、商业区、行政办公区等建筑区划。划分建筑区划的依据主要是城市规划道路、设施设备、建筑物规模、行政管理、物业管理等因素。建筑区划一般与《物业管理条例》中的物业管理区域相一致，以便于建筑物及配套设施的管理。

业主专有部分以外的共有部分通常是指，除建筑物内的住宅、经营性用房等专有部分以外的部分，既包括建筑物内的走廊、楼梯、过道、电梯、外墙面、水箱、水电气管线等部分，也包括建筑区划内由业主共同使用的物业管理用房、绿地、道路、公用设施以及其他公共场所等，但法律另有规定的除外。目前我国城镇居民住房情况复杂，仅所有权就有不同的情形：有的是在住房制度改革后，将原租住的公有住房依照房改价购买为自己所有；有的是按照市场价格购买的商品房；有的是享受国家优惠政策购买的经济适用房；还有集资建房的。农民因征地迁入高层或者多层建筑物居住的情况就更为复杂，因此建筑区划内哪些部分为业主共有还须根据具体情况确定。

管道燃气经营者对其供气范围内市政燃气设施、建筑区划内业主专有部分以外燃气设施承担运行、维护、抢修、更新、改造责任（建筑区划内业主专有部分以外燃气设施是指敷设、安装自建筑物与市政道路红线间建筑区划内业主供燃气设施及燃气引入管、立管、阀门（含公用阀门）、水平管、计量器具前支管、燃气计量器具等）。对于进户费，家庭用户一般收费 2500~3500 元（燃气行业惯例），目前广东虽取消进户费，但仍要收取 1500~2000 元安装费用；接口费是指市政管道接口支条管道给商业及工业用户单独使用产生的费用，对居民家庭而言，一般在 3000 元左右，各地标准不同，由物价局统一制定。

（3）户内燃气设施

户内燃气设施由燃气管道、燃气表、户内燃气阀门、燃气用具等组成。

1）燃气管道

户内燃气管道分为表前管（从进户主管道连接到燃气表这段距离的管道）和表后管（从燃气表连接到灶前阀门这段距离的管道），是连通燃气表、户内燃气阀门、燃气用具，输送燃气的设备。

2）燃气表

燃气表是家庭使用燃气多少的计量设备。

3）户内燃气阀门

户内燃气阀门包括大气门（用于截断或接通整栋楼或单个单元燃气管道中的燃气，其位置一般在一楼，二楼设有分厅阀门）、表前阀（用于截断或接通住户家中燃气管道中的燃气，其位置在燃气表前端）和灶前阀（用于截断或接通住户家中燃气用具中的燃气，其位置在表后管末端）。

4）燃气用具

通常来说，燃气用具就是指我们日常生活中用到的燃气灶（煤气炉）、燃气热水器、壁挂炉等所有使用燃气（人工煤气、液化石油气、天然气）来作为燃料的器具。

3.3.4 燃气行业的价值链

（1）传输

一般来说，长距离、高压力的管道输送和运输占天然气供应总量的 68%，剩下的 32% 作为液化气通过海运或陆运运输。长距离管道是地缘战略性资产，连接生产者和消费者。管道建设和运营通常由项目所在国政府发起，由主要天然气经销商和生产商共同出资。燃气行业的管道铺设成本和运输成本极高。

（2）存储

天然气存储的目的是缓和气价波动、缓冲季节性供应与需求变化且确保供应。天然气通常被储存在地下废弃的天然气/油库或者岩洞、蓄水层。储存设施连接主干管网，利用各种井实现注气、测量、回收、脱水及收集功能。城市供气价值链如图 3-16 所示。

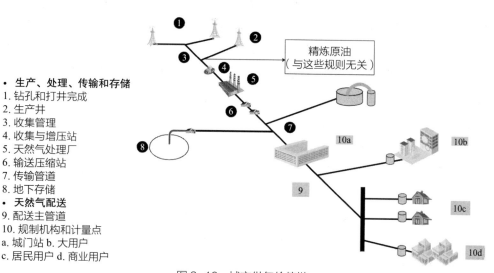

图 3-16　城市供气价值链
（资料来源：EPA（2015c））

（3）配送

类似于电力配送，天然气配送系统运营商将燃气配送给终端用户，并通过两个阶段将气体稀释到较低的压缩率，以满足客户的使用需要。配送运营商不仅要保障自身运行健康和安全，而且要对影响其运行的自然灾害和技术故障作出紧急反应。配送系统运营商确保开放接口并公平计量，支持面对最终用户的市场供气竞争行为。

（4）运营管理

以天然气为例，城市燃气行业的产品流动简图如图 3-17 所示。

城市燃气市场能为城市的工业、商业和居民生活提供优质气体燃料，是我国城市能源结构和城市基础设施的重要组成部分，城市燃气市场的发展在城市化进程中发挥着十分重要的作用。目前，我国城市燃气的使用种类主要包括天然气、人工煤气和液化石油气。

城市燃气行业的上游为燃气资源的开采，主要包括天然气开采、烟煤和无烟煤的开采洗选、天然气的管道运输等。天然气资源和管道运输的能力直接决定了城市燃气行业的生产经营规模。城市燃气的下游是用户端，消费对象主要包括居民用户及工商业用户等，涉及交通运输、化工、机械、餐饮等各行各业。城市燃气上下游产业链如图3-18所示。近年来，城市化和工业化进程的加快，加上节能减排和消费升级的影响，推动了城市燃气消费量的快速增长。

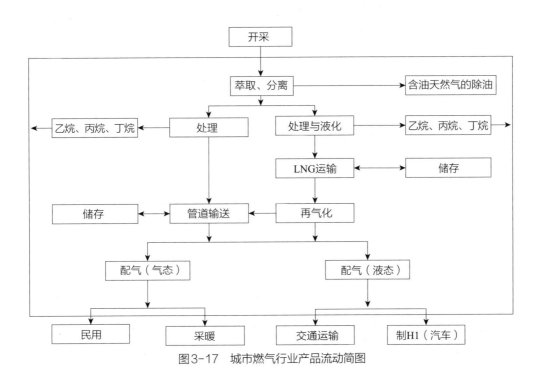

图3-17 城市燃气行业产品流动简图

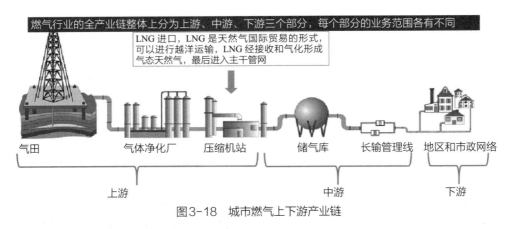

图3-18 城市燃气上下游产业链

3.3.5 燃气行业在国内的发展历程及市场前景

（1）城市燃气发展历程

1865年，英商在上海成立"大英自来火房公司"，利用水平炉生产煤气以用作照明，开创了中国燃气事业的先河。1949年，中国的上海、大连、沈阳、鞍山、抚顺、长春、锦州、哈尔滨、丹东 9 个城市有煤制气。中华人民共和国成立后，燃气行业的发展经历了三个阶段：

1）1949~1980 年前后：全国建成了一批以利用焦炉气和化肥厂释放气为主的城市燃气预期利用工程；1965 年，北京开始供应瓶装液化石油气。

2）20 世纪 80 年代初 ~20 世纪 90 年代初：改革开放后，开始了利用国内外液化石油气作为气源的阶段，以广东沿海等经济发达且能源缺乏的地区为代表。

3）20 世纪 90 年代 ~21 世纪初：以陕气进京为代表的天然气供应为标志，我国城市燃气行业的天然气时代已经到来。截至 2018 年燃气管道已经达到 716008km。

2- 中国城市燃气供应及市场消费情况分析

（2）城市燃气市场前景

《能源发展"十三五"规划》提出要进一步优化能源结构，天然气消费比例力争达到 10%，而煤炭消费比例降低到 58% 以下。未来，随着我国城镇化进程的加快和煤改气政策的持续落地，天然气的推广和利用进程将提速，居民燃气消费将加速放量。2019~2026 年中国城市燃气消费量预测见表 3-4。

2019~2026 年中国城市燃气消费量预测　　　　表 3-4

年份	人工煤气销售气量（万 m^3）	城市天然气销售气量（亿 m^3）	城市液化石油气销售气量（万 t）
2019 年	238912.5	1455.53	843.78
2020 年	233895.3	1602.48	872.92
2021 年	229685.1	1735.36	833.63
2022 年	226469.7	1874.51	808.71
2023 年	224205.0	2015.09	791.75
2024 年	222187.8	2152.17	780.67
2025 年	217744.4	2281.25	790.06
2026 年	214567.3	2414.26	781.45

由于天然气比较环保，燃烧的热量高，越来越多地被广大用户使用。天然气虽然使用方便，但在城市燃气工程施工过程和居民使用过程中的安全问题却不容忽视。

随着我国天然气使用率越来越高，城市燃气工程施工和安全生产运营管理积累了一定的经验，与燃气工程相关的技术越来越成熟，设备也越来越先进。但是燃气工程的质量和安全直接关系到使用者的生命财产安全，所以容不得一点马虎，一定要确保城市燃气工程完工以后的安全性和可靠性。

3.3.6 我国燃气工程施工及安全生产运营管理存在的不足及治理措施

(1) 城市燃气工程施工及安全生产运营管理的不足

目前我国城市燃气工程施工及安全生产运营管理仍然存在一定的不足，具体表现为以下几点：

1) 施工设备管理不严密

城市燃气工程施工时，工作人员常常会忽略对施工设备的管理，对设备的保养和维护不及时，导致施工设备不符合工程的要求和标准。另外，在燃气施工过程中，部分工作人员对设备的使用不规范，操作没有按照规程，影响城市燃气工程正常的施工。

2) 城市燃气工程设计方案不合理

城市燃气工程通常建设完工以后要使用很多年，所以在施工之前要综合考虑城市的发展状况，对燃气工程设计方案进行科学的规划和论证，保证工程建设完工以后的使用寿命。部分燃气工程设计时考虑不全面，工程建设完工后短时期内使用没问题，但是随着城市的发展就会出现无法满足人们正常需要的问题。所以对燃气工程的设计方案一定要科学合理地进行规划和设计。

3) 燃气工程建设施工安全设施不完善，安全教育不足

城市燃气施工建设时，如果安全设施不完善，对工人的安全教育不重视，极易造成各种安全隐患。燃气工程建设施工过程中一定要明确"安全无小事"的原则，对各种不安全因素要及时进行排查，加强施工过程中各种安全设施的使用和对工人的安全教育，确保燃气工程建设顺利进行。

(2) 城市燃气工程施工及安全生产运营管理的具体措施

1) 完善对施工设备的管理和健全安全管理规章制度

加强对城市燃气工程施工设备的管理，避免因为对设备的错误使用和操作造成各种安全事故。建立和健全各种安全管理规章制度，要求施工人员按照各种使用标准正确使用各种施工设备，保障燃气工程的顺利进行。加强对设备的保养和维护，以确保施工设备可以随时使用，不耽误工程的进度。另外，要加强岗位责任制，确保出现问题时责任可以追究到个人。对施工设备的管理也要规范化和制度化，通过对施工设备的管理优化，保障城市燃气工程建设质量，促进安全生产运营管理的效率。

2) 优化燃气工程方案设计，提高安全生产运营效率

城市燃气工程方案设计不能靠想象，进行燃气工程方案设计之前，一定要对施工区域和其周围的环境进行详细的调查，包括经济发展状况、城市规划建设、施工区域的地质状况、建筑物的分布等。

燃气工程设计人员要综合考虑调查结果和施工技术做出最优化的工程设计方案。燃气工程设计完成以后，要组织相关人员进一步论证方案的可行性，根据讨论

的结果和建议对施工图纸进行进一步优化和修改。施工方案定稿以后,在施工过程中不能擅自更改图纸,防止出现质量问题和各种安全隐患。所以,在城市燃气工程施工及安全生产运营管理过程中,要遵照各种规章制度优化工程施工设计方案,合理的施工设计是保证工程质量、提高安全生产运营管理水平的基础。

3)加强燃气工程施工过程中的安全措施,定期对施工人员进行安全教育

城市燃气工程施工过程中要做好安全生产运营管理,就要对工程使用的各种危险设施设备做好安全措施和安全防护。比如,电是城市燃气工程施工中不可缺少的建设要素,而电在城市燃气工程建设施工中却存在极大的安全风险,所以安全生产运营管理一定要做好用电管理,避免在施工过程中出现漏电事故,保证施工人员和周围群众的安全。

安全生产运营管理还要做好工棚的安全防护,尽量用绝缘性好、不易燃的材料来搭建工棚,保证施工人员的生命和财产安全。另外,要做好安全生产运营管理必须要加强对施工人员的安全教育。

燃气工程施工之前,要针对具体施工环境存在的各种安全隐患和防护措施对施工人员进行培训,提高施工人员的安全防护意识,保证安全施工,从而促进城市燃气工程的顺利开展。

总之,在城市燃气工程施工建设过程中,安全生产运营管理工作非常重要,是保障工程安全实施的重要手段。所以,要在城市燃气工程施工过程中优化燃气工程方案设计,加强对施工设备的安全管理和对施工人员的安全教育,提高安全生产运营管理的效率,确保燃气工程安全施工,让城市居民使用放心气。

【例3-2】爆炸及泄漏事故

案例1:2010年2月4日16时55分,山东淄博某小区某户内发生爆炸事故,17时08分抢险人员赶到现场。该用户户内连接灶具胶管脱落并且灶前阀未关闭,在随后使用热水器过程中引发爆炸。

事故原因:该用户户内燃气管道无漏气现象,造成此次爆炸的原因是用户灶具与胶管接口处未用管夹固定,连接灶具胶管脱落并且灶前阀未关闭,在随后使用热水器过程中引发爆炸,属于用户使用不当造成。

案例2:2010年7月26日上午包头市燃气有限公司在进行天然气管道抢修过程中发生天然气泄漏事故,导致下井作业的3名工作人员死亡,2人受伤。

事故原因:工作人员在天然气阀井内加装盲板作业时,井内燃气管道天然气发生泄漏,导致下井作业和下井救人的5名工作人员昏倒在井下。

导致事故原因:(1)未通风;(2)未检测;(3)未戴防毒或供氧面具。

3.4 城市交通系统

3.4.1 行业概述

（1）行业整体特征及发展趋势

交通运输业是指国民经济中专门从事运送货物和旅客的社会生产部门，包括公路、铁路、航空、水运、城市轨道交通等运输部门。交通运输业具有以下特征：

1）交通运输并不产生有形产品

交通运输不像工农业生产有形的产品，它不改变劳动对象的物理、化学或生物属性，只改变对象的空间位置。交通运输虽然创造了新价值，但这部分新价值不是通过使用价值去体现，而是追加到对象原有的使用价值中去，使劳动对象的交换价值增加了。

2）运输过程是生产过程和消费过程同时进行的

交通运输不创造有形的产品，其运输生产过程也是消费过程，对于运输供给者它是生产过程，对于运输需求者它是消费过程。

3）运输劳动对自然条件的依赖性大

交通运输绝大部分是在露天环境下进行的，因此风险性比较大。交通运输设施只有在合适的自然条件下才能发挥作用。

4）资本密集性

因为交通运输不产生有形的产品，所以构成交通运输业的成本和其他产业不同，交通运输业中的固定资本所占比例异常巨大，资本的有机构成比一般产业要高，不论是交通路线的修建还是交通设备的购置。

5）网络经济性

交通运输业的网络经济是指在一定的条件下，随着交通运输总产出的扩大引起平均运输成本下降的现象。

6）外部性

交通运输业的外部性表现在，交通运输业的发展会促进相关地区的经济发展，它带来的利益会超过其支付费用，同时又会带来环境污染、气候变化等问题，并且当交通拥挤超过一定程度，运输服务自身就不能以一种完全有效的方式提供给人们，这些带来了交通运输的外部成本。但是交通运输业所产生的效益和成本并没有由交通运输经营企业承担，这就使得交通运输业具有显著的外部特征。

交通运输业的发展趋势如下：

1）公路运输发展的趋势：干线公路高等级化；汽车运输高效化；交通管理与控制的智能化等。此外，公路运输技术发展的趋势还有公路设计、交通指挥控制管理和车辆诊断自动化，以及公路工程作业机械化。

2）铁路运输发展的趋势：牵引动力内燃机电气化；铁路客运高速化；大宗散货运输重载化；运输组织管理信息化。

3）航空运输发展的趋势：干线飞机巨型化、超高速化，安全性、舒适性进一步提高；安全保证系统自动化；空中交通管制现代化。

4）水路运输发展的趋势：货物运输船舶的专业化、大型化和高效化；水上客运的旅游化、高速化和滚装化；水运管理电子化和航行安全系统电子化。

5）城市轨道交通发展的趋势：推动现代信息技术、物联网、人工智能、大数据等技术在城市轨道交通行业的应用，作为"智慧城市"的重要组成部分，"智慧地铁"的建设必将推动城市轨道交通行业生产方式、组织形态、管理理念和商业模式的创新。

（2）交通行业结构及组织结构

1）行业结构

交通行业一般可以分成以下子行业：

①陆路运输，包括公路运输、铁路运输及城市轨道交通。

②航空运输，包括相关航空服务、机场地面服务及空中交通管理。

③水路运输，包括人工运河、自然水道及有关码头设施提供的国内国际船运服务。

未来交通与所有子行业都相关，智能交通将大量使用长途通信数据和卫星服务。

2）交通行业的组织结构

一般情况下，交通行业的总体责任都是由一个中央层面的部委负责，我国就是交通运输部，具体负责包括需求评价、跨区域的总体规划、对具体项目前期工作和执行的批准与监督、相关立法及预算案的编制以及其他跨各交通子行业的政府职责等。交通运输部负责拟订综合交通运输基本公共服务标准并监督实施，承担协调与衔接工作；负责指导综合交通运输枢纽管理；负责指导城乡客运及有关设施的规划、运营管理工作；负责城乡道路运输市场监管；负责运输线路、营运车辆、枢纽、运输场站等管理工作；负责指导城市客运管理，拟定相关政策、制度和标准并监督实施；负责指导公共汽车、城市地铁和轨道交通运营、出租汽车、汽车租赁等工作；负责拟定经营性机动车营运安全标准，指导车辆维修、营运车辆综合性能检测管理，参与机动车报废政策、标准制定工作；负责机动车驾驶员培训机构和驾驶员培训管理工作；负责跨省客运、汽车出入境运输管理；按规定负责物流市场有关管理工作；负责组织协调国家重点物资运输和紧急客货道路运输；负责起草有关道路运输安全生产政策和应急预案，组织实施应急处置工作；指导有关道路运输企业安全生产监督管理工作。

（3）交通行业的收入来源

交通基础设施项目的收入与资金来源一般为公共预算或者使用者付费。表3-5

是交通行业的潜在收入来源。公路和航空业的收入一般足够自保,即归集的收入足以覆盖各自的特定成本,往往还有超额收入。而铁路行业通常存在亏损,适当由政府补贴。因为特殊行业的成本特别高,而票价水平通常受政策和社会因素的影响。

交通行业的收入与资金来源　　　　　　　表3-5

公共预算	☆ 税收 　　直接税(收入税、资本利得税、财产税等) 　　间接税(增值税等) ☆ 关税 ☆ 使用费、缴费(社会福利费等) ☆ 缴费(使用费、人头费) ☆ 其他收入
行业特定收入	☆ 行业特定税收、收费、缴费等 　　消费者购买商品 　　交通服务 　　消费者商品和服务增值税 ☆ 使用者付费 ☆ 其他收入 ☆ 机场或者火车站等零售/特许权/商业/物业等

(4)智能交通服务

智能交通服务是指在交通行业中使用最新的信息、通信及定位技术,采用交互方式提升交通流量的管理水平。智能交通系统(Intelligent Traffic System,ITS)又称智能运输系统(Intelligent Transportation System,ITS),是将先进的科学技术(信息技术、计算机技术、数据通信技术、传感器技术、电子控制技术、自动控制理论、运筹学、人工智能等)有效地综合运用于交通运输、服务控制和车辆制造,加强车辆、道路、使用者三者之间的联系,从而形成一种保障安全、提高效率、改善环境、节约能源的综合运输系统。

3.4.2　交通行业子行业

(1)公路运输

1)特征及组织结构

公路运输是指以公路为运输线,利用汽车等陆路运输工具,做跨地区或跨国的移动,来运送旅客和货物的运输方式。它是交通运输系统的组成部分之一,主要承担短途客货运输。它也是对外贸易运输和国内货物运输的主要方式之一,既是独立的运输体系,也是车站、港口和机场物资集散的重要手段。

公路运输具有以下特征:

①机动灵活,适应性强。公路运输网一般比铁路、水路网的密度要大十几倍,

分布面也广,因此公路运输车辆可以"无处不到、无时不有"。公路运输在时间方面的机动性也比较大,车辆可随时调度、装运,各环节之间的衔接时间较短。尤其是公路运输对客、货运量的多少具有很强的适应性,汽车的载重吨位有小(0.25~1t 左右)有大(200~300t 左右),既可以单个车辆独立运输,也可以由若干车辆组成车队同时运输,这一点对抢险、救灾工作和军事运输具有特别重要的意义。

②可实现"门到门"直达运输。由于汽车体积较小,中途一般也不需要换装,除了可沿分布较广的路网运行外,还可离开路网深入到工厂企业、农村田间、城市居民住宅等地,即可以把旅客和货物从始发地门口直接运送到目的地门口,实现"门到门"直达运输。这也是其他运输方式无法与公路运输比拟的。

③在中、短途运输中,运送速度较快。在中、短途运输中,由于公路运输可以实现"门到门"直达运输,中途不需要倒运、转乘就可以直接将客货运达目的地,因此与其他运输方式相比,其客货在途时间较短,运送速度较快。

④原始投资少,资金周转快。公路运输与铁路、水路、航空运输方式相比,所需固定设施简单,车辆购置费用一般也比较低,因此投资兴办容易,投资回收期短。有关资料表明,在正常经营情况下,公路运输的投资每年可周转 1~3 次,而铁路运输则需要 3~4 年才能周转一次。

⑤掌握车辆驾驶技术较易。相比于火车司机或飞机驾驶员的培训要求来说,汽车驾驶技术比较容易掌握,对驾驶员的各方面素质要求相对也比较低。

⑥运量较小,运输成本较高。目前,世界上最大的汽车是美国通用汽车公司生产的矿用自卸车,长 20 多米,自重 610t,载重 350t 左右,但仍比火车、轮船少得多;由于汽车载重量小,行驶阻力比铁路大 9~14 倍,所消耗的燃料又是价格较高的液体汽油或柴油,因此,除了航空运输,就属汽车运输成本最高了。

⑦运行持续性较差。有关统计资料表明,在各种现代运输方式中,公路的平均运距是最短的,运行持续性较差。如我国 1998 年公路平均运距客运为 55km,货运为 57km;而铁路客运为 395km,货运为 764km。

⑧安全性较低,污染环境较大。历史记载,自汽车诞生以来,已经夺去 3000 多万人的生命,特别是 20 世纪 90 年代开始,死于汽车交通事故的人数急剧增加,平均每年达 50 多万。这个数字超过了艾滋病、战争和结核病每年的死亡人数。汽车所排出的尾气和引起的噪声也严重地威胁着人类的健康,是大城市环境污染的最大污染源之一。

2)收入来源与价值链构成

公路运费均以"t/km"为计算单位,一般有两种计算标准:一是按货物等级规定基本运费费率,二是以路面等级规定基本运价。凡是一条运输路线包含两种或两种以上等级的公路时,则以实际行驶里程分别计算运价。特殊道路,如山岭、河床、原野地段,则由承托双方另议商定。

公路运费费率分为整车和零担两种，后者一般比前者高 30%~50%，按我国公路运输部门规定，一次托运货物在 2.5t 以上的为整车运输，适用整车费率；不满 2.5t 的为零担运输，适用零担费率。凡 1kg 重的货物，体积超过 4dm^3 的为轻泡货物（或尺码货物）。整车轻泡货物的运费按装载车辆核定吨位计算；零担轻泡货物按其长、宽、高计算体积，每 4dm^3 折合 1kg，以千克为计费单位。此外，有包车费率，即按车辆使用时间（小时或天）计算。

3）公路设施的运营与维护

公路运营管理现存的问题：

①收费管理不科学。中国高速公路的通行收费要高于发达国家货车每公里通行收费在 0.8~1.2 元，这个费率和车主的收入相比实在是太高。我国高速公路收费标准一般根据极差收益法、成本反算法、人均收入关联法等几种方式确定，虽然这些方法都符合经济学原理，但是却和中国车主对通行费的低承受性不相匹配。除了收费较高外，收费标准也不统一具体，体现在各地对车型的分类标准不同，导致收费标准也不一样。目前，我国高速公路基本采用人工收费或半自动收费方式收取通行费，导致车流量较大时车辆停车排队通关时间较长，出现堵塞交通的现象。另外，各收费站的现金结算工作量很大，需要较多的工作人员，增加了人力成本等问题。

②交通安全管理落实不到位。出现故障的通行车辆在检测时存在蒙混过关的现象，带着安全隐患上路，不仅影响个人的安全，如果出事可能使其他车辆和人员受到安全威胁。遇到特大暴雨、暴风雪等特殊气候，或者路遇塌方、泥石流等自然灾害，是否能在第一时间及时响应，是否有提前预案的保障工作，都对交通安全工作提出了更高的要求。

③路政管理不合理。随着信息网络软件系统的推广使用，公路技术等级的提升特别是大型、新式桥梁的建筑使用，管理手段必然要让位于法律和技术手段。但是，目前在岗人员知识结构严重不合理；长期以来各级交通部门重建设轻管理，20 世纪 90 年代初，多数基层单位路政管理人员主要从事以禁止违法行为、保障交通安全管理为内容的行政管理工作。以往在选拔路政岗位人员时不强调文化程度，随着现代科技的发展，没有一定的科学文化知识和电脑、网络水平是无法胜任内业管理工作的，它是领导的参谋和助手，是路政管理机构运转的核心。另外，路政内外业工作协调不够。在日常工作中，由于管理工作的漏洞，导致路政内外业工作关系衔接不到位，以致很多外业数据不能及时反映到内业人员手中，甚至导致漏报、误报，该收集的第一手资料得不到收集，导致各种数据失真，影响领导的正确决策，造成不必要的损失，制约了路政管理工作的全面发展。

提高公路运营维护的措施：

①改、扩建收费站，增加应急车道。若条件许可，对车流量已经趋近饱和的收

费站和收费广场进行彻底改造，根据车流量的预计增加情况，适当留备用车道，以满足车流量日益增加的需要，在较长时间内彻底解决堵车问题。

②利用先进技术，提高收费效率。改进收费管理软件，减少车道各种异常情况的手工记录，特殊情况下简化操作流程，以保证畅通为核心。若收费站入口车辆拥堵情况严重，对于一类客车，收费人员可略去人工验证车牌号流程，直接发卡放行。

③按照统一定价标准计算收费标准。根据公路建设投资额度、车流量大小、贷款利率、经营管理和养护维修成本、车流量变化等情况，制定统一的高速公路收费标准，可以通过经验数据的测算将相互关联的因素通过关联系数表示出来，并建立以计算公式为标准的定价模式，作为高速公路收费定价的基础工具，得出各高速公路收费标准的理论值。理论值得出后，再根据当地经济水平等客观影响因素进行相应的修正，最后得出一个合理的、可执行的收费标准，以此来保证高速公路收费的科学性、合理性和公平性。

④健全路政内业管理制度，加强人员业务培训。健全各种内业管理制度，进行规范化管理。按照全面、系统、可操作的原则，建立健全相关路政档案、台账、各种报表，并在一定范围内实现统一化、规范化。

⑤推进交通安全应急保障能力，建立完善配套制度和措施，规范应急管理工作。建立健全高速公路指挥调度体系，构建联网监控、信息互通、数据共享、业务协同模式。结合应急工作职责和特点，组织开展公路水毁抢通、水毁桥梁架设、隧道坍塌抢险、冬季防冻防滑、高速公路清障救援等演练，强化跨部门、跨系统、跨区域的指挥调度、协调联动和现场处置能力。

（2）铁路运输

1）特征

铁路运输是使用铁路列车运送旅客和货物的一种运输方式，它在社会物质生产过程中起着重要作用，其特征包括：

①运输能力大，运输成本低。这使它适合于大批量低值产品的长距离运输。

②运行速度快。平均车速在五种基本运输方式中排在第二位，仅次于航空运输。

③投资大，建设周期长。铁路线路是专用的，固定成本很高，原始投资较大，建设周期较长。

④运输经常性好。铁路运输受气候和自然条件影响较小，在运输的经常性方面占优势。

⑤能耗低。每千吨公里消耗的标准燃料为公路运输的1/15~1/11，为航空运输的1/174。

⑥通用性好。单车装载量大，加上有多种类型的车辆，使它几乎能承运任何商品，

几乎可以不受重量和容积的限制，可以方便地实现驮背运输、集装箱运输及多式联运。

⑦机动性差。不能实现"门对门"的运输，通常要依靠其他运输方式配合才能完成运输任务，除非托运人和收货人均有铁路支线。

高速铁路（简称"高铁"），是指通过改造原有线路（直线化、轨距标准化），使最高营运速率达到不小于200km/h，或者专门修建新的"高速新线"，使营运速率达到至少250km/h的铁路系统。中国高铁的规划设计时速一般都是350km。铁路货物运输是现代运输的主要方式之一，它在整个运输领域中占有重要的地位，铁路运输受气候和自然条件影响较小，且运输能力及单车装载量大，运输成本低，几乎能承运任何商品，几乎可以不受重量和容积的限制，而这些都是公路和航空运输方式所不能比拟的。

2）铁路运输行业的组织结构

直线—职能制组织结构也称为生产区域制，该形式是在"直线型"和"职能型"的基础上，既吸取了以上两种组织结构的优点，又克服了它们的缺点，适应了现代化企业生产的要求和发展，成为目前应用最广的组织形式，我国铁路运输行业大致也采用直线—职能制组织结构。

这种组织结构的特点是设置两套系统，一套是按命令统一原则组织的指挥系统，另一套是按专业化原则组织的职能系统。

在我国铁路运输行业中，铁路局、分局、站段"上下对口"的同一部门联系非常紧密，基本上属于上下级关系，铁路局各个部门有权给分局、站段的对口部门下发文件，制定有关规章制度以及下达有关经营、安全管理方面的指令，即所谓业务上的垂直管理。这种政出多门的情况使下级部门往往无所适从，尤其是当局、分局对口部门的意见与站段决策者的意见相左时，站段相关部门更是左右为难。上级部门和本级决策者之间易产生矛盾，增加了双方的协调成本，难以从企业内部培养熟悉全面情况的管理人才。

3）收入来源与价值链要素

铁路运输的收入来源主要是铁路运输企业办理旅客和货物运输业务按照规定的运价取得的收入，主要有客运收入、货运收入、行李包裹存放收入、邮政运输收入、路网收入和其他收入。

铁路运输作业活动由基本活动和辅助活动构成，基本活动由客运营销、货运营销、运用调度、安全保障和路网设施维护组成，辅助活动由企业基础设施、劳资、人力资源管理、规划、技术和综合业务活动组成。基本活动是铁路运输的导向和支撑，是主要的业务活动；辅助活动主要是铁路企业经营管理方面的活动，是铁路运输企业完成主要业务活动的辅助支持，与主要活动密切关联。铁路价值链将铁路运输生产过程中的所有活动都包括其中，见表3-6。

铁路运输基础设施的价值链要素与投资机会　　　　　　　表 3-6

价值链要素	设施与投资机会
铁路网络	
提供和管理基础设施	主要基础设施 ☆ 轨道网络 ☆ 信号系统 ☆ 电气系统 附属基础设施 ☆ 路堤 ☆ 桥梁/隧道挡土墙 ☆ 其他附属
运营	
火车运营 ☆ 客运 ☆ 货运	运输车辆 ☆ 机车 ☆ 拖车
服务	
☆ 进站 ☆ 零售/餐饮 ☆ 其他服务	☆ 火车站 ☆ 行李处理站 ☆ 必要设施

铁路基础设施公司自身通常负责服务及维护，主要靠轨道收费产生的收入来支撑。车站主要依靠零售业收入。

4）铁路设施的运营与维护

自中华人民共和国成立以来，我国铁路的运营维护取得显著成果，逐渐走向高级修理区域化、设备接管无缝化、运营管理属地化。

①高级修理区域化。近些年来，我国铁道部相继建设了数个铁路客运专线的基础设施维修基地，其目的在于提升检测以及修理的专业化水平、有效性以及先进化水平。基础设施维修基地的职责在于做好区域所接受的工务设备高级修理的委托工作，铁道部检测中心负责实施动态精确检测。伴随着我国铁路运输事业的发展，区域化维修基地将逐步取代动态精确检测。

②设备接管无缝化。实施设备接管提前介入是当前我国铁路管理的一大特点。所谓的设备接管提前介入指的就是铁路工程进入施工阶段后期的时候，负责维护管理工作的铁路局安排部分养护人员到现场，这样做的目的就是使维护管理人员了解当前新设备的技术特点以及技术标准，同时还可以进行系统化的培训，做好轨道精调工作，为工程从建设阶段到后期运营维护的合理化衔接奠定基础。

③运营管理属地化。从 1997~2007 年期间，我国相继开展了六次铁路提速，再加上我国有几十年的铁路运营管理经验，逐步形成了属地化管理模式。工务段下设的路桥车间以及线路车间负责该模式的贯彻落实，其涉及诸多工作内容，包括作业

计划的编制、日常静态检查、临时修理以及后期的验收工作。当前我国高速铁路以及普通铁路运营管理模式的成功充分说明了运营管理属地化这一管理方式的有效性。

(3) 航空运输

1) 特征与组织

航空运输是指使用飞机、直升机及其他航空器运送人员、货物、邮件的一种运输方式，其特征包括：

①速度非常快，效率非常高，运输费用相当高。

②投资额度和运输成本都比较高，固定成本方面主要是开拓航线、修建机场和机场维护需要大量资金；可变成本也比较高，主要是燃料、飞行员薪水、飞机的维护保养等方面的支出很大。

③具有机动性，非常灵活和敏捷。

④安全程度比其他运输方式都高。

航空公司的组织结构包括：

①市场部，制订公司的中长期航班计划，控制航班的座位投放，确定每个航班的舱位和票价折扣。

②飞行部，负责飞行人员的日常训练、考核和管理，负责飞行机组排班。

③机务部，负责航空器的维护、故障排除，负责航线维护支持、签发项目单，负责飞机排班。

④客舱服务部，负责空乘人员的日常管理，负责空乘人员排班，负责飞机在基地的客舱清理服务。

⑤运输部，负责旅客候机楼服务，办理值机手续。

⑥运行控制中心，负责当日航班运输生产的组织管理，负责航班信息公布。

2) 收入来源与价值链要素

航空运输的收入来源主要是航空公司旅客支付的机票和货主支付的运费。

航空公司处在价值链的末端，需要与一些终端客户打交道，飞机制造商是这个价值链当中的上游企业，同属于上游企业的还有航空公司、航油公司、航信公司、金融公司等，如图3-19所示。值得一提的是，就航空企业之间而言，也存在复杂的协作、价值输入关系。

航空公司的成本由多种费用形式构成。民航总局在对航空公司的成本问题进行考核时，所关注的内容主要由航空油料成本、起降费成本和航空餐食成本构成。航空公司的成本消耗占比最大的主要是航空油料成本、飞机拥有权及使用权成本和机场相关费用。

3) 航空设施的运营与维护

航空设施维护按结构分为三大部分，包括机载设备维护、飞机机体维护和发动

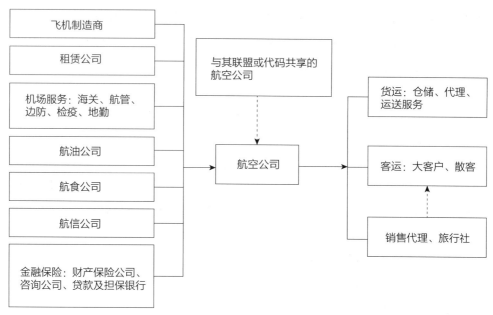

图3-19 航空业组织结构图

机维护。按类型分为日常维护、定期维护、大修、特殊维护等。

日常维护即为航线维护，也称为外场维护，不进入车间，在航线上对运行的飞机进行维护保养和修理。航线维护包括航行前、航行后和过站维护。航行前、后维护是每天执行飞行任务前、后的维护工作，一般在飞机所在基地完成。排除空、地勤人员反映的运行故障及缺陷，并做好飞机内外的清洁工作。过站（短停）维护是在机场短暂停留期间进行的维护工作，主要是检查飞机外观和飞机的技术状态、调节有关参数、排除故障、添加各类工作介质（如润滑油、轮胎充气等），在符合安全标准的前提下，适当保留无法排除并对安全不构成影响的故障，确保飞机执行下一个飞行任务。

定期维护是针对飞机机身机舱、机载机械与电子设备、起落架和发动机等经过一定时间的飞行后，可能发生磨损、松动、腐蚀、裂纹和设备的异常等现象进行的检测和维护。飞机各系统使用的工作介质，如液压油、润滑油等也可能变质和短缺，需要进行更换或添加；需要对仪器中的电子仪器仪表、大气数据计算机、飞行管理计算机、气象雷达系统、自动导航设备、通信设备、飞行数据记录器（黑匣子所进行的相关性能测试、故障分析和修理）进行检测和维护；对附件中的APU（航空辅助动力装置系统），航空燃油控制和传输系统，航空气压、液压动力和分配、执行系统，起落架装置，航空救生系统，空调系统和恒速传动装置及整体驱动发电系统的状态进行检测和维护。

大修是按适航部门或制造厂家的要求对飞机进行改装、更换结构和大部件、防腐、整机喷漆等翻新工作，是飞机长期运行后（1万飞行小时）的全面检修，会对飞机的各个系统进行全面检查和维修。经过大修的飞机要完全恢复到飞机原有的可靠性，飞机飞行时间将从零开始重新统计。

特殊维护是由于某种特殊原因而进行的维修，包括经过雷击、重着陆或颠簸飞行后对某些设备、飞机结构的特定部位进行的特别检查和修理，如受外来物撞击、碰伤后的修理，发现飞机某部位不正常发生腐蚀后的除锈、防腐处理等。

定期维护和大修都属于基地（厂内）维护，需具备大型维修工具、机器以及维修厂房，维护时飞机停场，进入维护车间进行。

（4）水路运输

1）特征与组织

水路运输是以船舶为主要运输工具，以港口或港站为运输基地，以水域包括海洋、河流和湖泊为运输活动范围的一种运输方式。港口是重要的交通基础设施，是实现外向型经济的窗口。航运运载量大，成本低廉。现今世界有各类大小港口约3000多个，其中国际贸易商港约占77%，约有500个港口能停靠3.5万t级船舶，能停靠10万t级船舶的港口约有70个。这些港口城市往往会成为某一地区的经济、金融、贸易中心，如图3-20所示。

图3-20 港口

水路运输至今仍是世界许多国家最重要的运输方式之一，其特征包括：

①水路运输运载能力大、成本低、能耗少、投资省，是一些国家国内和国际运输的重要方式之一。例如，一条密西西比河相当于10条铁路，一条莱茵河抵得上20条铁路。此外，修筑1km铁路或公路约占地3公顷多，而水路运输利用海洋或天然河道，占地很少。在我国的货运总量中，水运所占的比例仅次于铁路和公路。

②受自然条件的限制与影响大。其受海洋与河流地理分布及其地质、地貌、水文与气象等条件和因素的明显制约与影响，航线无法在广大陆地上任意延伸。所以，水运要与铁路、公路和管道运输配合，并实行联运。

③开发利用涉及面较广。如天然河流涉及通航、灌溉、防洪排涝、水力发电、水产养殖以及生产与生活用水的来源等；海岸带与海湾涉及建港、农业围垦、海产养殖、临海工业和海洋捕捞等。

2）收入来源与价值链要素

水路运输的收入来源包括客运、货运、港口费、航道费等。

一般认为，航运供应链是由港口企业、航运企业、仓储企业、代理企业、第三方物流企业以及相关政府监管部门、银行、保险等形成的网链结构。根据目前比较认同的服务供应链模式，航运供应链的基本框架可以表示为：功能型服务供应商→服务集成商→客户。港口企业、航运企业、仓储企业、代理企业、第三方物流企业以及相关政府监管部门、银行、保险等属于功能型服务供应商范畴。服务集成商对功能型服务供应商进行有效整合，通过控制服务中产生的物流、资金流，为客户提供集成化服务。航运供应链中的服务集成商可以是港口企业、航运企业、第三方物流企业，也可以是功能型服务供应商组建的专门的运营管理部门，或者是独立于供应链的第四方物流企业。

3）水路设施的运营与维护

为了维护水运工程基础设施在其使用年限内正常工作，需要对设施的局部进行调查检查、状态普查、技术状态鉴定等，并对设施的结构补强、维修加固、破损修复等（不包括建构筑物的新建和整体改造）。为了保持水运工程基础设施的安全使用，其在设计之初往往会增大结构的安全系数，一般为3倍，这就是水工结构在遭受异常外力如爆炸、海损施工等灾害后，结构的使用性和安全性依然不变的原因。但是海洋环境异常复杂，波浪、泥沙、海生物、溢油以及氯离子侵蚀等，长期作用下结构的混凝土和钢筋会被侵蚀或产生疲劳，结构构件在受到远低于设计外力的情况下也会产生病害。

水运设施的特殊性使其运营维护有以下特点：

①水运工程基础设施的构造结构较为复杂，其所处的地质条件和环境条件也比较特殊，一点局部构件产生的破损就会影响整体结构的耐久性，使得整体结构的安全性下降。因此结构稍微产生病害就必须维修处理，以避免其他构件耐久性的下降。所以在设施维护当中，巡查检查构件的完好程度和修复性施工显得非常重要。

②由于水运工程基础设施承受超载、船舶意外撞击、基础沉降不均匀产生的构件内力，海洋污染物污染、氯离子侵蚀、冻融等化学或物理作用，在外界因素的综合作用下，码头主要结构构件容易产生各种病害，所以对水运工程基础设施需要进行周期性的检查检测和维修维护。

③在水运工程基础设施维修管理中，令技术人员和管理人员感到最困难的还是构件残余应力的检测与评估问题。

（5）城市轨道交通

1）定义

在国内，城市轨道交通中的很多类型还没有绝对明确的规范定义。"地铁"和"轻轨"的名称本身就不严谨，因为"地铁"早已不特指地下铁路，"轻轨"也不特指轻型轨道，两者的概念在民间和学术界一直存在很大的分歧争议。

城市轨道交通为采用轨道结构进行承重和导向的车辆运输系统，依据城市交通总体规划的要求，设置全封闭或部分封闭的专用轨道线路，以列车或单车形式运送相当规模客流量的公共交通方式。《城市公共交通分类标准》CJJ/T 114—2007 中还明确城市轨道交通包括：地铁系统、轻轨系统、单轨系统、有轨电车、磁浮系统、自动导向轨道系统和市域快速轨道系统。

城市轨道交通是城市公共交通的骨干，具有节能、省地、运量大、全天候、无污染（或少污染）、安全等特点，属绿色环保交通体系，特别适用于大中城市。

城市轨道交通是城市建设史上最大的公益性基础设施，对城市的全局和发展模式将产生深远的影响。为了建设生态城市，应把摊大饼式的城市发展模式改变为伸开的手掌形模式，而手掌状城市发展的骨架就是城市轨道交通。城市轨道交通的建设可以带动城市沿轨道交通廊道的发展，促进城市繁荣，形成郊区卫星城和多个副部中心，从而缓解城市中心人口密集、住房紧张、绿化面积小、空气污染严重等城市通病。

2）特征

①运输能力大。城市轨道交通由于高密度运转，列车行车时间间隔短，行车速度高，列车编组辆数多且具有较大的运输能力。

②准时性。城市轨道交通由于在专用行车道上运行，不受其他交通工具干扰，不产生线路堵塞现象，并且不受气候影响，是全天候的交通工具，列车能按运行图运行，具有可信赖的准时性。

③速达性。与常规公共交通相比，城市轨道交通由于运行在专用行车道上，不受其他交通工具干扰，车辆有较高的运行速度，有较高的启、制动加速度，多数采用高站台，列车停站时间短，上下车迅速方便，而且换乘方便，从而可以使乘客较快地到达目的地，缩短了出行时间。

④舒适性。与常规公共交通相比，城市轨道交通由于运行在不受其他交通工具干扰的线路上，使城市轨道车辆具有较好的运行特性，车辆、车站等装有空调、引导装置、自动售票等直接为乘客服务的设备，并且具有较好的乘车条件，其舒适性优于公共电车、公共汽车。

⑤安全性。城市轨道交通由于运行在专用轨道上，没有平交道口，不受其他交通工具干扰，并且有先进的通信设备，极少发生交通事故。

⑥空间利用。大城市地面拥挤、土地费用昂贵。城市轨道交通由于充分利用了地下和地上空间的开发，不占用地面街道，能有效缓解由于汽车大量增加而造成的道路拥挤、堵塞，有利于城市空间合理利用，特别有利于缓解大城市中心区过于拥挤的状态，提高了土地利用价值，并能改善城市景观。

⑦费用低廉。城市轨道交通由于主要采用电气牵引，而且轮轨摩擦阻力较小，与公共电车、公共汽车相比更节省能源，运营费用较低。

⑧污染较低。城市轨道交通由于采用电气牵引，与公共汽车相比不产生废气污染。随着城市轨道交通的发展，公共汽车的数量减少，进一步减少了汽车的废气污染。由于城市轨道交通在线路和车辆上采用了各种降噪措施，一般不会对城市环境产生严重的噪声污染。

3）地铁发展状况及地铁运营

A. 地铁发展状况

地铁是一种大运量的轨道运输系统，采用钢轮钢轨体系，标准轨距为1435mm，主要在大城市地下空间修筑的隧道中运行，条件允许时也可以穿出地面，在地上或是高架桥上运行。

世界上的首条地下铁路系统是1863年英国开通的伦敦大都会地铁（图3-21），其干线长度约6.5km。由于当时电力尚未普及，所以此地下铁路须用蒸汽机车牵引，又因机车释放出的废气对人体有害，所以当时的隧道每隔一段距离便要有和地面打通的通风槽。到了1870年，伦敦开办了第一条客运的钻挖式地铁，在伦敦塔附近越过泰晤士河，但这条地铁并不算成功，在营运数个月后便被新通车的伦敦塔桥取代了大部分旅客运量而废线。现存最早的钻挖式地铁则在1890年开通，也位于伦敦，连接市中心与南部地区。最初铁路的建造者计划使用类似缆车的推动方法，但最后用了电力机车，使其成为第一条电动地铁。早期在伦敦市内开通的地铁亦于1906年全数电气化。

地铁是每个城市的风景线，莫斯科地铁（图3-22）被公认为世界上最漂亮的地铁，是世界上规模最大的地铁系统之一。

自北京地铁一号线1969年10月1日建成通车，至今已50多年。截至2018年底，我国内地累计35个城市开通了城市轨道交通系统，运营线路185条，总里程5761.4km；国内有53个城市在建线路258条（段），总计6374km，可研批复投资额累计42688.5亿元；2018年运送客运量达到210.7亿人次。到2020年末，全国城市轨道交通运营线路超7000km，2025年末将超过10000km，2030年末接近15000km。

图3-21 伦敦大都会地铁

图3-22 莫斯科地铁

目前我国运营线路规模、在建线路规模和客流规模均居全球第一，我国已成为名副其实的"城轨大国"。

B. 地铁运营

一般来说，各国的地铁运营都是由公共机构管理，主要依靠地铁票价收入支撑，主营业务涵盖客运服务、维修服务、车辆厂修、广告、民用通信、文化传媒、商业；关联业务涵盖投融资、新线、更新改造、技术研发、咨询培训、车辆制造。地铁一般有两种管理模式：一是国有运营公司；二是公私合作模式（PPP）下的项目公司运营制。

地铁运营公司一般内设办公室、人力资源部、监察监事审计部、财务管理中心、质量管理中心、招标合同部、规划发展部、总工程师室、项目前期部、机电设备信息中心等，经理层下设建设分公司、运营分公司、置业公司、资产公司等。地铁运营公司组织架构如图3-23所示。

地铁运营的收入主要来自于票款收入，票款收入的多少主要取决于乘坐地铁的客流量与票价的高低。对于票价的高低各地区有不同的规定，一般有两种：一是按照路程长度进行阶梯收费，属于累积票价；二是固定票价制，地铁的票价一旦确定，短期内更改的概率相对较小。因此，地铁运营收入的主要影响因素为客流量的大小。

行车组织需要对乘车的客流量进行有效分析，一方面，能够得到较为准确的城市轨道交通系统中的客流量数据进行出行特点与分布情况的分析，并以此为基础设置不同的行车计划图，便于对轨道交通系统进行运营管理，从而提高城市市民的出行效率。另一方面，在城市轨道交通运营管理中应考虑行车组织机制，以便能够对轨道交通路线进行合理规划，在出现轨道交通行车故障或晚点等情况时，能够高效

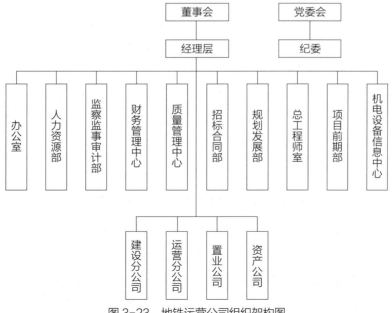

图 3-23　地铁运营公司组织架构图

控制列车间距。除此之外，还能够在特殊节点增加行车密度，为上下班高峰期提供交通便利。这都是基于城市轨道交通系统所进行的运营管理措施，重视行车组织机构合理规划的重要性，有针对性地分析数据，形成数据基础，掌握行车特征，设计行车计划，提高城市轨道交通的运营管理效率。

城市轨道交通系统作为一种高新技术，本身具有良好的发展趋势，为了适应未来智慧城市的发展理念，城市轨道交通系统的升级与优化是必然趋势。这就需要运营管理模式的同步升级与优化，形成良好的运营管理效果，保障城市轨道交通系统可持续发展。在城市轨道交通运营管理的未来发展趋势中，运营线网规模化、运营制式多样化、运营主体多元化、运营风险叠加化都是主要发展趋势。

4）城市轨道交通运营管理的趋势

城市轨道交通具有安全、快捷、准时、大运能、绿色环保等突出特点，对推进城市现代化进程、改善交通运输环境、引导优化城市空间布局、带动城市经济创新发展起到了巨大推动作用，被各级政府和市民所接受。城市轨道交通系统作为一种高新技术，本身具有良好的发展趋势，为了适应未来智慧城市的发展理念，城市轨道交通系统的升级与优化是必然趋势。这就需要运营管理模式的同步升级与优化。

以需求为导向发展多层次、多制式城市轨道交通，整合资源，促进多网融合。在网络化发展过程中，根据不同城市及同一城市不同区域、不同圈层在交通需求、客流特征等方面的不同，差异化构建网络化、多制式、协调发展的城市轨道交通是未来发展的趋势。

以效益为导向，推行"轨道交通 + 物业"模式，深化"站城一体化"。采用相辅相成、共同发展的开发模式，是促进城市可持续发展的一种有效方法。

以运营为导向，积极推动运营信息化、智能化、智慧化，在运营客服方面充分利用互联网、5G、大数据、人工智能等先进技术，积极探索地铁车站智能客服的应用，以提高乘客满意度，降低运营成本。

基于以上导向，形成良好的运营管理效果，保障城市轨道交通系统可持续发展。在城市轨道交通运营管理方面，运营线网规模化、运营制式多样化、运营主体多元化、运营风险叠加化都是主要发展趋势。

【例3-3】英国铁路运营管理案例

1994年之前，国有英国铁路公司负责英国铁路网络铁路基础设施的管理及运营（客运和货运服务）。1993年通过的《铁路法》要求对英国铁路行业进行结构重组：①交通运营管理与铁路基础设施管理分离；②引入受规制的铁路客运特许权制度；③对铁路货运业务实施私有化；④对基础设施实施私有化。作为第一步，新的基础设施管理公司——铁路轨道公司，成为包括轨道、电气、车站、货站及商店在内的全部铁路基础设施的拥有者和管理者，并在伦敦证券交易所上市。随后，1995年，铁路货运业务完全私有化，出现了四家购买运营牌照的私营铁路货运公司。他们有自己的车辆，相互之间进行业务竞争。同时，出现了25家受特许经营制度规制的私营铁路客运运营公司。

基础设施（分离）私有化后，铁路轨道公司成为私营基础设施供应商，导致整个私有化过程出现了严重问题。经历了三次严重的铁路事故后，铁路轨道公司出于经济原因不得不削减维护成本来修复几百公里受损的铁路，还得向各铁路运营商支付赔偿。因赔款及投资共同造成的财务危机，2001年10月铁路轨道公司宣布破产。随后，政府在2002年3月，用网络铁路公司取代铁路轨道公司。网络铁路公司是一家政府提供担保的非营利公司，接手铁路基础设施的所有权和管理权。自此，英国的铁路基础设施重新国有化。

请问：（1）英国铁路轨道交通私有化的主要风险何在？

（2）比较两种管理体制的优缺点，并提出合理化建议？

（资料来源：[瑞士]芭芭拉.韦伯等.基础设施投资指南：投资策略、可持续发展、项目融资与PPP[M].北京：机械工业出版社，2018）

3.5 城市地下空间与地下综合管廊系统

3.5.1 地下空间与地下综合管廊的内涵及特点

（1）城市地下空间

具体来说，地下铁道、车站、地下商业街及商城、综合管廊、地下仓库及停车场、人防工程等各种军用、民用建筑均属于城市地下空间的利用形式。对于城市地下空间的利用，最早可以追溯到英国伦敦建成的首条地铁；法国著名建筑师首次提出了多层次街道的理念，其目的是有效解决城市交通拥堵、人车混行等一系列城市问题，大大提升城市土地的利用效率。本书主要介绍地下综合管廊的相关内容。

（2）地下综合管廊及其特点

所谓地下综合管廊是指在城市地下建设一个共同的空间，并在其中设置两种以上的管线，以便形成以管廊为基体的市政管线敷设系统。就目前而言，我国地下空间主要是将给水排水、燃气、电力、热力及通信等管线集中起来，从而形成规范化、集约化的新型市政基础设施。其特点如下：

1）综合性

在城市发展过程中，因受到经济、技术、资金以及政策等方面的影响，大部分城市的给水排水、通信、电力、热力以及燃气等管线工程都是分散建设、各自为政的。综合管廊则是对城市地下空间资源的一种综合利用,通过对管线进行综合布设,达到有效利用资源的目的。

2)成本低

综合管廊具有一次投资、同步施工、共同受益的特点,使得重复建设、多头管理等情况得以有效遏制,大大降低了工程成本。

3)环保性

通常情况下,市政管线是依据相关要求进行一次性集中敷设的,其城市道路及地面可以在较长时间内不会因为新的管线施工而进行再度开挖。对于管廊风井及地面出入口,可依据城市美化需要,建设成独具风情的建筑小品。

4)抗震减灾

将市政管线有效集中在地下综合管廊内,不仅能够起到抵御地震、台风的作用,还能够兼具人防功能,减少生命财产损失。

3.5.2 我国城市综合管廊建设发展历程

(1)发展阶段

从1958年北京市天安门广场下的第一条管廊建设开始,我国的城市综合管廊建设经历了五个发展阶段。

1)概念阶段(1958~1977年)

国外的一些关于管廊的先进经验传到中国,但由于特殊的历史时期使得城市基础设施的发展停滞不前,同时由于我国当时的设计单位编制较混乱,几个大城市的市政设计单位只能在消化国外已有的设计成果的同时摸索着完成设计工作,并在个别地区如北京和上海开展了部分试验段。

2)争议阶段(1978~2000年)

随着改革开放的逐步推进和城市化进程的加快,城市基础设施建设逐步完善和提高,由于局部利益和全局利益的冲突以及个别部门的阻挠,尽管众多知名专家纷纷呼吁,管线综合实施仍然极其困难。在此期间,一些发达地区开始尝试进行管线综合,并建设了一些综合管廊项目,有些项目初具规模且正规运营起来。

3)快速发展阶段(2001~2010年)

伴随着城市经济建设的快速发展以及城市人口的膨胀,为适应城市发展和建设的需要,结合前一阶段消化的知识和积累的经验,我国的科技工作者和专业技术人员针对管线综合技术进行了理论研究和实践工作,完成了一大批大、中城市的城市管线综合规划设计和建设工作。

4)赶超和创新阶段(2011~2017年)

由于政府部门的强力推动,在住房和城乡建设部做了大量调研工作的基础上,国务院连续发布了一系列法规，鼓励和提倡社会资本参与到城市基础设施特别是综合管廊的建设上来，采用 PPP 模式，我国的综合管廊建设开始呈现蓬勃发展的趋势，大大拉动了国民经济的发展。

5）有序推进阶段（2018 年至今）

进入 2018 年以后，我国综合管廊的建设进入有序推进阶段，要求各个城市根据当地的实际情况编制更加合理的管廊规划，制订切实可行的建设计划，有序推进综合管廊建设。

（2）发展规模

经过前期漫长的概念和争议阶段，通过不断摸索，我国相继建设了大批管廊工程。数据显示，2019 年我国城市新建地下综合管廊长度合计为 2226.14km，其中浙江、陕西、四川地区城市新建地下综合管廊长度较长，分别为 303.70km、293.11km、221.98km。截至 2020 年，我国建设综合管廊 8000km 以上，全国城市道路综合管廊配建率达到 2% 左右，发展前景宽广。

（3）政策法规

2019 年底，住房和城乡建设部、工业和信息化部、国家广播电视总局、国家能源局发布《关于进一步加强城市地下管线建设管理有关工作的通知》（以下简称《通知》）。《通知》指出，要规范优化管线工程审批，各地有关部门要按照国务院"放管服"改革要求，进一步优化城市地下管线工程建设审批服务流程，将城市供水、排水、供热、燃气、电力、通信、广播电视等各类管线工程建设项目纳入工程建设项目审批管理系统，实施统一高效管理。强化管线工程建设和维护，建设单位要严格执行城市地下管线建设、维护、管理信息化相关工程建设规范和标准，提升管线建设管理水平。根据国务院办公厅发布的《关于推进城市地下综合管廊建设的指导意见》（国办发〔2015〕61 号），到 2020 年，建成一批具有国际先进水平的地下综合管廊并投入运营，管线安全水平和防灾抗灾能力明显提升，逐步消除主要街道蜘蛛网式架空线，城市地面景观明显好转。

（4）建设标准

城市地下综合管廊建设快速发展，但标准规范的制定却远远滞后。地下综合管廊建设标准比较分散，主要依据有：《城市综合管廊工程技术规范》GB 50838—2015、《城镇综合管廊监控与报警系统工程技术标准》GB/T 51274—2017、《城市地下综合管廊运行维护及安全技术标准》GB 51354—2019 及《城市综合管廊防水工程技术规程》T/CECS 562—2018、《城市地下综合管廊管线工程技术规程》T/CECS 532—2018 等。住房和城乡建设部于 2019 年组织编制了《城市地下综合管廊建设规划技术导则》（以下简称《导则》）。《导则》共分为 6 章，包括总则、术语、基本要求、规划方法、编制内容及技术要点、编制成果，适用于综合管廊建设规划编制相关工作。

3.5.3 地下综合管廊建设目的及采用模式

（1）建设目的

1）以解决重要节点的交通问题为目的，如北京天安门广场和天津新客站综合管廊项目。

2）解决特定区域的功能需要，如广州大学城、上海世博园等项目。

3）城市的发展需要，如上海张杨路等项目。

这些都是政府直接出资的施工总承包项目，约占目前总项目数量的15%。

（2）采用模式

由于综合管廊的建设特点，后来出现了诸多EPC模式和个别BT模式建设的综合管廊项目，如海南三亚海榆东路综合管廊EPC项目、珠海横琴管廊BT项目，采用这些模式建设的项目约占总项目数量的10%。

2014年《国务院关于创新重点领域投融资机制鼓励社会投资的指导意见》（国发〔2014〕60号）中提出：积极推动社会资本参与市政基础设施建设运营，其中鼓励以TOT（移交—运营—移交）的模式建设城市综合管廊。但在这项措施还没有定论的时候，紧接着《国务院办公厅关于推进城市地下综合管廊建设的指导意见》（国办发〔2015〕61号）提出，以PPP模式大力推进综合管廊建设，之后建设的大量综合管廊项目基本上都采用PPP模式，约占总项目数量的75%。

由于管廊PPP项目的建设规模越来越大，且SPV公司的组成复杂、收益不确定，其实施主体基本上都是中建、中冶、中铁等几大央企，虽然国家一直鼓励社会资本进入综合管廊市场，但是由于种种原因，极少有民营企业进入。

3.5.4 地下综合管廊价值链要素

（1）城市地下综合管廊类型

综合管廊根据敷设的管线等级和数量可以分为以下四类：

1）干线综合管廊

一般设置于道路中央下方或道路红线外综合管廊带内，主要功能为连接输送原站（如自来水厂、发电厂、燃气制造厂等）与支线综合管廊，其一般不直接服务沿线地区。其主要收容的管线为电力、通信、自来水、燃气、热力等管线，有时根据需要也将排水管线收容在内。在干线综合管廊内，电力从超高压变电站输送至一、二次变电站，通信主要为转接局之间的信号传输，燃气主要为燃气厂至高压调压站之间的输送。

干线综合管廊的断面通常为圆形或多格箱形，综合管廊内一般要求设置工作通道及照明、通风等设备。干线综合管廊的特点主要为：稳定大流量的运输、高度安全性、内部结构紧凑、兼顾直接供给到稳定使用的大型用户、一般需要专用设备、管理及运营比较简单等。干线综合管廊示意图如图 3-24 所示。

2）支线综合管廊

支线综合管廊主要负责将各种供给从干线综合管廊分配、输送至各直接用户。其一般设置在道路的两旁，收容直接服务的各种管线。支线综合管廊的断面以矩形断面较为常见，一般为单格或双格箱型结构，内部要求设置工作通道及照明、通风设备。其主要特点为：有效（内部空间）断面较小、结构简单、施工方便、设备多为常用定型设备、一般不直接服务大型用户等。支线综合管廊示意图如图 3-25 所示。

3）电缆沟

电缆沟主要负责将市区架空的电力、通信、有线电视、道路照明等电缆收容至埋地的管道，一般设置在道路的人行道下面，其埋深较浅，一般在 1.5m 左右。电缆沟的断面以矩形断面较为常见，一般不要求设置工作通道及照明、通风等设备，仅增设供维修时用的工作手孔即可。电缆沟示意图如图 3-26 所示。

4）干支线混合型综合管廊

干支线混合型综合管廊在干线综合管廊和支线综合管廊的基础上各有取舍，一般适用于较宽的城市道路。

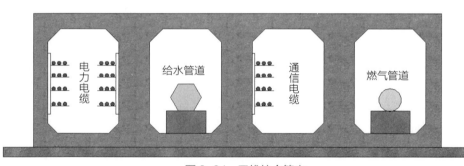

图 3-24 干线综合管廊

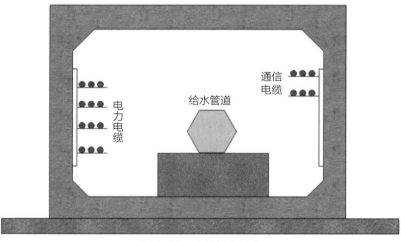

图 3-25 支线综合管廊

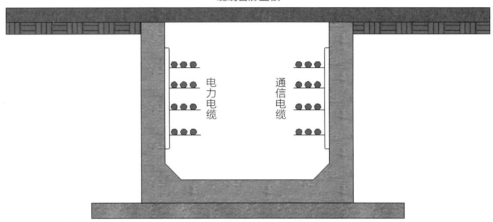

图 3-26　电缆沟

（2）地下综合管廊的施工方法及适用范围

1）明挖现浇法

明挖现浇法是指利用支护结构支挡条件下，在地表进行地下基坑开挖，在基坑内施工做内部结构的施工方法。其具有工艺简单、施工方便的特点，但雨天、北方地区冬季无法施工，施工作业时间长，土方大。其适用于城市新建区的管网建设。

2）明挖预制拼装法

明挖预制拼装法是一种较为先进的施工方法，要求有较大规模的预制厂和大吨位的运输及起吊设备，施工技术要求较高。其特点是施工速度快，施工质量易于控制。

3）浅埋暗挖法

浅埋暗挖法是在距离地表较近的地下进行各类地下洞室暗挖的一种施工方法。埋层浅、地层岩性差、存在地下水、环境复杂等地区适合此法。在明挖法和盾构法不适用的条件下，浅埋暗挖法显示了巨大的优越性。它具有灵活多变，对道路、地下管线和路面环境影响性小，拆迁占地少，不扰民的特点，适用于已建区的改造。

4）顶管法

顶管法是当管廊穿越铁路、道路、河流或建筑物等各种障碍物时，采用的一种暗挖式施工方法。在施工时，通过传力顶铁和导向轨道，用支撑于基坑后座上的液压千斤顶将管线压入土层中，同时挖除并运走管正面的泥土。此法适用于软土或富水软土层及中型管道施工，但管线变向能力差，纠偏困难。

5）盾构法

盾构法是指使用盾构在地中推进，通过盾构外壳和管片支撑四周围岩，防止发生隧道内的坍塌，同时在开挖面前方用刀盘进行土体开挖，通过出土机械运出洞外，靠推进油缸在后部加压顶进，并拼装预制混凝土管片，形成隧道结构的一种机械化施工方法。该法具有以下特点：全过程实现自动化作业，施工劳动强度低，不影响地面交通与设施；施工不受气候条件影响，不产生噪声和扰动；在松软含水土层中修建埋深较大的长隧道具有技术和经济方面的优越性。其缺点是在断面尺寸多变的区段适应能力差。

3.5.5 地下综合管廊成本及价值分析

目前，我国地下综合管廊的建设运营大部分采用 PPP 模式，在地下综合管廊 PPP 项目实施过程中，最关键的问题是成本问题。

（1）成本构成

根据住房和城乡建设部标准定额司组织制定的《城市综合管廊工程投资估算指标》(试行)，综合管廊单是建设成本 0.5 亿~1.7 亿元/km。综合管廊 PPP 项目主要包括两大部分成本：一部分是管廊的建设成本，另一部分是管廊的运营维护成本。

如图 3-27 所示，综合管廊 PPP 项目的建设成本，包括管廊主体的建设成本及通风、监控、照明、排水、仪表等附属设施的建设成本。综合管廊 PPP 项目的运营维护成本，包括管廊主体的运营维护成本和附属设施的运营维护成本。附属设施的

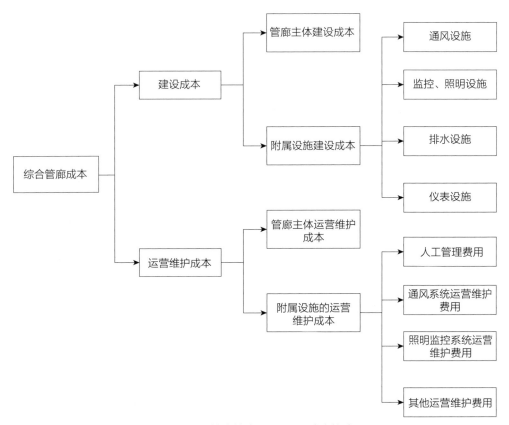

图 3-27 综合管廊 PPP 项目成本构成

运营维护成本由人工管理费用、通风系统运营维护费用、照明监控系统运营维护费用和其他运营维护费用组成。

（2）综合管廊的回报机制

通常使用者付费无法覆盖综合管廊PPP项目社会资本的资金投入与合理利润，需要政府补贴弥补缺口，所以回报机制多为可行性缺口补助。其中使用者付费包括入廊费用与运营维护费用。入廊费用与运营维护费用的计算依据则是建设成本与运营维护成本。综合管廊PPP项目回报机制如图3-28所示。

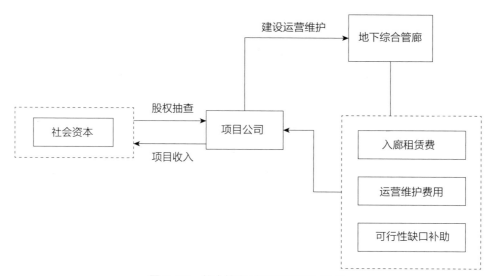

图3-28 综合管廊PPP项目回报机制

（3）入廊收费依据及运营维护费用的计算方法

根据《国务院办公厅关于推进城市地下综合管廊建设的指导意见》（国办发〔2015〕61号）的要求，入廊管线单位应向地下综合管廊建设运营单位缴纳入廊费和日常维护费。设计回报机制的目的是使社会资本获取投资回报，获得投资回报的直接途径是收费，收费指的就是入廊费用与运营维护费用。

3- 地下综合管廊项目案例分析

入廊费也可以说是入廊管线的"买路费"，主要根据地下综合管廊主体建设成本及其附属设施建设成本以及各管线单独敷设和更新改造的成本计算确定，主要是用以弥补地下综合管廊PPP项目的建设成本。

日常维护费是综合管廊PPP项目的第二现金流，也可以说是入廊管线的"物业管理费"，主要根据地下综合管廊本体及附属设施维修、更新等维护成本以及水电消耗费用等因素合理计算确定，用以弥补地下综合管廊PPP项目的运营维护成本。

《国家发展改革委住房和城乡建设部关于城市地下综合管廊实行有偿使用制度的指导意见》（发改价格〔2015〕2754号）中明确指出，凡具备协商定价条件的城市地下综合管廊，城市地下综合管廊有偿使用费标准原则上应由管廊建设运营单位与入廊管线单位协商确定。对暂不具备供需双方协商定价条件的城市地下综合管廊，有偿使用费标准可实行政府定价或政府指导价。

政府定价或政府指导价中的入廊费与运营维护费用的计算方法主要有两种，即直埋成本法和空间比例法。

1）直埋成本法

直埋成本法是指按直埋方式敷设管线的直接成本加上道路占用赔补费用和挖掘修复费用等间接成本从而形成的管线一次性摊销成本，作为管线入廊费用标准。直埋成本法可以很明确地测算出当前管廊不入廊状态下的直埋成本，以此作为测算综合管廊入廊费用的依据。

2）空间比例法

将纳入管廊的管线在管廊中所占的空间比例计算出来，公共空间也按管线的空间比例进行分摊，两者相加，即为管线在成本分摊中所占的比例。

$$某种管线的入廊费用 = 管线在不进入管廊的情况下单独敷设的成本 \times 管廊特许经营周期内某种管线需要单独敷设的次数 / (1-税率) \quad (3-1)$$

$$某种管线的管廊日常维护费用 =[管廊的运营成本 + 城市地下综合管廊管理单位的正常管理支出]/管廊的总长度 \times 某种管线空间占比 \times 某种管线对管廊附属设施的使用强度系数 \times (1+利润率)/(1-税率) \quad (3-2)$$

某市综合管廊入廊费及运营维护费用标准见表3-7。

某市综合管廊入廊费及运营维护费用标准　　　　表3-7

型号	特许运营期25年管线敷设次数	入廊费（元/m）	日常运营维护费（元/m·年）
再生水DN200	1	422.5	51.7
再生水DN400	1	482.0	83.4
再生水DN500	1	540.0	161.3
热力管DN250	1.5	932.8	67.8
热力管DN600	1.5	1385.7	121.0
热力管DN700	1.5	1461.6	114.7
热力管DN800	1.5	1525.4	123.6
热力管DN900	1.5	1746.3	170.2

续表

型号	特许运营期25年管线敷设次数	入廊费（元/m）	日常运营维护费（元/m·年）
给水输水 DN200	1	421.0	79.6
给水输水 DN250	1	460.5	56.3
给水输水 DN500	1	552.2	77.7
给水输水 DN600	1	779.4	122.7
给水输水 DN800	1	969.0	111.7
通信单孔	1.2	120.4	5.1
电缆单孔	1.2	121.7	5.9
污水 DN250	1	478.0	95.2
污水 DN400	1	523.9	98.2
污水 DN500	1	588.9	116.7
污水 DN600	1	800.4	229.7
污水 DN800	1	1077.8	178.7
雨水 DN800	1	970.0	92.4
燃气 DN250	1	584.3	188.3

3.6 "海绵城市"建设系统

3.6.1 "海绵城市"提出的背景

随着城市化进程的加快，人与自然环境之间的矛盾日益突出，例如，绿地减少、水资源破坏、土地硬化和沙化等问题，不仅严重破坏了生态环境，而且降低了城市的存水、净水能力，导致地表径流量增加、城市内涝、河流水域污染等问题，给国家和社会经济的发展造成了严重影响。面对我国日益严峻的城市水生态问题，2012年4月，在低碳城市与区域发展科技论坛中，我国首次引入了"海绵城市"的概念。2013年12月，习近平总书记在中央城镇化工作会议中强调，在对城市排水系统提升时，需率先考虑将有限的雨水进行储存，更多地利用自然力量进行排水，从而建设能够自然储蓄、自然渗透及自然净化的海绵城市。2014年10月，住房和城乡建设部制定并发布了《海绵城市建设技术指南》，为"海绵城市"建设提供了科学、专业的技术指导。2015年4月，住房和城乡建设部、水利部和财政部确定济南、武汉、厦门等16个城市作为"海绵城市"建设试点城市。2017年，李克强总理在政府工作报告中明确了"海绵城市"的发展方向，让"海绵城市"建设不仅限于试点城市，而是所有城市都应该重视这项"里子工程"。

3.6.2 "海绵城市"的定义

作为一种全新的城市发展理念与模式,"海绵城市"(Sponge City)的国际通用术语解释为"低影响开发雨水系统构建"。住房和城乡建设部在2014年发布的《海绵城市建设技术指南》中,对海绵城市的定义如下:"海绵城市"是指城市能够像海绵一样,在适应环境变化和应对自然灾害等方面具有良好的"弹性",下雨时吸水、蓄水、渗水、净水,需要时将蓄存的水"释放"并加以利用。"海绵城市"建设应遵循生态优先等原则,将自然途径与人工措施相结合,在确保城市排水防涝安全的前提下;最大限度地实现雨水在城市区域的积存、渗透和净化,促进雨水资源的利用和生态环境保护。在"海绵城市"建设过程中,应统筹自然降水、地表水和地下水的系统性,协调给水、排水等水循环利用各环节,并充分考虑其复杂性和长期性。

3.6.3 "海绵城市"的作用

(1)"海绵城市"建设本质是破解城镇化与资源环境失调难题

在传统的城市建设模式下,人们利用土地进行粗放式、高强度开发,开发方式改变了原有的水生态,使得地表径流量大幅增加,造成了诸多城市隐患。"海绵城市"则改变了这种破坏式的传统城市建设理念,在尊重自然、顺应自然的前提下,实现城市建设与资源环境的协调发展。在"海绵城市"的建设模式下,土地开发对自然、生态环境、水循环等都是低影响的,这样有利于保护原有水生态,建成后地表径流量可以保持不变。传统城市与"海绵城市"建设模式的比较,如图3-29所示。

(2)"海绵城市"建设思路是转变城市排水防涝的方式

在传统的"快排式"城市建设模式下,人们通常认为雨水排得越快越多,就越能降低对城市的影响,而对于如何进行雨水再利用和水循环等问题,却没有给予过多的考虑。"海绵城市"摒弃了传统的"快排式"建设模式,通过"渗、蓄、滞、净、用、

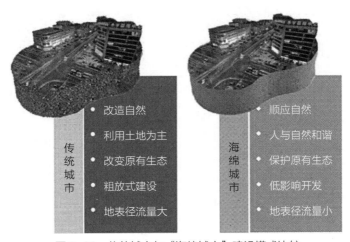

图3-29 传统城市与"海绵城市"建设模式比较

排"技术,将降雨收集进行循环利用,从而实现了防治内涝、控制径流污染、循环使用雨水和修复水生态等目标。研究表明,如果气候条件正常,"海绵城市"就可截流80%以上的雨水进行循环利用。"海绵城市"的排水防涝思路如图3-30所示。

(3)"海绵城市"建设能保持城市原有水文特征基本不变

低影响开发(Low Impact Development,LID)是指在场地开发过程中采用源头分散式措施维持场地开发前的水文特征,也称低影响设计(Low Impact Design,LID)或低影响城市设计和开发(Low Impact Urban Design and Development,LIUDD)。其核心是维持场地开发前后水文特征不变,包括径流总量、峰值流量、峰值出现时间等,如图3-31所示。从水文循环角度,要维持径流总量不变,就要采取渗透、储存等方式,实现开发后一定量的径流量不外排;要维持峰值流量不变,就要采取渗透、储存、调节等措施削减峰值、延缓峰值出现时间。

"海绵城市"建设以生态优先为原则,在开发和建设全过程基本都能保持原有径流总量和峰值流量不变,甚至通过渗透、调节、储存等方式,也能基本保证峰值出现时间不变。通过集蓄雨水,利用自然力量排水,才能从根本上解决城市缺水问题。

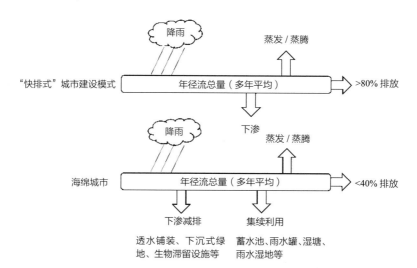

图3-30 "海绵城市"的排水防涝思路

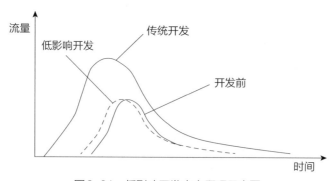

图3-31 低影响开发水文原理示意图

3.6.4 技术手段

"海绵城市"建设可运用的技术手段多样,主要分为"渗""蓄""滞""净""用""排"6大类。传统的城市设计存在着主观性较强、设计时考虑因素较少、技术手段单一等问题。在海绵城市的建设实践中,应遵循因地制宜原则,合理选择和布置技术措施及其组合。

(1)"渗"

"渗"即让雨水自然渗入,涵养地下水。由于城市下垫面过硬,到处都是水泥,改变了原有水文特征,因此要加强自然的渗透,把渗透放在第一位,具体海绵措施有透水铺装和绿色屋顶等。透水铺装是指在传统路面铺装材料基础上加工而成的一种透水性铺装,主要应用于停车场、人行道及荷载较小的小区道路、非机动车道等。绿色屋顶是指在建筑物、构筑物顶部进行植物种植及配置,且不与自然土层连接的绿化方式。该措施不仅具有吸收和降低降雨径流量、滞后峰值流量等功能,同时还能起到景观美化的作用。

(2)"蓄"

"蓄"即调蓄,既起到雨水径流调蓄作用,也为雨水资源化利用创造条件,收集的雨水可用于浇洒道路和绿化。现在的人工建设破坏了自然地形,短时间内水汇集到一个地方就会形成内涝。因此要把降雨蓄起来,以达到调蓄和错峰。具体常用的海绵措施为蓄水模块和地下蓄水池蓄水。雨水蓄水模块是一种用来储水但不占空间的产品,具有超强的承压能力,95%的蓄水空间可以实现更有效率的蓄水,配合防水布或者土工布即可完成蓄水、排放。此外,在结构内要设置好进水管、出水管及检查井位置。

(3)"滞"

"滞"即错峰,延缓雨水径流的峰值出现时间,降低雨水径流的峰值流量,利用微地形调节,让雨水慢慢汇集到一个地方,用时间换空间。"滞"可以延缓形成径流的高峰,具体形式主要有雨水花园:在园林绿地中种有树木或灌木的低洼区域,有树皮或地被植物作为覆盖。通过雨水直流下渗来补充地下水并降低暴雨地表径流的洪峰,其中浅坑的部分能蓄积一定的雨水,土壤能增加雨水下渗,缓解地表积水现象。蓄积的雨水又能供给植物利用,减少绿地的灌溉水量。

(4)"净"

"净"即净化,对径流收集的雨水进行处理,达到净化雨水、减少面源污染、改善水环境的作用。具体的海绵措施有人工湿地、生物滞留池等。人工湿地是指人工形成的带有静止或流动水体的成片浅水区,湿地植物选择具备一定耐污能力的水生湿生植物。利用物理、水生植物及微生物等净化雨水,是一种高效的径流污染控制措施。

（5）"用"

"用"即雨水回用利用，起到充分利用水资源的作用。回用的雨水可用于绿地浇灌、道路场地冲洗、水景补水、冷却水的补水等。加强对雨水资源的利用，可以根据小区实际的绿地浇灌、道路场地冲洗、水景补水等的用水量，设置蓄水池或者其他雨水回用设施。

（6）"排"

"排"即雨水安全的排放，削减内涝风险。利用城市竖向与工程设施相结合、排水防涝设施与天然水系河道相结合、地面排水与地下雨水管渠相结合等方式来实现一般排放和超标雨水排放，避免内涝等灾害。经过雨水花园、生态滞留区、渗透池净化之后蓄集的雨水，一部分用于绿化灌溉和日常生活，一部分经渗透补给地下水，多余的部分经市政管网排进河流，不仅降低了雨水峰值过高时出现积水的概率，也减少了第一时间对水源的直接污染。

3.6.5 建设内容

"海绵城市"的建设是一个庞大的工程，它作用于整个城市的生态环境改善，不仅包括水资源的保护和修复、绿化植被、人工湿地等，还包括城市小区、广场及道路改造、建筑的绿色屋顶、雨水收集利用设施、建筑中水回用等。具体来说，"海绵城市"的建设途径包括以下几个方面。

（1）区域水生态系统的保护和修复

1）识别生态斑块

一般来说，城市周边的生态斑块按地貌特征分为三类：第一类是森林草甸，第二类是河流湖泊和湿地或者水源的涵养区，第三类是农田和原野。各斑块内的结构特征并非一定具有单一类型，大多呈混合交融的状态。按功能划分可分为重要生物栖息地、珍稀动植物保护区、自然遗产及景观资源分布区、地质灾害风险识别区和水资源保护区等。凡是对地表径流量产生重大影响的自然斑块和自然水系，均可纳入水资源生态斑块，对水文影响较大的斑块需要严加识别和保护。

2）构建生态廊道

生态廊道起到对各生态斑块进行联系或区别的功能，通过分别对各斑块与廊道进行综合评价与优化，使分散的、破碎的斑块有机地联系在一起，成为更具规模和多样性的生物栖息地和水生态、水资源涵养区，为生物迁移、水资源调节提供必要的通道与网络。这涉及水文条件的保持和水的循环利用，尤其是调峰技术和污染控制技术。

3）划定规划区的蓝线与绿线

在规划区范围之内严格实施蓝线和绿线控制，保护重要的坑塘、湿地、园林等水生态敏感区，维持水的涵养性能。同时，在城乡规划建设过程中，实现宽广的农村原野和紧凑的城市和谐并存、人与自然和谐共处。

4）水生态环境的修复

这种修复立足于净化原有的水体，通过截污、底泥疏浚构建人工湿地、生态护岸和培育水生物种等技术手段，将劣Ⅴ类水提升到具有一定自净能力的Ⅳ类水的水平，或将Ⅳ类水提升到Ⅲ类水的水平。

5）建设人工湿地

湿地是城市之肾，保护自然湿地、因地制宜建设人工湿地对于建设"海绵城市"、维护城市生态环境具有重要意义。

（2）"海绵城市"设计与改造指标

"海绵城市"建设必须要借助良好的城市规划作为分层设计来明确要求，分解和细化城市总体规划及专项规划提出的低影响开发控制目标及要求，最终提出各地块的低影响开发控制指标。具体来讲，要结合城市水系、道路、广场、居住区和商业区、园林绿地等空间载体，建设低影响开发的雨水控制与利用系统。

1）在扩建和新建城市水系过程中，采取一些技术措施，如加深蓄水池深度、降低水温来增加蓄水量并合理控制蒸发量，充分发挥自然水体的调节作用。

2）改造城市广场、道路，通过建设模块式雨水调蓄系统、地下水调蓄池或下沉式雨水调蓄广场等设施，最大限度地把雨水保留下来。在一些实践中，实现了道路广场的透水地面比例大于等于70%，下凹式绿地比例大于等于25%，综合径流系数小于等于0.5。

3）在居住区、商业区的LID设计中，改变传统的集中绿地建设模式，将小规模的下凹式绿地渗透到每个街区中，在不减少建筑面积的前提下增加绿地比例，可以实现透水性地面大于等于75%，绿地率大于等于30%（其中下凹式绿地大于等于70%），径流系数小于等于0.45。

4）在园林绿地采用LID设计，绿地的生态效益更加明显。通过建设滞留塘、下凹式绿地等低影响开发设施，将雨水调蓄设施与景观设计紧密结合，可以实现人均绿地面积大于等于$20m^2$、绿地率大于等于40%、绿化覆盖率大于等于50%、透水性地面大于等于75%（其中下凹式绿地大于等于70%）的目标，径流系数可以控制在0.15左右。同时，收集的雨水可以循环利用，公园可以作为应急水源地。

（3）建筑雨水利用与中水回用

在"海绵城市"建设中，建筑设计与改造的主要途径是推广普及绿色屋顶、透水停车场、雨水收集利用设施及建筑中水的回用（回用率一般不低于30%）。首先，将建筑中的灰水和黑水分离，将雨水、洗衣洗浴水和生活杂用水等污染程度较轻的灰水经简单处理后回用于冲厕，可实现节水30%，而成本只需0.8~1元/

m³。其次，通过绿色屋顶、透水地面和雨水储罐收集到的雨水，经过净化既可以作为生活杂用水，也可以作为消防用水和应急用水，可大幅提高建筑用水节约和循环利用。因此，对于整体海绵建筑设计而言，为同步实现屋顶雨水收集利用和灰水循环的综合利用，可将整个建筑水系统设计成双管线，抽水马桶供水采用雨水和灰水双水源。

另外，中水回用在城市市政污水再生水中也更有利用价值。通过铺设再生水专用管道，就能够实现再生水的有效利用，从而能大幅降低对水资源的需求。以北京市政部门测算为例，如果80%的建筑推广这种中水回用体系，市政污水的三分之一能作为再生水利用，该市每年约可节约12亿 m³ 水，相当于南水北调工程供给首都的总水量。"海绵城市"建设考核指标见表3-8。

"海绵城市"建设考核指标 表3-8

类别	主要指标
水生态	年径流总量控制率、生态岸线恢复、地下水位、热岛效应
水环境	水环境质量、城市面源污染控制
水资源	污水再生利用率、雨水资源利用率、管网漏损控制
水安全	暴雨内涝灾害防治、饮用水安全
制度建设执行情况	规划建设管控制度、蓝线与绿线划定与保护、技术规范与标准建设、投融资机制建设、绩效考核与奖励机制、产业化
显示度	连片示范效应

资料来源：《海绵城市建设绩效评价与考核办法（试行）》

3.6.6 建设运营模式

"海绵城市"建设项目大多收益低，甚至无法覆盖成本，因此具有很强的公益性。由于资金要求高，采用政府和社会资本合作（PPP）模式进行建设受到了我国政府的大力支持与推广。"海绵城市"建设需要实现各参与方的共赢，使政府、社会资本和社会公众都能获得应有的惠利。

4- 案例："海绵城市"让臭水沟变湿地公园

"海绵城市"建设项目必须坚持试点先行、循序渐进的原则，根据实际情况选择盈利预期较强的PPP项目先行先试。因PPP项目前期工作较为成熟，将能有效激活社会投资活力。另外，还要积极探索"项目＋物业"的形式以及非经营性项目、准经营性项目和经营性项目等综合开发形式。通过授予特许经营权、核定价费标准、给予财政补贴、明确排他性约定等方式，最终实现合理的收益分配，稳定社会资本收益预期，使各参与方都能获得良好的收益，保证项目具有可持续经营的基础，避免在此过程中出现不合理让利或非法利益输送等问题。

3.7 社会基础设施系统

3.7.1 社会基础设施的内涵

"社会基础设施"这个概念,在国内文献中主要有两种用法,一是泛指或广义的,即在与"基础设施"相等同的意义上使用,其含义相当于"社会的基础设施"(Infrastructure of Society);二是特指或狭义的,即在与"经济基础设施"(Economic Infrastructure)相区分的意义上使用,其含义相当于"社会性基础设施"(Social Infrastructure)大致说来,1995年之前,比较普遍的是前一种用法,世界银行在《1994年世界发展报告》中对"经济基础设施"与"社会基础设施"作了明确的区分,在该报告的影响下,后一种用法开始被人们广泛采纳。本书主要从狭义的角度理解。

社会基础设施主要服务于社会发展或人类发展目标,包括为人类满足自身基本生存和发展需求、改善生存状况和生活质量、提升个体身心健康和社会公正和谐等提供基础性支撑。

3.7.2 社会基础设施子行业

社会基础设施子行业主要包括医疗设施、养老设施、教育设施、行政设施、老旧小区改造、文化中心、体育和休闲设施、安全设施等。本书重点介绍医疗设施、教育设施、行政设施及老旧小区改造。

(1)医疗设施

医疗服务行业包括各类医院、专科病防治站、卫生防疫站、妇幼保健站、疗养院、康复中心和护理设施等。

上述服务设施均有公共、私营或非营利机构等组织形式。医疗设施的收入来源于三类服务:一级服务包括医生、医护人员和相关设备提供的所有医疗和护理服务;二级服务是指支持一级服务的附属,诸如病人住宿或手术室清洁;三级服务是指所有支持医院整体运行的非医疗支持性服务,如餐饮、停车、绿化等物业服务。

(2)教育设施

教育设施是指开展教育工作所必需的物质资料,包括学校和各种培训中心、幼儿园、各类大中专院校、中学、小学、托儿所、技工学校、职业学校、广播电视大学及各类成人教育机构、特种教育学校等。

教育行业由公共部门组织,大多数是公共机构拥有和运营的,少数为私营性质。跟医疗设施相同,教育设施主要靠公共预算支持。

(3)行政设施

行政设施包括市属各级党政机关、市属各级人民代表大会、政治协商会议、法院、检察院、民主党派、社会团体、企事业管理系统等拥有的资产设施。这些设施主要靠财政付费，投资者只能通过合同获得可用性付费。

（4）老旧小区改造

1）改造背景

改革开放以来，我国城市建设取得举世瞩目的成就，但在城镇化快速推进的过程中，一些老旧小区已经无法适应新型城市发展，有的年代较早、失养失修失管、环境脏乱差；有的市政配套设施不完善、社区服务设施不健全；有的违章建筑乱搭乱建，存在不少安全隐患。这些老旧小区不仅影响居民获得幸福感和安全感，更影响城市整体环境，改造工作迫在眉睫。

2010年十四届四中全会提到，补短板、强弱项、惠民生，提升社会治理水平和治理能力的重要途径即是老旧小区改造。

以北京为例，北京的老旧小区数量较大，其中有1100多个无物业管理、无电梯、无停车场的小区，建于1999年以前的老旧小区约2.3亿m^2。全国这样的小区很多，亟待改造。

2）老旧小区改造内容

老旧小区改造内容初步分为三大类：一是保基本的配套设施。如与居民生活相关的水、电、气、路等市政基础设施的维修完善，以及加修电梯、垃圾分类设施等；二是在保基本的基础上，鼓励有条件的地区在改造中建设公共活动场地，配建停车场、活动室、物业用房等；三是进一步完善社区的养老、妇幼、文化室、医疗、助餐、家政、便利店等设施及公共服务。

3）老旧小区改造存在的问题

①产权复杂。存在老公房、房改房、商品房等，一些房屋因历史原因难以找到产权主体，统筹改造难度大。

②资金短缺。政府财力有限，居民不愿意出钱，社会企业以盈利为目的，吸引力不大，因此，目前资金缺口大。

③小区改造缺乏评估体系。2015年，联合国环境规划署与佳粹（中国）环境发展促进中心共同在京发布了《可持续城市与社区评价标准导则》，但是每个城市、每个小区情况不同，监督、评价主体不明确。

4）老旧小区改造思路

①多元化的融资渠道。有的地方提出由政府出一部分、社会资本出一部分、业主出一部分，鼓励支持有条件的专业化社会企业以实施主体、投资主体等身份参与，也可以捆绑一定的房地产企业参与进来，探索政府特许经营、PPP等政企合作模式，灵活采取政府委托、招标投标、竞争性谈判等方式，建立利益共享、风险共担、全程合作的关系，最终形成政府扶持带动、企业融资共建、居民参与收益的共赢模式。

②充分发挥住房公积金和公共维修的积极作用。

③多主体协同。涉及产权单位、建筑规划部门、社区管理部门、社区业主等多方利益诉求，需要多个主体协同，综合运用法律、行政、市场、公德、公益等手段。

5-案例：南京扇骨里邻里中心

④树立可持续发展理念。构建"邻里中心"模式，形成良性、友好、以人为本的"15分钟生活圈"，养老、医疗、学校、休闲应有尽有。

⑤利用互联网手段打造线上线下融合的服务平台。

社区改造流程见表3-9。

社区改造流程 表3-9

◯	☺	▭	♡	☁	💬
1. 改造片区摸底调研和评估鉴定报告：摸清底数、明确改造对象、内容和范围，合理确定改造重点	2. 改造对象内容清单和出资方案：分类分项出资方案、政府出资、专项市政出资、居民个人出资，以及是否采用PPP模式	3. 片区综合改造涉及存量资源整合利用方案：设定友好、完整的社区目标值	4. 物业管理和配套服务设施运行方案，运营项目回款方案，建立社区维护长效机制	5. 沟通协商与组织方案、政策帮扶建议、社区治理与文化潜力打造方案	6. 施工组织方案：工地安全措施、主材料厂外加工、工地降噪防扰、工地防尘作业、土方外运等措施

3.8 垃圾收运与处理系统

3.8.1 内涵

垃圾是放错了地方的原材料。随着人们对居住环境要求的提高，城市垃圾的产量也开始进入高速发展时期，垃圾围城的情况开始显现（图3-32），由此带来的环境污染已经成为许多城市面临的最棘手的难题之一。我国城市生活垃圾产量大，不少城市陷入生活垃圾的包围之中，阻碍了城市的发展，对周围环境造成了严重污染和破坏。因此为减少不必要的生活垃圾污染、改善城市生活环境，应加强城镇生活垃圾分类收集、储运和处理系统的合理化、科学化和适用性建设，优先进行垃圾减量化和资源化。高标准建设城镇生活垃圾处置设施，其垃圾收运与处理模式和设备的选择是第一道难题。

图3-32 城市垃圾围城

"垃圾"是一个包罗万象的概念,是指那些对其使用者价值低且不会被继续保留的物体、物质、残留物与剩余物。

目前,大量垃圾都可以被循环使用或再利用,意味着不需要被送到焚烧炉或填埋场。垃圾可以划分为几个类别,如图3-33所示,最常见的是市政垃圾。生产者是指其行为会产生垃圾,以及那些以某种方式改变其性质或构成的接收、混合和处理垃圾的所有人和组织。

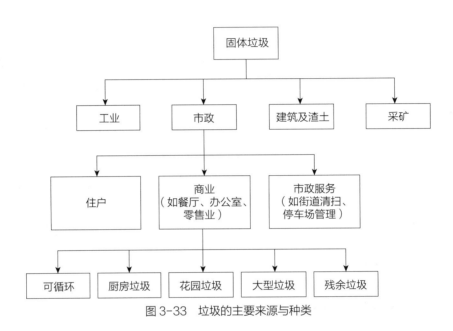

图 3-33　垃圾的主要来源与种类

3.8.2　设施种类

垃圾的收运与处理系统由收集、清运、运转几个环节构成,是垃圾源头管理与最终处置之间重要的衔接部分。

(1) 垃圾收集设备

垃圾收集系统是垃圾收运系统中十分重要的环节,耗资大,操作过程十分复杂,主要分为垃圾桶和集装箱两类。

垃圾桶形状有很多种,容器上口有盖,上部配有吊钩和翻转装置,底部一般设有活动滚轮。按容积分为大、中、小三个型号,材质主要有金属、塑料和复合材料。垃圾集装箱一般可分为行标集装箱和国标集装箱两种。行标集装箱是指经过专门设计用于环卫行业垃圾收运作业的集装箱,可根据城市的使用条件及运输方式选择集装箱的尺寸和容量。国标集装箱是指符合国际标准尺寸的垃圾专用集装箱。

(2) 垃圾清运设备

垃圾清运的方法主要有车辆清运和管道输送两种。其中车辆清运较为普遍,即运用各类垃圾收集车与容器配合,进行垃圾清运作业。主要有以下几种类型:

1）人力收集车：主要包括人力二轮车、手推车、平板车等，一般用于街道和居民小区的垃圾收集运输。采用这种装备工人劳动强度大、收运效率低且垃圾在车中的停滞时间较长。

2）电动收集车：机动性能好，适合在步行街、广场、公园中使用。

3）自卸式垃圾车：这是一种装备有液压举升机，能将车厢倾斜一定角度，垃圾靠自身的重力自行卸下的专用自卸汽车。自卸式垃圾车的倾斜方向一般是后倾式，也有左、右倾卸的。这种垃圾车结构简单、性能稳定、实用性强、利用效率高。分为密封式和敞口式，敞口式车厢的密封性差，作业过程中易出现垃圾飞扬散落、污水滴漏的现象，污染了空气和道路。密封式车厢为带盖的整体容器，顶部有垃圾投入口，密封性好，更加整洁。

4）车厢可卸式垃圾车：这种车是装备有液压装卸机构、能将专用车厢拖吊到车上或倾斜一定角度卸下垃圾，并且能将车厢卸下的专用自卸汽车。这种车主要有单臂式和双臂式两种。车厢可卸式垃圾车的特点是，车上配置的车厢可以和车架分离。

5）后装式压缩式垃圾车：车厢后部较低的部分开垃圾投入口，采用翻转架直接将垃圾桶内的垃圾倒入车厢后部的垃圾收集槽内，然后由装设在车厢后部的填充装置将垃圾送入车厢并加以压实。这种车装备有液压举升机和尾部填塞器，能将垃圾自行装入车厢、转运和倾卸的专用自卸汽车。根据垃圾的填装位置，可以分为前装式、侧装式和后装式三种类型，其中后装式密封压缩收集车使用较多。

（3）垃圾转运设备

垃圾运转站是垃圾运转系统的核心，是垃圾收集后的储存点，是运输的调度点，起调度连接的作用。按压缩设备作业工艺划分，转运站可分为压缩式和非压缩式两大类，市场上主要以压缩式为主。

1）水平箱内压缩式运转站：站内配置水平压缩设备、可卸式箱体及配套钩臂车。可卸式箱体与压缩设备对接后，由人工将垃圾倒入箱内，通过压缩设备直接在箱内将垃圾压实，装满后由配套钩臂车将箱体运转至垃圾处理场。

2）水平预压缩式运转站：先把垃圾在固定的箱体内压缩成块，然后一次性推入对接的集装箱内。其压缩比例较高，并且可以有效地收集垃圾挤出液，重量和压力检测精确，工作效率高。

3）竖直箱内压缩式运转站：站内配置竖直压缩设备、可卸式箱体及配套举升装置或钩臂车。可卸式箱体与压缩设备对接后，由人工将垃圾倒入箱内，启动压缩设备直接在箱内将垃圾压实，装满后由配套的举升装置将箱体提升到运转车辆上或由配套钩臂车将箱体运转至垃圾处理场。

垃圾中转站示意图如图3-34所示。

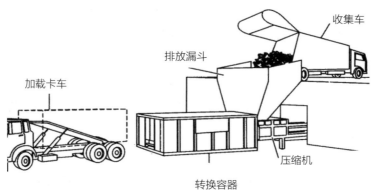

图 3-34 垃圾中转站示意图

3.8.3 垃圾处理的原则

垃圾处理应遵循以下三个原则（图 3-35）：

（1）减量化

垃圾治理不是目的，目的是尽量少的产生垃圾。避免产生垃圾，垃圾减量是首要原则，通过源头控制保护能源与资源。

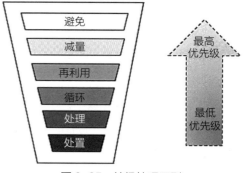

图 3-35 垃圾处理原则

（2）再利用

垃圾再利用是通过重新进入生产过程来减少资源消耗，这取决于产品的特征以及适合再利用的材料。同时，是否存在对循环产品的足够需求、是否有二级市场很重要。

（3）无害化

垃圾在处理过程中不得二次污染环境，最大限度地实现垃圾综合利用，节能减排，变废为宝。

3.8.4 处理方式及评估

城市要确定合理的生活垃圾收运模式，优化转运方式的组合形态，基本推行将生活垃圾"分类—集装—压缩运输—终端处置"的方式，如图 3-36 所示。

由于受城市规划与档次差异、地域差异、垃圾成分和产出量不同等因素的影响，各地对垃圾处理的要求也不一样。判断垃圾收运系统是否科学、合理，应从以下几个方面来评估：

（1）收运系统各个环节的合理配合与衔接。垃圾的收运系统是从其源头开始的，合理的收运系统应该有利于垃圾从各个产生源头向垃圾最终处理场所集中、转移，而且应符合方便、卫生、经济的要求。

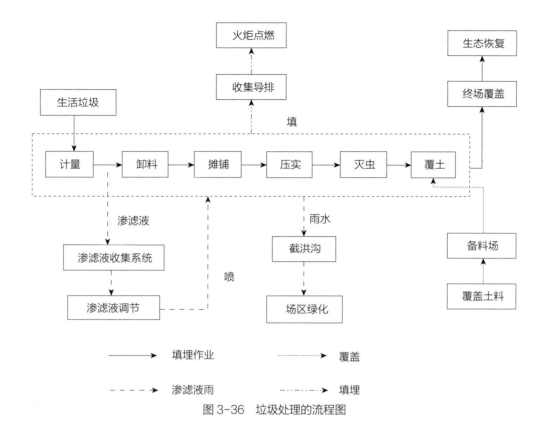

图 3-36 垃圾处理的流程图

（2）对环境的影响。其包括对外部环境和内部环境的影响。应严格控制二次污染、嗅觉影响、噪声影响等系统对外部环境的影响，以及对作业环境、作业人员内部环境的影响。

（3）科技含量。合理的垃圾收运系统应具有较高的机械化、自动化和智能化控制程度，能最大限度地降低劳动强度、改善劳动条件、提高生产力。

（4）经济性。其是衡量收运系统的重要评价指标，用来评价垃圾收运和处理系统是否具有较高的经济效益，成本是否合理，如运输费的衡量。

3.8.5 垃圾处理的价值链

与水务行业一样，垃圾处理行业主要采用使用者付费以及政府补贴方式。收费制度采取单层次或多层次体系。在有些国家，多层次的收费标准取决于土地面积、每户居住人口、住户数量、垃圾容器等多个因素；单层次的收费制度只与某个因素有关，比如可以单收取垃圾容器租用费。价值链下游取决于垃圾处理方式，比如垃圾发电可以通过电力出售。此外，垃圾回收利用工厂可以分离出可再利用的原材料在市场上出售。

价值链上的每个环节有对应的投资机会，价值链上的某些阶段可能由一个或多个运营商承担和实施，见表3-10。

表 3-10 垃圾处理基础设施的价值链及投资机会

价值链要素	投资机会		价值链要素	投资机会
垃圾收集与处理			垃圾循环利用与处置	
产生与分离				
☆ 工业垃圾 ☆ 市政垃圾 ☆ 建筑垃圾 ☆ 拆卸废料	☆ 收集盒 ☆ 分离箱			
收集				
☆ 门对门 ☆ 街道清扫 ☆ 广场保洁	☆ 卡车 ☆ 街道清扫车 ☆ 其他机械装置			
☆ 转运 ☆ 分类 ☆ 聚集 ☆ 预处理	☆ 收集与分类车间相关设施 ☆ 处理站	商业化 ☆ 循环利用产品	☆ 合适的设施	
运输 ☆ 普通运输公司 ☆ 运营商 ☆ 其他	☆ 卡车 ☆ 火车 ☆ 船舶	填埋场及处理、收集填埋场运营、深度处理	填埋场 滤液处理厂 气体处理厂 可循环物品转化厂	
处理				
☆ 垃圾焚烧 ☆ 机械处理/生物处理 ☆ 堆肥 ☆ 后处理 ☆ 特殊处理	☆ 焚烧炉 ☆ 堆肥厂 ☆ 循环利用车间 ☆ 批发供热电厂 ☆ 分离厂及设施	商业化 残留 ☆ 能源 ☆ 电力 ☆ 堆肥	☆ 输送网络及设施 ☆ 相应设施	

垃圾处理涉及的行业比较多,价值链条比较复杂。

3.9 城市防灾系统

6-案例:日本大阪舞洲垃圾焚烧处理厂

城市中灾害的种类很多,包括地震、洪灾、地质灾害、城市火灾和空袭、沙尘暴和雷暴、城市水土流失、酸雨、重大城市事故等。城市自然灾害包括城市气象灾害、城市海洋灾害、城市洪水灾害、城市地质灾害和地震灾害、城市蚁害;城市人为灾害包括战争、火灾、化学灾害、交通事故、传染病、生产事故、环境公害、生物灾害等。城市灾害具有高频度与群发性、强连锁性与高扩张性、高损失性与难恢复性、强区域性的特点。

城市防灾措施可以分为两种,一种为政策性防灾措施,另一种为工程性防灾措施,二者是相互依存、相辅相成的。政策性防灾措施又称为"软措施",是建立在国家和区域防灾政策基础上的，城市总体及城市内各部门的发展计划是政策性防灾措施的主要内容，同时建立和完善相关法律、法规、标准和规范。工程性防灾措施又称为"硬措施"，是在城市防灾政策指导下，建设一系列防灾设施与机构的工作，也包括对各项与防灾工作有关的设施采取的防护工程措施。对城市的防洪堤、消防站、防空洞、医疗急救中心、气象站、地震局等带有测报功能的机构的建设和对建筑的各种抗震加固处理等都属于工程性防灾措施的范畴。我们必须从政策制定和工程设施建设两方面入手，"软硬兼施，双管齐下"，这样才能做好城市防灾工作。

城市综合防灾应包含对各种城市灾害的监测、预报、防护、抗御、救援和灾后恢复重建等内容。注重各灾种防抗系统的彼此协调、统一指挥、共同作用，强调城市防灾的整体性和防灾设施的综合利用。在这一过程中应加强区域减灾和区域防灾协作，合理选择与调整城市建设用地，强化城市防灾设施的建设与运营管理，健全、完善城市综合救护系统。

城市防灾规划是城市规划中为抵御地震、洪水、风灾等自然灾害，保护人类生命财产而采取预防措施的规划的统称，主要包括城市防洪规划、城市防火（消防）规划、城市减轻灾害规划和城市防空规划。

城市防灾规划在硬件方面，布置各种防灾工程设施；在软件方面，拟定城市防灾的各种管理措施和指挥运作系统。总的目的是重点保障生命线系统，即指维持市民生活的电力、煤气、自来水供应等系统的继续运行。编制应急预案，应包括危险源分布、区域人口疏散策略以及各等级避难场所选址等内容。加强对易燃、易爆、剧毒化学药品生产、储存和输送设施的管理，防止出现一种灾害发生时引发多种次生灾害。交通及市政公用设施需地上地下结合，市区内主、次干道均应环状连通、多路输送。建立城市灾害预测和应急报警系统，健全城市防灾机构，并加强对军事设施和城市要害部门的保护。

本章小结

本章对城市基础设施的九大系统进行了简单介绍，主要从系统的定义、内涵及行业结构、价值链要素、运营管理等方面进行了梳理，为研究城市基础设施的运营管理做好基础知识准备。

思考题

1. 调研所在城市的生活垃圾处理状况，并提出可行性建议。
2. 写一篇关于地下空间产权归属方面的论文，借鉴国际的经验做法。

第 4 章

新基建运营管理

学习目标

➢ 深刻理解国家提出新基建的背景和意义。
➢ 掌握新基建的类型和每个类型的关键内容。
➢ 尝试将 PPP 模式应用于新基建的投资、建设、运营。
➢ 理解新基建带来的产业链研究对经济的带动作用。

4.1 新基建内涵

新型基础设施建设也称"新基建",是基础设施建设中的相对概念。以往的基础设施建设,主要指的是铁路、公路、机场、港口、水利建设等建设项目,因此也被称为"铁公基",它们在我国经济发展过程中发挥了重要的基础作用。于是,新型基础设施建设的概念应运而生。2018 年 12 月,在中央经济工作会议上,决策层强调要发挥投资关键作用,加大制造业技术改造和设备更新,加快 5G 商用步伐,加强人工智能、工业互联网、物联网等新型基础设施建设,加大城际交通、物流、市政基础设施等投资力度,补齐农村基础设施和公共服务设施短板,加强自然灾害防治能力建设。由此,"新型基础设施建设"作为一个名词开始出现在国家层面的文件中。

新基建本质上是信息数字化的基础设施,是能支撑传统产业向网络化、数字化、智能化方向发展的信息基础设施,包括新一轮的网络建设,如光纤宽带、物联网等;数据信息相关服务,如数据中心、云计算中心以及信息和网络的安全保障等。

4.2 新基建内容

2020年3月4日，中共中央政治局常务委员会召开会议明确新基建的七大内容，包括：5G基建、特高压、城际高速铁路和城际轨道交通、新能源充电、大数据中心、人工智能和工业互联网，如图4-1所示。同时，提出加快新基建建设进度。

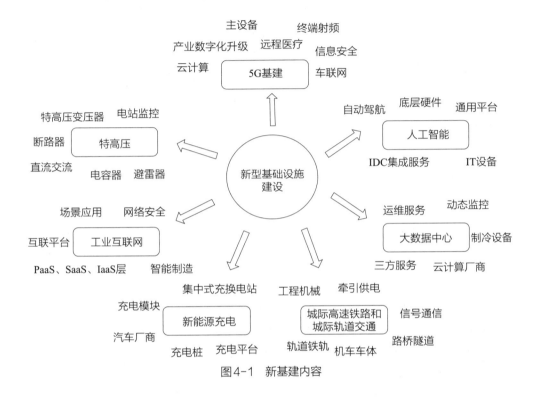

图4-1 新基建内容

4.2.1 5G基建

（1）内涵

5G是第五代蜂窝移动通信技术的简称，是对现有无线接入技术的技术演进以及一些新增的补充性无线接入技术集成后解决方案的总称。在七大领域中5G的地位最为特殊，因为它是其他六大领域建设的先行基础，未来还将为六大领域的运营提供坚实的支撑，它是新基建之首，其基础性作用、战略性地位、对经济和民生的重要性均无与伦比。

1）5G是信息传输载体，实现万物互联，是几乎所有信息技术的应用基础。

2）以5G为核心，形成产业协同，建立产业生态。

3）5G技术及其商用有利于掌握国际竞争话语权。

4）投资金额大，全国共建有389万个4G基站，总投资规模为8000亿，而5G基站投资额约1.5万亿。

截至2021年12月，中国移动电话基站总数达996万个，累计建成并开通5G基站总数为142.5万个，全年新增5G基站数达到65.4万个。

（2）态势

5G网络主要面向增强型移动宽带、大规模物联网、低时延高可靠通信三大应用场景，具有速度更快、连接更多、时延更低、可靠性更高等核心优势。5G更关注应用场景的多元化，强调更好地支持行业应用与万物智联。5G基建基本评价见表4-1。

5G基建基本评价　　　　　　　　　　　　　　　　　　　　　　表4-1

评价指标	具体情况
是否为生产生活基础	是，生产生活基础，将支撑万物互联
是否能拉动经济、带动就业	是，大力促进
政府是否负有提供的权利义务	是，通信公司
投资金额有何特点	大，需要社会资本参与
是否有副作用	暂无

5G不仅意味着更快的数据速度和更大的网络容量，还为连接无限数量的机器开展日常通信提供了基础。我国已经在十几个城市开展了5G试点项目，覆盖人口达1.67亿，使5G真正成为社会信息流动的主动脉、产业转型升级的加速器、数字社会建设的新基石。

5G作为移动通信领域的重大变革点，是当前新基建的领衔领域，此前5G也已经被高层定调为"经济发展的新动能"。不管是从未来承接的产业规模，还是对新兴产业所起的技术作用来看，5G都是最值得期待的。

（3）相关产业链

实际上，我国重点发展的各大新兴产业，如工业互联网、车联网、企业上云、人工智能、远程医疗等均需要以5G作为产业支撑，而5G本身的上下游产业链也非常广泛，甚至直接延伸到了消费领域。5G相关产业链见表4-2。

5G相关产业链　　　　　　　　　　　　　　　　　　　　　　表4-2

	产业链	细分产业链
5G基建	网络规划	小基站、天线、铁塔
	无线主设备及传输设备	基站射频、滤波器
		SDN/NFV
		光纤光缆
		光模块
		光通信设备
	终端设备	终端天线、滤波器
	运营商	终端射频资料

4.2.2 特高压

（1）内涵

特高压指的是 ±800kV 及以上的直流电和 1000kV 及以上交流电的电压等级，是目前世界上最先进的输电技术，具有远距离、大容量、低损耗、少占地的综合优势，它能大大提升我国电网的输送能力，可以实现"电力高速公路"、西电东输，并改善能源结构。

我国是世界上唯一一个将特高压输电项目投入商业运营的国家，早在 1986 年就开始特高压建设。同时，我国特高压建设潜力依然庞大，特高压工程累计线路长度呈逐年增长态势，2019 年累计线路长度为 28352km。在特高压项目工程中，除了基建、线路、铁塔等成本外，站内设备也是重要成本之一。2020 年，国家电网特高压建设项目明确投资 1128 亿元，可带动社会投资 2235 亿元，整体规模近 5000 亿元。站内设备是特高压输电项目的核心。截至 2020 年 3 月，国内有 25 条在运营特高压线路（10 交 15 直）、7 条在建特高压线路（4 交 3 直）以及 7 条待核准特高压线路（5 交 2 直）。另外，国家电网早已启动混改并首次向社会资本开放特高压投资，通过解决资金问题进一步增加特高压持续建设的确定性。

（2）态势

特高压是我国新基建的重点领域。近年来，电网逐步向智慧能源、能源互联网方向转型升级，需要建设特高压作为电网骨干网架，特高压成为电网投资的重要贡献力量。加快发展特高压有利于补齐智慧能源基础设施短板和缓解能源资源供需区域性失衡问题，有利于实现新旧动能转换和助力经济高质量发展。特高压主要定位于我国西南大水电基地、西北大煤电基地等超远距离、超大容量外送输电工程。但是，特高压基本还属于"老基建"范畴，在技术上、经济效益上有一定的争议和担忧。特高压基本评价见表 4-3。

特高压基本评价　　　　　　　　　　　　　　　　表 4-3

评价指标	具体情况
是否为生产生活基础	是
是否能拉动经济、带动就业	是
政府是否负有提供的权利义务	是，电网公司
投资金额有何特点	较大
是否有副作用、争议	有副作用、存在争议

（3）相关产业链

特高压相关产业链见表 4-4。直流特高压的细分产业链中换流阀、换流变、控制保护是关键设备。换流阀可以将交流电力和直流电力互相转换；换流变则可用于长距离直流输电或电网之间联网的电能转换；控制保护是核心二次设备，具有综合调节的作用。交流特高压的细分产业链中组合电器、变压器、抗压器是关键设备。组合电器是将一座变电站除变压器外的一次设备组合成一个整体的高压配电装置；变压器是特高压交流核心设备之一，特高压变压器是1000kV级变压器；抗压器实现对各类过电压的深度控制。

特高压相关产业链　　　　　　　　　　　　表4-4

产业链		细分产业链
特高压	直流特高压	换流阀、控制保护、环流变压器、互感器、直流断路器、高压电抗器、电容器、高压组合、断路器、避雷器
	交流特高压	GIS、特高压变压器、特高压抗压器、550kV组合电器、互感器、断路器隔离开关、电容器、避雷器、变电站

4.2.3　城际高速铁路和城际轨道交通

（1）内涵

高铁是中国技术面向世界的名片，也是中国交通的大动脉；与此同时，在城市化进程中，轨道交通是关键一环。当下，不少重大高铁项目正在紧锣密鼓的建设之中；与此同时，许多城市正式大力推进城市轨道交通建设，即使是轨道交通相对发达的北京、上海、广州、深圳，仍有非常大的缺口。

（2）态势

城际高速铁路和城际轨道交通可以加强城市之间的连接沟通，增强城市内部服务。2020年，为了刺激经济发展，国家提出了新基建的大动作，涉及34万亿的巨额投资，轨道交通成为重要抓手。城际高速铁路和城际轨道交通基本评价见表4-5。

城际高速铁路和城际轨道交通基本评价　　　　　　　　　　表4-5

评价指标	具体情况
是否为生产生活基础	是，生活基础
是否能拉动经济、带动就业	大，已经过验证
政府是否负有提供的权利义务	是，传统
投资金额有何特点	大，7亿元/km
是否过剩	仍有缺口

（3）相关产业链

就产业方向而言，城际高速铁路和城际轨道交通的产业链条也非常长，从原材料、机械到电气设备，再到公用事业和运输服务，它将在推动整个社会发展和交通数字化、智能化方面起到基础性作用。城际高速铁路和城际轨道交通相关产业链见表 4-6。

城际高速铁路和城际轨道交通相关产业链　　　　表 4-6

产业链			细分产业链
城际高速铁路和城际轨道交通	上游	原材料	铁轨、铁路配件、轨道工程
		基础建筑	——工程机械 ——土木工程 ——桥、路、隧道、高架、项目承接等
	中游	机械设备	机车车体、零部件、辅助设备
		电气设备	牵引供电工程、通信、变电站、变压站
	下游	公用事业	城市规划运营
		运输服务	物流、客货运输
		其他	航空、公路、港口

4.2.4　新能源充电

新能源充电目前采用的主要方式是充电桩。

（1）内涵

充电桩其功能类似于加油站里面的加油机，可以固定在地面或墙壁，安装于公共建筑（公共楼宇、商场、公共停车场等）和居民小区停车场或充电站内，可以根据不同的电压等级为各种型号的电动汽车充电。充电桩可以说是新能源汽车的"加油站"。

（2）态势

全球目前的车桩比为 7.5∶1，超快充电桩（功率在 100kW 以上）目前占全球充电桩总量的 8%。截至 2020 年 6 月底，我国各类充电桩保有量达 132.2 万个，其中公共充电桩为 55.8 万个，数量位居全球首位。尽管增长看似非常迅猛，但充电桩的缺口依然很大。根据国家四部委联合印发的《电动汽车充电基础设施发展指南（2015—2020 年）》，到 2020 年，新增集中式充换电站超过 1.2 万座，分散式充电桩超过 480 万个，以满足全国 500 万辆电动汽车充电需求。实际上截至 2020 年 9 月，中国累计建设的充电站达到 4.2 万座，换电站也达到 525 座，各类充电桩达到 142 万个，车桩比约为 3.1∶1。显然，整个领域还有很大的增长空间。

充电桩是汽车行业新格局之"基建"，是一种产业政策。同时，修建充电桩主要是企业行为，政府的责任则主要在于全面统筹规划，行业竞争十分激烈，易建难管。

充电桩基本评价见表 4-7。

充电桩基本评价　　　　　　　　　　　　　　　　　　　　　　表4-7

评价指标	具体情况
是否为生产生活基础	是，生活基础
是否能拉动经济、带动就业	否
政府是否负有提供的权利义务	否，企业行为
投资金额有何特点	一般
是否有副作用、争议	谨防重复建设

（3）相关产业链

完整的充电桩产业链包括充电桩、充电站建设及运营所需设备的生产商、充电运营商、整体解决方案，见表4-8。充电运营商是其中最关键的一环，布局的充电网是一个涉及技术、产品、平台、运营的复杂生态系统。

充电桩相关产业链　　　　　　　　　　　　　　　　　　　　　表4-8

	产业链	细分产业链
充电桩	上游　设备生产商	壳体、底座、插头插座、线缆、充电模块或充电机、其他
	中游　充电运营商	充电桩、充电站、充电平台
	下游　整体解决方案	新能源汽车整车企业

4.2.5 大数据中心

（1）内涵

大数据中心可以说是信息时代海量数据的"诺亚方舟"。

（2）态势

在当今的技术浪潮中，互联网数据中心是最重要的趋势。大数据的迅猛发展极大地拉动了国内数据中心市场。根据市场研究机构Synergy Research的调查数据，全球顶级云计算服务提供商要想在市场竞争中获得成功，每家公司在基础设施方面的支出至少应达到每季度10亿美元的投资水平。而全球数据总量每18个月翻番，数据中心建设会跟不上大数据爆发的步伐。未来几年，国内的云计算和数据中心仍将呈现良好的发展态势。大数据中心应用领域如图4-2所示。

大数据中心基本评价见表4-9。

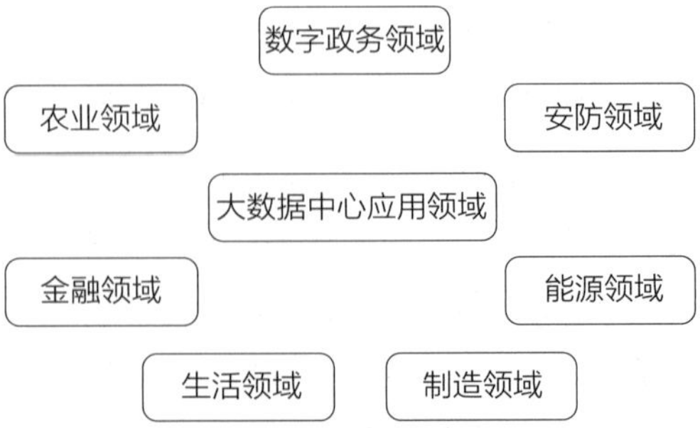

图4-2　大数据中心应用领域（数字政务领域、农业领域、安防领域、大数据中心应用领域、金融领域、能源领域、生活领域、制造领域）

大数据中心基本评价　　　　　　　　　　　　　　　　表 4-9

评价指标	具体情况
是否为生产生活基础	是，数字生产生活基础
是否能拉动经济，带动就业	是，数字经济产业
政府是否负有提供的权利义务	均可，企业数据中心多见，PPP 可见
投资金额有何特点	很大，IT 投资约 4000 亿 / 年
是否有副作用、争议	重复建设

另外，在云计算之外，5G、产业互联网、人工智能等新兴领域的一日千里亦在共同显著推高人类社会对数据中心的需求。随着大型云数据中心的蓬勃发展，数据中心的各个层次建设也更加复杂，客户对建设方案的开放度要求很高，对各类产品的集成需求强烈。在数据中心的各个层次中盘踞着很多专业企业，竞争激烈。

（3）相关产业链

数据中心产品、服务产业链中企业众多，产业链中角色复杂，企业之间既有竞争又有合作；不同环节竞争者众多，能够贯穿数据中心专业体系各层、提供集成服务的企业目前还不是很多，且对企业能力要求较高。大数据中心相关产业链见表 4-10。

大数据中心相关产业链　　　　　　　　　　　　　　　表 4-10

	产业链	细分产业链
大数据中心	基础设施	IT 设备、电源设备、指令设备、油机、动环监控
	IDC 专业服务	IDC 集成服务、IDC 运营维护服务
	云服务商	运营商、云计算厂商、第三方服务商
	应用厂商	互联网行业、金融行业、传统行业（如能源）、软件行业

4.2.6　人工智能

（1）内涵

人工智能的重要性不言而喻，人工智能是一项伟大的技术。从大的层面说，人工智能是引领新一轮科技革命、产业变革、社会变革的战略性技术，正在对经济发展、社会进步、国际政治经济格局等方面产生重大深远的影响。实际上，在国家最高决策层面，人工智能已经受到重点关注。

人工智能被列为新基建的七大领域之一，算法是核心，其基础性地位不容置疑：

1）AI+ 大数据中心 +5G，算法 + 算力 + 传输存储，是数字经济的发动机。

2）技术两大分支：自然语言处理与机器视觉，应用广泛。

3）人工智能的内容包括技术标准、理论体系、服务体系和产业生态链。

值得一提的是，在国家规划中，到2020年我国人工智能总体技术和应用与世界先进水平同步，人工智能产业成为新的重要经济增长点。

（2）评价

科技创新在产业发展中的重要地位毋庸置疑，而作为第四次工业革命的技术基石，人工智能更将为产业升级与经济高效发展注入强大动力，将带来巨大的经济与社会效应。人工智能既可以为传统产业赋能，又能够形成新的市场需求。融合人工智能的产业能够推进社会治理，改善民生，有力推动社会治理的智能化转变。人工智能基本评价见表4-11。

人工智能基本评价　　　　　　　　　　　　表4-11

评价指标	具体情况
是否为生产生活基础	是，更加智能便捷
是否能拉动经济、带动就业	提高效率，对规模影响未知
政府是否负有提供的权利义务	否，企业行为
投资金额有何特点	企业行为
是否有副作用、争议	技术成熟度

（3）相关产业链

从产业发展的角度，人工智能作为新一轮产业变革的核心驱动力，正在释放历次科技革命和产业变革积蓄的巨大能量，持续探索新一代人工智能。人工智能相关产业链见表4-12。

人工智能相关产业链　　　　　　　　　　　　表4-12

	产业链		细分产业链
人工智能	底层硬件	AI芯片	云端训练、云端推理、设备端推理
		视觉传感器	激光雷达、毫米波雷达、监控摄像头、自动架设摄像头、3D体感
	通用AI技术及平台	计算机视觉	人脸识别、语音识别、视觉识别
		云平台/OS/大数据服务	大数据服务、云计算服务、OS、物联网平台

人工智能将重构生产、分配、交换、消费等经济活动各环节，催生新技术、新产品、新产业。

4.2.7 工业互联网

(1) 内涵

工业互联网通过智能机器间的连接并最终将人机连接,结合软件和大数据分析,重构全球工业、激发生产力,让世界更美好、更快速、更安全、更清洁且更经济。工业互联网是智能制造发展的基础,可以提供共性的基础设施和能力:

1) 工业互联网是一种思维范式,一种伟大的、颠覆性的管理模式。

2) 商业模式、思维模式也是一种"基础"。

3) 其是数据驱动下的新型商业模式,产业形态和组织形式都发生了重大变革,为企业经营管理者提供了全新思路和全新挑战。

4) 实现一切业务数据化,一切数据业务化。

(2) 态势

工业互联网作为推进"人—机—物"全面互联的核心被纳入国家重大工程和新型基础设施,是新一代信息技术与制造业深度融合的产物,是国家新型基础设施,也是我国未来经济发展的新动能和重要支撑。当前,中国工业互联网发展已经从概念普及进入实践生根阶段,网络、平台、安全三大体系建设成效显著。

工业互联网在加快我国智能制造步伐、缓解经济下行压力方面发挥着重要作用。基于更高效的数字孪生工业大脑和工业互联网平台,其要实现的是为制造业提供数字化、网络化和智能化的新型能力,助力企业数字化转型和产业升级。

我国已经将工业互联网作为重要基础设施,为工业智能化提供支撑。2012年,"工业互联网"被提出;2017年底,国家出台工业互联网顶层规划;2019年,"工业互联网"被写入《政府工作报告》,自此工业互联网逐渐进入实质性落地阶段。截至2021年12月,有全国影响力的工业互联网平台已经超过150家,接入设备总量超过7600万台套。

工业互联网基本评价见表4-13。

工业互联网基本评价　　　　　　　　　　表4-13

评价指标	具体情况
是否为生产生活基础	是,改变、创造产业形态
是否能拉动经济、带动就业	未知
政府是否负有提供的权利义务	否,企业行为
投资金额有何特点	企业行为
是否有副作用、争议	可行性、信息安全

(3) 相关产业链

近年来,工业互联网与实体经济深度融合已渗透到航空航天、钢铁等多个重点领域，诸多大中小微企业通过工业互联网将海量的设备、数据和应用等"上网上云上平台"。工业为基，互联网助力升级，这是一场全新的革命，也势必会带来更强大的工业文明以及更健全的人类文明。工业互联网相关产业链见表4-14。

工业互联网相关产业链　　　　　表4-14

	产业链		细分产业链
工业互联网	上游	智能硬件	
	中游	工业互联网平台	边缘层（即工业大数据采集过程）、IaaS层（主要解决的是数据存储和云计算，涉及的设备如服务器、存储器等）、PaaS层（提供各种开发和分发应用的解决方案，如虚拟服务器和操作系统）、SaaS层（主要是各种场景应用型方案，如工业APP等）
	下游	应用场景的工业企业	高耗能设备（如炼铁高炉、工业锅炉等设备）、通用动力设备（如柴油发动机、大中型电机、大型空压机等设备）、新能源设备（如风电、光伏等设备）、高价值设备（如工程机械、数控机床、燃气轮机等设备）、仪器仪表等专用设备（如智能水表和智能燃气表等）

国泰君安研究所全球首席经济学家花长春明确指出，新基建发展空间巨大，但不足以撑起稳增长，因为新基建项目在逾17万亿PPP项目库中占的比例很小，不足1000亿元，占比只有0.5%。因此，实际上政府将会以关系国计民生的重大工程等老基建托底复苏，以新基建为主要推手，即"老基建复苏、新基建加力"。

无论如何，在宏观政策、专家观点、产业需求、资本市场等因素的支撑之下，新基建的确在当前呈现一片大好形势。

4.3 新基建的运营

4.3.1 新基建新特点

（1）投入更大、时间更长

相比传统基建，5G、数据中心、工业互联网、人工智能等高新技术产业从投入初始就需要严密的规划统筹和专业的技术研发，从前期开始就需要更为巨大且精准的投入。高新技术研发和应用的周期较长，也决定了新基建投资短期见效慢、持续投资时间长的特点。

（2）项目收益难以准确计算

目前，新基建中5G、数据中心、工业互联网、人工智能、卫星互联网等主要领域的未来市场前景较难预测，很难在建设初期完全规划出全部应用场景，也难以准确计算未来收益。

（3）对国内经济的乘数效应更大

据中国信息通信研究院预测，到2025年，5G建设投资累计将达到1.2万亿元，将带动产业链上下游以及各行业应用投资超过3.5万亿元。相较传统基建，新基建投资的乘数效应更大，对经济的拉动作用更强。

（4）具有广阔的应用前景和较大的市场潜力

从长远来看，新基建代表着未来发展的方向。新基建能够为提升全要素生产率、实现高质量发展提供重要支撑，伴随着消费提档和产业升级，对于发力于科技端的新基建有着必然的需求。新基建大多属于经营性项目，可以激发社会资本参与项目的积极性，民间资本对于新基建也有更强的参与动力，可以通过更少的政府资金来撬动更大规模的民间投资。

（5）对人口流入地区和人口流出地区要有区分，采取不同的政策

对人口流入地区，可以适当扩大基建规模；而对人口流出地区，则要避免因大规模基建造成明显浪费。同时，除了"硬的"新基建之外，还应加强"软的"新基建，包括补齐公共服务短板、加大知识产权保护力度、进一步改善营商环境、加强生态绿色基础产业发展等，甚至更宽泛一点，还包括发展多层次资本市场和建设金融基础设施，建立新激励机制以调动地方政府和企业家的积极性等。

（6）增加经济新动能

5G和人工智能等"硬的"新基建与医疗和社会管理等"软的"新基建，适应了互联网化和数字化的需求，有助于培育壮大疫情中催生出的经济新动能，不用担心未来形成落后的过剩产能。此外，新基建需要更多脑力劳动者，能缓解大学毕业生的就业压力。新基建将成为未来新的经济增长点，企业和企业家应予以高度关注。在疫情防控复工复产任务繁重的背景下，新基建的发力已将其可期的前景嵌在了期待里。

4.3.2 新基建新理念

2020年突如其来的新型冠状病毒肺炎疫情给我国和世界各国的经济造成重创。随后我国相继出台了让利于企业、优化营商环境、构建新基建体系、弥补经济社会发展短板、提振民众信心、回暖经济的政策"组合拳"。对于建筑企业来说，堪称实惠和利好的莫过于新基建了。今年以来，各省市纷纷加大了对新基建项目的资金投入力度，新基建工程开始落地。

（1）新基建与传统基建的变与不变

新基建项目（高铁和城市轨道交通除外），一是发力于科技端，集投资密集型和技术密集型于一身；二是投资额度相对较小；三是投资主体多元化，绝大多数项目以企业投资为主；四是劳动力投入相对较少；五是建设周期短；六是服务覆盖面大，

受益群体广，对百姓日常生活影响大，投资收益快，助推经济社会加快转型升级潜力大。

与传统基建项目相比，新基建主要以信息化、数字化、智能化为主，为用户提供服务时突出智能高效、方便快捷和生态环保。以 5G 通信、人工智能、大数据、云计算等信息技术为特征的新基建，重点为经济发展和社会治理赋能，提供以信息化、数字化为基础的数字信息支撑；以电子和智能化改造等智能化为特征的新基建，重点为传统产业转型升级、集成节约、减人增效、高质量发展提供智能化支撑；以新能源充电和智慧城市等兼有新能源、新材料为特征的新基建，重点弥补城市配套设施建设应用存在的短板，为大力推广应用新材料、新能源、新业态和智慧城市建设提供新动能支撑；城际高速铁路和城际轨道交通等资源节约型、环境友好型新基建，重点是为缓解城市交通和长期存在的长途客运运能紧张状况，为补齐城市交通和长途客运短板、发展高铁经济和增强城市服务功能、推进交通强国战略提供支撑。

（2）把握新基建特点，变"兵团作战"为"分散作战"

除高铁和城市轨道交通工程建设投资金额大、工程体量大、线路里程长，项目工程建设划分的标段类型多，参与建设的队伍多，需要建筑企业集中人力、装备和管理力量，开展"大兵团作战"，绝大多数新基建项目就是一个项目工程的"小不点"。在项目工程建设管理团队配置、劳动力组织和工程机械等生产要素安排以及项目领军团队建设上，与传统项目工程建设存在较大的差异，只有着眼实际、调整思路、以变应变，才能适应新基建带来的新变化。

（3）着眼于长期合作，变"完工走人"为通过服务"淘金"

首先，要充分认识延伸服务链条的重要性，把握深耕市场机遇。新基建项目建设主体要通过规划好长期合作的经营谋略，建立健全后续服务机制，打好后续服务牌，念好为用户排忧解难经，加深双方的理解，增进相互交流。其次，要把建设维修服务队伍纳入参与新基建项目工程建设议事日程。要舍得在维修队伍建设上投放人力和装备，舍得在维修服务上看重责任、花费时间和精力。

4.3.3 新基建的投融资模式

目前我国新基建的投融资仍处于起步阶段，由于新基建具有前期投入多、周期长、收益不确定性大等特征，投融资模式的选择取决于项目投资回报率和风险收益比。投资回报率的高低决定了市场化资金的参与度，风险收益比决定了资金属性是偏债权还是股权。

（1）融合基础设施：专项债 + 社会资金

该类投融资模式主要适用于以智能交通、智慧能源为主的融合基础设施，一方面，由于智能交通、智慧能源等融合基础设施的准公益属性，使其具有低风险和低投资回报率的"双低"特征，较难吸引社会资本的参与。比较好的解决方式是结合政府性资金和市场化资金，比如"专项债+"的模式，使利用资金成本较低。

同时，可通过申请周期短的专项债来吸引更多的社会资本参与其中，可以采用"专项债+银行贷款"或"专项债+PPP"等融资模式。另一方面，智能交通、智慧能源等融合基础设施具有在运营期间能获得稳定现金流的优势，可以获得商业银行的青睐。

（2）信息基础设施：权益类融资工具+债务融资工具

虽然我国目前的5G、人工智能、云计算、工业互联网、物联网、区块链等领域均已经能够提供行业所需的核心要件，具备了较高的技术成熟度。但是，这些信息基础设施类新基建项目具有高风险、高投资回报率、现金流不稳定等特征，更适合风险偏好更高、逐利性更强的市场化资金，尤其是权益类资本。另外，根据项目特点，也可以辅以市场上较为成熟的债务融资工具，如银行贷款、保险资金投资、公司信用债券等。针对新基建项目高风险、高收益、现金流不稳定、质押品较少等特点，权益类融资工具将发挥重要作用，主要包括股权信托计划、产业投资基金、资产证券化及其他创新品种。

（3）创新基础设施：政府引导基金+社会资金

该类投融资模式主要适用于创新基础设施建设，如重大科技、科教、产业技术创新等新基建项目，具有开发周期长、技术更新迭代快、不确定性较大等特征。一般来说，在项目建设初期，需要较多的政府资金支持，可以通过设立政府引导基金来支持此类项目的推进，通过财政补贴和税收优惠等方式给予较大的政策支持。随着技术开发相对成熟、应用场景相对明确，可通过引入产业投资基金来支持技术与产业的融合。在项目建设成熟以后，可根据项目产生的较为稳定的现金流，通过银行贷款、资产证券化、发行债务融资工具等方式来进行融资。同时，考虑技术更新迭代快，可通过首次公开募股、发行公司债券、引入各类资本计划等方式来匹配新基建的融资需求。

此外，新基建细分行业具备深度融合、共同发展的特征，相关技术具备交叉运用、相互赋能、深度融合等特性，且不同生产要素、产业领域和投资周期也将直接影响其投融资工具的选择，这都决定了新基建投融资需要综合运用各类投融资工具。

 本章小结

本章从内涵、内容及运营三个方面介绍了新基建，其是以新发展理念为引领，以技术创新为驱动，以信息网络为基础，面向高质量发展需要，提供数字转型、智能升级、融合创新等服务的基础设施体系。主要内容包括5G基建、特高压、城际高速铁路和城际轨道交通、新能源充电、大数据中心、人工智能和工业互联网，本章分别从内涵、基本评价及相关产业链三个方面详细介绍了这七大内容。关于新基建的运营，则从新基建的特点、如何把握新基建的机遇和新基建投融资模式几个方面进行阐释。

思考题

1. 根据新基建的特点分析七大类新基建中哪些项目更适合市场化运作？
2. 简述新基建与传统基建的关系。

第 5 章

城市基础设施运营
管理机制

学习目标

- 结合市场失灵理论深刻理解城市基础设施管理机制的重要性。
- 结合政府失灵理论理解政府在城市基础设施建设和运营中的角色定位。
- 掌握城市基础设施的运营模式。
- 了解我国目前典型城市的城市基础设施运营模式。

5.1 城市基础设施的管理机制

5.1.1 政府在城市基础设施中的角色定位

基础设施作为物质生产、社会发展、人民生活的基础性公共设施,是人类赖以生存发展的一般物质条件,也是国民经济发展的基石。因此,贯彻落实科学发展观,实现经济社会全面、协调、可持续发展,必须大力加强基础设施建设。在这一过程中,政府要推进自身的职能转变和管理创新,找准自身的角色定位。

从世界各国的情况来看,城市基础设施的供给经历了政府与市场作用的相互替代过程。政府的作用是通过适当的干预克服市场缺陷,让市场机制在基础设施建设中充分发挥作用。基础设施的市场化改革不是放松和弱化政府的管理,而是强化政府的宏观调控管理,弱化政府直接的微观行政干预。

(1) 基础设施的先导性与约束性并存,要求政府在基础设施建设中履行好规划和建设组织职能。由于基础设施的公益性和投资的高风险性,基础设施建设不能完全由市场的"无形之手"去调节，要求政府的"有形之手"发挥作用，一方面坚持规划先行，科学定位城乡发展布局，让基础设施建设适当超前发展；另一方面组织好大规模的基础设施工程建设，依法管理和规范建设市场，确保基础设施工程建设质量，提高基础设施承载能力，努力消除基础设施的瓶颈约束。

（2）基础设施的公益性与经济性并存，要求政府在基础设施建设中履行好供给和理财职能。基础设施是为社会生产和居民生活提供服务的公共产品，具有强烈的公益性。同时，基础设施是可以产生经济效益的资产和资源，具有明显的经济性。公益性与经济性的并存，客观上要求政府在主动当好基础设施"供给者"的同时，代表广大公众管理好基础设施这笔巨大的公共财产，注重资产和资源的开发利用，盘活存量、扩大增量，努力实现资产的保值增值，进而更好地服务基础设施的建设与管理。要用市场手段吸引投资，采取"谁投资、谁受益"的原则，吸纳各类资本投入基础设施领域。要用存量引增量，通过转让基础设施尤其是市政公用设施的经营权、实施市政公用事业特许经营等方式，吸引更多的资金投入。

（3）基础设施的垄断性与民享性并存，要求政府在基础设施建设与运行中履行好监督管理和利益调控职能。基础设施一般都具有内在的不可分割性和一定范围的排他性，如公路和电网就是一个整体，其投资管理只能由一个统一的主体来进行；在特定区域建成了一条公路或铁路，就没有必要再修建同样功能的公路或电网。这种不可分割性和一定范围的排他性使基础设施不可避免地产生了垄断性。这种垄断性虽然有其内在的必然性与经济合理性，但也可能带来副作用。排他性的存在造成正常的市场竞争难以展开，消费者对基础设施及其公共服务没有选择权，即使是价高质低也不能不接受，有的基础设施投资和经营者不需付出多大努力，也可能通过提高价格、降低服务质量获取更多垄断利润。考虑到大部分公共基础设施主要是由国家投资兴建，其排他的垄断经营权是政府赋予或特许的，某些基础设施投资和经营者不顾广大消费者利益，片面追求垄断利益和自身高收入的做法就更显得不公平。为在垄断性和民享性之间取得平衡，让广大人民群众共享发展成果，促进社会和谐发展，就要求政府在基础设施建设与运行中履行好监督管理者和利益调控者的职能，引导人民群众参与基础设施建设和管理。基础设施建设规划的制定，水、电、气等公共服务价格的调整等，都要广泛听取社会各界的意见，不断完善基础设施的建设与经营。

（4）基础设施的专业性与效率性并存，促使政府切实转变政府职能。政府不是万能的，基础设施需要真正专业的公司来建设和运营。政府应做到：一是转变职能，转变各级行政部门的观念。公用事业行政管理部门应按照建立社会主义市场经济体制的要求履行政府职能，其主要职能是宏观调控社会管理和公共服务，做好规划、协调、监督、服务工作，切实加大执法力度和监督管理。二是加快机制创新、提高办事效率。提高效率是机构改革的重要出发点和归属点，而提高行政效率的关键则在机制创新。运用改革的办法、市场经济的办法推进工作，充分发挥中介机构和行业协会的作用，加强行业管理和社会监督。三是运用科技手段，进一步推进政务公开，为企业服务。结合实施电子政务工程，公开办事程序，积极探索并做好网上办公，真正为企业提供良好的办事环境。

5.1.2 城市基础设施的市场化运营机制

由于基础设施投资的公益性质，长久以来，公营方式一直是市场经济国家和计划经济国家普遍采用的方式，即由国家投资建设和经营管理城市基础设施。由于这种由国家垄断经营制度的存在，不免会产生许多问题，但是私人资本的经营可能会对公众的利益造成损害，于是在20世纪70年代以后，不少发达国家为了降低成本，稳定价格，提高城市基础设施产品质量、服务和效率，将外资引入城市基础设施建设，建立了一个多元化、竞争性的有效机制，彻底打开了市场。此外，应该注意的问题是，市场化是对投资主体进行多元化建立，但并不能代表它的国际化、民营化，而是国营、民营、国际三者之间同其他社会资本进行公平竞争的结果。通过政企分离方式，其他民营企业和国有企业的日常经营活动将不再受政府的直接干预，但是它们必须服从政府组织和管理。

城市基础设施开放市场化势在必行。只有市场化，投资主体构造多元化，吸引民间资金广泛化，才有可能解决资金短缺和运营效率问题。国内外实践表明，城市基础设施在市场化过程中存在各种问题，关键是要看政府能否跟上节奏，监管措施是否完善。所以，必须加强和完善我国的政府监管才能使我国在城市基础设施市场化发展的进程中稳步前进。

5.2 城市基础设施运营模式基础研究

城市基础设施运营模式的分类尚没有统一的界定，夏芳晨（2011）将公共资源的运营模式分为公共资源出让模式、公共资源项目投融资运营模式、公共资源置换（替代）模式、政府购买公共服务与产品模式以及公共资源"授权—委托"运营模式，并指出在具体实践时，应充分考虑每个城市公共资源的复杂性和政府运营公共资源的目标差异，可以对几个模式进行综合运用，也可以在基本模式的基础上衍生出其他的模式。吴鸣，陈莹莹（2010）则认为目前城市基础设施的运营模式主要有BOT、TOT、PFI、ABS、PPP等，并对这些模式进行了介绍和比较，旨在为城市基础设施建设提供参考。

很多学者对城市基础设施运营模式中的 PFI、PPP 等模式进行了研究。陈金亮（2008）在其文章中介绍了 PFI 模式的运行框架、PFI 模式具有公共资金最有效利用、政府和企业共担风险、整体外包、长期合同、公开原则及控制机制等五大特点，为促进公用事业的发展，PFI 模式的投资、建设、运营和管理机制是一个较好的途径，但是其适用前提是制定和完善相应的管理办法和配套政策。对于 PPP 模式的研究，Broadbent，Laughlin（2003）指出 PPP 模式是一种采购方法（仅针对基础设施服务而不是基础设施本身），因此 PPP 的应用被视为自由化议程的延伸——如今自由化议程被称为公共部门的"新公共管理"或市场化，PPP 便是这些趋势的一个例证，是不断变化的公共服务市场的例证，因为 PPP 允许有合作伙伴关系的公共部门机构和私营部门机构共同提供公共服务。Kelly（2000）认为 PPP 模式的共同特征因素主要包括：参与者（至少一方为公共机构）、持久且有关联的合作关系、有价值的共享资源、分享与共担责任、连续性。Manning（2002）指出公私合作伙伴关系的管理文化注重以市民或客户为中心，注重结果问责制，注重对各种备选服务交付机制的调查，注重公共机构和私营机构之间为服务交付合同而展开的竞争，符合成本回收和资金最佳使用价值的实现。Stoker（1998）则认为公私合作伙伴关系是广义的政府职能转变的一部分，是寻求新型执政方式的一部分，在这一重新定位过程中，政府从直接服务供应商转变为推动者，借助和通过其他各方协调供应和行动，其重点是任务而不是执行人，是结果而不是投入，政府更多的是掌舵。Linder，Rosenau（2000）认为公私合作伙伴关系是指资助和交付公众所需的服务，其性质不同于私有和公有，而是优于二者中的任意一个，其结构可以避开包含重要利益冲突的极端私有化的不足，也可以解决公共部门因垄断造成的业绩不佳和效率低下等困扰。M.M. Kumaraswamy（2001）分析了政府在 PPP 项目中所担当角色的问题，认为政府的目标是平衡私营机构和公众的利益，政府既要努力通过政策法规营造一个良好的经济环境，使私营机构能够在项目建设和运营中获得应有的回报，也要保证该项目为公众提供优质的服务或产品，保障公众的利益。Darrin Grimsey，Mervyn K.Lewis（2008）对 PPP 合作协议框架的构造、PPP 合作关系中变量的引入及控制、风险管理、各交易阶段的管理和在新兴市场中的应用等众多方面作出详细论述，并进行了一系列案例分析。在国内，鲁庆城详细说明了 PPP 模式的种类与特点，并对 PPP 模式参与主体之间的关系进行了分析，更进一步运用博弈论分析了寻租与管制之间的关系。李秀辉（2002）、李永强（2005）、陈柳钦（2005）、王思齐（2012）等人对于 PPP 模式的融资方式、仲裁机制、风险管理和操作方法进行了具体分析。钱斌华（2012）对智慧城市基础设施的基本内容和特殊经济属性进行了界定，分析了建设智慧城市基础设施的 PPP 模式，结合已有研究，提出运用 PPP 模式建设智慧城市基础设施的三条路径。

5.3 城市基础设施的运营模式

5.3.1 国有公营模式

国有公营模式，即政府投资兴建并拥有基础设施产权，国有企业或准国有部门按商业化原则经营，包括制定明确的经营业绩目标，并赋予相应的管理与财务主权，其中对基础设施的经营性收费遵循抵补成本的原则。这种模式的主要运行特点是：政府投资并拥有产权，实行企业化运作。目前适合于具有纯公共产品性质的自然垄断行业，如自来水、电力和城市道路等。在自然垄断行业，由于投资额大、回收期长，积累了大量的沉淀资本，因而生产经营要有一定规模，由一家或几家企业垄断经营，以减少单位成本，实现效益最大化。对于这些企业，在采用国有经营模式的同时，也必须实行政企分开，以防止自然的经济垄断导致行政垄断。主要做法有：一是实行政府脱钩的体制，并使企业的经营自主权与所有权分离，政府的主要任务是实行价格管制和实施财政补贴，企业的任务是按商业化进行市场运营；二是要实行公司化的企业管理模式，使其具有独立的经济地位，真正成为市场主体；三是引入竞争机制和激励机制，形成一定的内部压力和外部压力。

5.3.2 国有民营模式

国有民营模式，即政府以所有者身份，委托或授予非国有公司全面经营和维护国有基础设施，包括新设施设计、建设、融资、经营、维护等。这种模式的主要运行特点是：政府拥有产权，通过租赁、授权、特许经营来进行经营维护，把某一基础设施项目的设计、建设、融资、经营和维护的责任转给民营企业，使其在特许期内对这一项目拥有所有权和经营权。为了提高城市基础设施的经营效率，对非自然垄断性行业、部分市政公用行业如收费公路、收费路桥等可选择国有民营模式。

5.3.3 私有私营模式

私有私营模式，即针对可以由私营企业提供服务的基础设施，允许私营企业或者以直接投资建设增量设施的方式提供相应的基础设施服务；或者以收购、受让等剥离原来公有股权的方式进入市场，提供竞争性服务。这种模式的主要运行特点是：允许和鼓励私人企业通过直接投资建设或者以受让、收购的方式进入竞争性非公益项目的市场，主要适合于电信、电力、公交等城市基础设施项目建设。这样一方面可以增加城市基础设施产品的供给和服务，为城市基础设施的建设贡献力量；另一方面也可以促进不同经济成分的企业在竞争中共同发展。值得注意的是，在当前竞争机制和法律法规尚不完备的前提下，要加紧制定保护公共利益的规章制度，采用各种行政手段防止损害公共利益的现象发生。

5.3.4 公（政）私（企）合作模式

公私合作模式是近几年在我国使用比较多的一种模式，就是俗称的 PPP 模式。这种模式最早起源于英国等西方国家，20 世纪 70 年代后，随着经济的发展和人民生活水平的提高，对公共基础设施的需求量越来越大，标准越来越高，而政府的财政预算则越来越紧张，建设资金供求矛盾日趋尖锐，西方经济发达国家宏观经济政策的一个重要变化就是对国有企业实行私有化，而作为国有部门的重要领域——公共基础设施项目在私有化过程中首当其冲。20 世纪 70 年代到 80 年代初，发达国家和发展中国家都出现大规模基础设施建设与资金短缺的矛盾。在此背景下，英国政府于 1992 年提出 PFI 概念，此后逐渐发展成熟。PFI 是继 BOT 之后在发达国家得到普遍应用的又一优化和创新的公共项目融资模式。到 2012 年，英国政府在总结 PFI 不足的基础上，颁布了"PPP 新路径"，就是今天的 PPP 模式。关于公私合营模式，我国在 20 世纪 90 年代的一些政府投资项目通过引进外资进行市场化运营，如著名的广西来宾电厂及成都自来水厂等，这些项目目前已经完成转交；2000 年以后直到 2013 年期间我国的城市基础设施项目大都采用传统的政府投资模式，出现了不少问题，随着城市化扩张及政府财政资金短缺以及运营效率低等问题的出现，2014 年中国政府又重新启动了 PPP 模式，目前该模式正在如火如荼地开展中。关于 PPP 模式的应用在本书下面章节中有专门的论述。

5.4 城市基础设施公司类型

根据具体经营目标，基础设施公司可以划分为以下三类：项目公司、运营公司与服务公司。

5.4.1 基础设施项目公司

项目公司也叫特殊目的项目公司（Special Purpose Vehicle，SPV），其经营目标与某个位置、时间以及功能确定的特定项目密切相关。例如，要通过 PPP 模式建设、融资/投资、运营一条从 A 地到 B 地的道路，会专门成立一家项目公司，根据一项为期几年的合同条款进行项目实施和提供服务，在合同期结束后将资产移交给公共部门发起人。公司可能完全由私营部门的股东出资设立，也可能由私营部门与公共部门的股东共同出资设立。典型的第一阶段的投资者包括诸如建筑公司或基础设施运营公司，除获得资本回报率外，它们还希望从其核心业务中获利。尽管不总是这样，但是财务投资者往往在成熟期从战略投资者手中承接部分或全部股权。基础设施资产通常被保留在政府发起人手中，或依据合同条款被移交给公司。

与纯项目公司不同，基础设施运营公司没有必要限定于某个特定时期或地点。基础设施运营公司往往专注于一个或几个基础设施行业，而不仅是某个特定项目或资产。这些纯私营或混合所有制公司自主投资基础设施资产，与使用者建立直接合同关系，依靠自身能力并承担责任，提供全面的基础设施服务，确保通过使用者付费为资产与/或服务提供资金。它们也投资基础设施项目公司。与项目公司不同，运营公司作为永久性经营主体而设立，通常至少拥有一些由其永久负债运营的基础设施资产，因此它们承担绩效风险与需求风险。

5.4.2 私营基础设施运营公司

这类公司脱离于原来属于公共部门的机构，可能是通过首次公开上市（IPO），或者通过公开招标转让现有公司部分（部分私有化）或全部（全面私有化）股权。私有化的驱动力往往需要通过增资升级或扩充公司的现有基础设施资产。引进私营投资者的目的还包括实现更好的组织效率及提高公司运营绩效。在大多数情况下，这些公司在市场上直接与其他同类公司进行竞争。当存在垄断因素时，最低程度上，相关公司要受制于对需要提供服务的规制，并要服从所在市场的政策价格。有一些著名的基础设施运营公司，如电力供应商德国易昂集团与法国电力公司、供水公司威立雅与苏伊士、固废处理公司苏伊士的西塔与瑞曼迪斯、电信公司沃达丰及西班牙电信公司，以及一些全球性的交通基础设施运营商，例如收费道路运营商万喜与阿伯蒂斯、机场运营商航空联盟与法兰克福机场集团、码头运营商马士基与和记黄埔等。

5.4.3 基础设施服务公司

这类公司专注于一个或几个基础设施行业的某项或多项服务，按合同约定收费提供相关服务。典型的有咨询、建设、设施管理与服务提供商，例如德国太恒公司专门提供能源与水使用量的数据服务。在一般情况下，这类公司自身不投资基础设施项目，不提供跨生命周期的基础设施服务，也不承受与基础设施相关的绩效风险或需求风险。然而，其所在领域通常面对较高的竞争压力。基于上面的基础设施定义，本书中的基础设施服务公司不属于"资产类基础设施公司"。有关介绍将其与其他类型的基础设施公司明确划清了界限。

如上所述，任何基础设施投资决策都应当考虑相关公司的类型及其参与具体项目的情况。了解公司涉及的主要基础设施行业也很重要，为此必须熟悉各项基础设施的特点，评估可能面临的特有风险。基础设施项目公司与基础设施运营公司需要长期参与一个项目，往往还要投入巨额初始股本金，这一点尤为重要。基础设施服务公司的重要性要低一些，它们相对容易进入或离开其项目。

5.5 我国典型城市的城市基础设施运营管理模式

5.5.1 上海市基础设施运营管理模式

上海城投公司在城市基础设施项目建设完成并竣工决算后,一般并不将其转为企业的固定资产,而是通过市财政厅和市国资委审核后,直接从企业帐面核销,形成的设施资产交由政府相关管理部门负责维护管理。这种模式是以获得大宗土地整理开发权为前提来进行城市基础设施项目的建设,且大宗土地整理开发收益和政府投入的基础设施项目资本金足以冲抵基础设施资产的核销值。

5.5.2 天津市基础设施运营管理模式

一般来说,由天津城投公司以企业法人的身份对基础设施进行投资和建设,按照企业财会制度,投资建设的所有项目将转为企业自身的固定资产。政府维护管理部门与城投公司之间没有上下隶属关系,资产所有权或维护管理职责无法从城投公司直接移交到政府维护管理部门。即使通过某种方式将这些资产移交过去,由于资产所有权仍属城投公司,政府维护管理部门并不具有资产的处置权、经营权,也不对这些资产承担法律责任。在此情况下,双方都需要以一种委托维护管理形式来明确各自的责、权、利,但由于养护管理经费无法落实,这种委托养护管理协议事实上是难以签订的。

5.5.3 重庆市基础设施运营管理模式

重庆市城投公司的基础设施资产主要是收费体制改革后形成的资产。城投集团在代表政府收购这些资产时,收购方案中便确定了养护管理费用的来源渠道,同时组建了全资的路桥维护公司,对所负责的路桥设施资产自行进行维护管理,资产所有权归重庆城投公司所有。

5.5.4 沈阳市基础设施运营管理模式

沈阳市城投公司的管理模式主要包括项目管理模式和投资监管模式两个方面。城建投资监管中心的职能有:监控资金的拨付与使用、资产核销、测评资产的保值和增值、信息反馈与研究分析。

5.5.5 杭州市基础设施运营管理模式

杭州城投公司作为城市建设投资主体,参与城建专项发展规划和市场重大项目的前期研究论证,参与编制年度城市维护建设计划;承担政府授权范围内全市重大城市建设项目的投融资,对工程项目的组织实施行使出资人权利,并按照项目投资全过程控制管理的要求,引入市场竞争机制,实行工程建设招标投标制度;政府同意授权委托,负责承建国有资产经营管理,保值增值;对政府授权范围内的国有资产进行运作,盘活存量,实现资产的优化配置;经政府授权,负责城市基础设施实施土地一级市场开发经营;受托管理城建专项资金。

5.5.6 其他模式

还有一种操作模式就是将原政府基础设施维护管理部门改制后作为城投公司全资子公司,同时保留其事业单位身份,每年由财政直接将维护管理经费拨入该公司,由其负责城投公司所属的基础设施资产维护管理。目前,武汉、杭州等城市采用此种操作模式。

本章小结

本章主要从城市基础设施建设与运营中的政府角色定位、城市基础设施市场经营机制以及城市基础设施运营模式方面对城市基础设施的管理机制进行了分析,让读者从理论上对城市基础设施管理机制有所了解。

思考题

从国家、地区的角度对城市基础设施运营管理模式进行比较,写一篇5000字的文献综述(至少阅读30篇文献)。

第 6 章

城市基础设施运营管理的投融资模式

学习目标

- 掌握我国城市基础设施建设与运营投融资存在的问题和运营模式。
- 重点掌握 BOT、ABS、RIETs、PPP 的概念和运作方式。
- 掌握 RIETs 的操作流程和交易结构。

6.1 我国城市基础设施运营管理投融资现状及问题

6.1.1 投融资概念

"投融资"包含投资和融资两层含义,投资是指将资金投入可以盈利的活动或项目,即资本的增量运营;融资是指为支付超出现金支付能力的支出而采取的货币交易手段。因此,投融资是资金的投入与融通的总称。虽然投资与融资是两个不同的资金运作概念,但实际操作过程中两者密不可分。

投融资模式是指对于某类具有共同特征的投资项目进行投融资时可供仿效和重复运用的方案,包括投融资主体、融资渠道和融资方式三个基本要素。在投融资过程中,未来的投资收益水平是影响投资决策的关键,所以针对不同收益水平的基础设施,其所适用的投融资模式也各有不同。

6.1.2 我国城市基础设施投融资的特点

我国城市基础设施建设投融资模式变革是以满足资金需求为导向的,因而,各个阶段均具有明显的阶段性特征。当前城市基础设施建设投融资模式主要表现为如下三个特点。

（1）政府在基础设施投融资领域占主导地位

纵观各国的基础设施服务行业，政府都在其中起到主导作用。政府的作用一般表现在如下方面：一是政府对基础设施投资、建设、经营进行统一规划、管理和监督；二是政府重点投资公共物品、准公共物品领域的基础设施服务；三是政府以财政资金保证重点项目的建设；四是政府以税收、产业、补贴政策支持引导民间资本进入基础设施服务领域。但是，无论是美国的市场主导型模式还是德法的政府主导型模式，私人资本在基础设施服务领域都占有重要地位，政府的作用更多的是行政力量弥补市场失灵，政府投资更多地集中于市场力量无法涉及的领域。

我国的经济体制由计划经济转轨而来，基础设施的投融资模式也带有强烈的计划经济特色。其表现主要有如下几方面：首先，政府直接投资占据了城市基础设施服务的大部分。长期以来，我国地方政府一直承担着地方建设的主要责任，在投资方面，政府的财政资金在城市基础设施投资方面一直占据着重要地位。即使近年来，财政资金的占比有所下降，但依然保持极高的占比。第二，政府涉足基础设施建设的各个领域。不同于发达国家的基础设施领域，我国地方政府不仅投资城市道路、绿化等非经营性领域，而且大量的交通、供水、供电等经营性领域也由国有主体投资建设。第三，政府对城市基础设施服务领域进行严格监管。政府不仅通过行政审批严格限制这些基础设施服务领域的进入，同时对于现有的经营企业也设置各种监管措施。

（2）融资渠道主要以银行信贷资金为主

城市建设资金除了政府财政资金以外，最重要的方式是通过负债来解决资金不足的问题，而在负债资金中，又以银行信贷资金为主。

首先，我国的金融市场是典型的以间接融资为主的金融市场，银行体系发达而资本市场等直接融资领域发展较为缓慢。城市基础设施项目缺乏可以直接利用资本市场进行融资的有效途径，只能转而寻求银行信贷资金。其次，基础设施项目融资模式较为单一。我国地方政府不能直接发行债券，缺乏有效的融资途径。金融市场发展缓慢，限制了新型金融工具的使用。BOT等项目融资方式虽然在我国已经得到广泛的应用，但其应用领域主要集中在高速公路等跨区域的大型项目，在城市公共服务领域并未得到广泛应用。

（3）融资平台承担地方政府的融资责任

政府融资平台并非中国独有，美国的"两房"也是政府融资平台的一种。政府融资平台是以市场化的方式运作，用于解决公共服务等问题的政府企业。其目的是为了避免政府机构运作的效率问题，同时方便管理经营的制度安排。然而，政府融资平台在我国却得到了广泛应用。

首先，政府融资平台的作用主要是代替政府进行融资。我国法律规定，地方政府不得直接发行债券；同时，中国人民银行又规定，政府机构不能作为贷款人。政府平台的作用正是以公司的方式绕开法律规定，帮助政府向银行募集贷款，在市场上公开发行债券。其次，政府融资平台具有政府的隐性担保。我国的地方政府融资平台往往集融资、投资、建设、经营于一体，其本身具备一些资质良好的资产，方便其直接在金融市场上进行融资。同时对于其承建的基础设施项目，政府往往通过回购协议等方式确保其现金回流，对于其还款进行隐性担保。

6.1.3 我国城市基础设施投融资存在的问题

我国基础设施投融资模式在改革中不断发展和完善，在各个阶段都为地方基础设施建设发挥了重要作用。然而，随着我国经济的发展以及现代化建设进程的加快，基础设施投融资模式在以下几个方面的问题逐渐凸显。

（1）我国城市基础设施建设发展水平低，资金供给不足，造成严重资金缺口

我国城市基础设施与经济发展水平不相适应的现状源于长期以来投资总量少、投资比例严重偏低。根据世界银行年发展报告的研究和建议，发展中国家城市基础设施建设投资比例一般应维持在同期国内生产总值的3%~5%，或固定资产投资的10%~15%，这样才能确保城市基础设施与经济增长的需求相协调。国外的发展经验也表明，城市基础设施投资占国内生产总值和固定资产投资的比例会随着经济发展程度的提高而有所降低，但仍应保持在一定的水准之上，即使是发达国家其城市基础设施投资占国内生产总值的比例也应在2%以上，占固定资产投资的比例应在6%以上。而我国城市基础设施建设投资远没有达到这一标准。

（2）城市基础设施还没有真正实现投融资主体多元化

我国城市基础设施建设的资金来源除了中央政府和地方政府两级财政资金外，银行贷款是最重要的融资途径，即使在近年来开始采用信托融资方式，其资金主要也是来源于银行信贷资金。由于资本市场发展水平不足，特别是债券市场的发展滞后，严重限制了我国基础设施建设利用资本市场融资，同时限制了一些新型融资工具在资本市场上的发行。

（3）城市基础设施投融资体制以政府行政为主导，行政干预力量过强

我国基础设施建设的投融资主体主要为政府及政府所属的企业，投资领域囊括几乎所有公共设施服务领域。这些领域往往具有由于政府的行政审批或者市场管制，私人资金很难进入的特点。长期发展下来，就形成了我国城市基础设施服务领域政府一家独大、资金利用效率不高、服务供给水平不足的情况。此外，我国长期以来形成了基础设施建设审批制，从项目立项到资金安排都要求上级政府审批，行政干

预力量过强,缺乏足够的市场化机制。

(4) 现行城市基础设施资产管理模式难以实现资产的保值增值

长期以来,城市供水、道路、排水、燃气、供热、公共交通等由不同的政府部门进行建设和管理,具有很强的垄断性,形成了"自我封闭,自我循环"的体制,即垄断设计与施工、垄断经营、排斥竞争,造成城市基础设施建设投入高成本、质量管理低水平、经营管理低效益的局面。同时,城市基础设施缺乏资产经营机制和机构,对于大量的城市基础设施存量资产未能由政府授权和明确权益代表,以企业化的运作模式加以经营和管理,不仅造成城市基础设施资产产权主体不清晰,经营主体模糊,政府投资"只进不出"或"多进少出",而且使得城市基础设施项目在投资权、经营权、收益权方面比较分散,无法利用资本市场开展资本运营、盘活存量资产,实现城市基础设施资产的保值增值。

(5) 政策性收费机制和价格体系尚未形成以市场为导向的价格形成机制

长期以来,城市基础设施行业的价格体系和收费机制具有社会福利性,从而忽视了它们的商业属性,导致城市基础设施行业提供的产品和服务价格不合理,严重影响了城市资源的合理配置。主要表现大部分城市基础设施项目仅靠财政补贴方式维持日常运营,扩大再生产以政府拨款方式实现,导致政府建得越多,背的包袱越重。由于价格偏低,导致社会的过度消费需求,造成资源浪费,进一步加剧了城市基础设施的矛盾。由于缺少投资收益的刺激,难以吸引外部资金的投入,虽然近年来城市基础设施产品和服务的价格调整步伐逐步加快,但由于价格形成机制不合理,难有标本兼治之效。

6.2 我国城市基础设施投融资管理体制的历史沿革

我国城市基础设施建设投融资模式具体到实际的阶段划分,可以分为以下四个阶段。

(1) 20 世纪 80 年代以前

此阶段是在传统的计划经济体制框架下,基本特征是:城市基础设施作为城市固定资产的一部分,被列为城市消费品的领域。国家为单一的投资主体,资金的主要来源为财政拨款,并且将其投资列入财政支出预算。这种单纯依靠政府财政资金的投融资方式,不仅造成基础设施总体建设水平低下,也导致资金使用效率不高。由于投资资金的使用基本是无偿的,因此也可以将这一时期视为有投资而无融资的阶段。

1979 年,基础设施建设投资开始由财政拨款方式向银行贷款方式过渡,国内银行开始试办少量固定资产贷款,预示着基础设施项目的融资渠道开始在向社会资本拓展了。这种模式于 1979 年开始试点,但是这种"拨改贷"只是处于小范围的试点阶段。

（2）20世纪80年代~20世纪90年代初

政府依然作为投资主体，实行财政税收与行政收费并行。国家设立新的税种，如1979年开始增收的城市维护建设税与1988年开始征收的土地使用税等，增收的同时提高了税率，以增加城市的财政收入来实现专款专用。有些城市甚至已经开始尝试提高城市基础设施服务的收费，如提高车票价格、水费、电费等。

1987年，深圳市率先开始以拍卖的方式出让了一块土地使用权，将其所获资金用于城市基础设施建设。这一尝试带来了我国对城市土地产权制度的改革。同时期，各地方还出现利用外资进行城市基础设施建设的情况。例如，有些地方实行的并且后来被大力推广的BOT模式。此外，上海市率先采取自借自还自担保的方式设立"九四专项"，直接到国际金融市场筹资，共筹集外资32亿美元，其中有40%用于城市基础设施建设。但是总体来说，这些形式都还限于小规模试点的阶段，并没有发展壮大。

（3）20世纪90年代中后期~2000年左右

政府地位未发生明显变化，融资渠道仍以财政税收为主，融资、行政收费为辅。这一阶段的主要特点是继续推进投融资体制改革和制度建设，具体包括1994年开始征收城市排水设施使用费及同年成立了国家开发银行。在建立投资风险约束机制方面也有相应的制度，如1996年实行的项目法人责任制与随后1999年实行的工程招标投标制和工程监理制，这些制度都提高了投资决策水平与项目建设质量。

此阶段的另一特点为：将房地产开发与城市基础设施建设相结合，并由开发商来具体承担建设，以解决政府对城市基础设施投资不足的问题。在20世纪90年代初，掀起城市房地产开发热潮，政府利用土地的使用权来与城市基础设施建设进行交换。一些城市的政府把有关的基础设施项目交给房地产开发商建设，其建设投资费用经过折算用地价来抵补，差额资金空白仍由政府负责填补。综合考虑，基础设施大部分的建设资金仍由政府负担。

（4）2000年至今

21世纪以来，随着经济的持续高速发展，我国开始引入建设—移交（BT）、建设—经营—转让（BOT）、资产证券化（ABS）、公私合作（PPP）、溢价回收机制、项目收益债券、基建投资基金等投融资新模式，为城市基础设施建设提供资金支持。2004年，国务院出台关于投资体制改革的决定，各地相继成立基础设施投融资平台，帮助政府突破了举债限制。2005年2月，《国务院关于鼓励支持和引导个体私营等非公有制经济发展的若干意见》（国发〔2005〕3号）强调允许非公有资本进入电力、电信、铁路、民航、石油等垄断行业。2008年，"4万亿经济刺激计划"使地方平台迅速扩张，并在之后几年内成为地方政府开展基础设施建设的主要融资渠道。同期，BT、BOT等投融资方式也逐步兴起。为了满足基础设施及民生领域的发展需求，2015 年国家发展改革委核准有关企业债券申请共计 7166.4 亿元。2014 年 12 月，国家发展改革委、财政部连发 3 份关于 PPP 模式的重磅文件，鼓励社会资本以 PPP 模式参与基础设施建设，掀起了 PPP 投融资浪潮。2018 年 7 月，中共中央政治局会议提出加大基础设施建设领域补短板的力度，意味着基础设施建设进度尤其是西部地区的民生项目建设进一步加快。2020 年 4 月，中国证监会、国家发展改革委联合颁布《关于推进基础设施领域不动产投资信托基金（REITs）试点相关工作的通知》，标志着境内基础设施公募 REITs 试点正式启动，吸纳更多社会资本参与到基础设施投资中，将有助于缓解基础设施建设的资金困境。

6.3 我国城市基础设施建设运营的资金来源

目前，我国城市基础设施建设资金来源主要包括国家预算内资金、银行贷款、债券筹资、城市自筹资金、引进外资、民营资本等。

6.3.1 国家预算内资金

曾在计划经济时代作为最主要资金来源的国家预算内资金，如今在城市基础设施建设中所占的比例已大幅降低。随着计划经济体制向市场经济体制的转变，城市基础设施建设由主要靠政府投资开始向投资多元化转变，国家财政预算内对城市基础设施建设的投资份额逐年减少。尽管城市发行的市政债券将崭露头角，但这部分资金中有一部分也只是对国债资金的分流，且能用于经营性项目的资金不会有太大增加。由此可见，政府对城市基础设施建设的投资已无法满足基础设施建设资金的需求，不能作为主要资金来源。

6.3.2 银行贷款

银行贷款是城市基础设施建设资金的第二大来源。但随着银行经营体制的转变，其运营的商业性越来越浓，对贷款的风险度和盈利性的要求必然日益提高。

6.3.3 债券筹资

债券发行可以满足基础设施建设中对资金规模、资金期限以及资金成本的要求，充分体现了效率的原则。尽管我国城市基础设施建设资金严重短缺，但社会闲散资金却相当充足，扩大城市基础设施建设债券的融资力度具有将闲散资金转化为投资的作用，是吸引民间资本的重要手段。企业应充分利用相关政策，以新修订的《企业债券管理条例》为契机，加大债券发行规模。

6.3.4　城市自筹资金

城市基础设施建设的自筹资金主要是土地批租收益，它曾经是城市自筹的主要资金来源之一。但随着可开发土地的减少，土地开发成本不断上升，且由于批租过程中的暗箱操作，使土地批租净收益不断减少甚至为负值。除此之外，城市自筹资金还包括城市维护建设费、市政公用设施配套费、出租车牌照有偿使用费、排水设施有偿使用费等，但这些资金与城市基础设施建设所需要的巨大投资相比则是杯水车薪。因此，城市自筹资金部分在未来不会成为城市基础设施建设的主要资金来源。

6.3.5　引进外资

合理利用外资来弥补国内建设资金缺口不失为明智之举。近年来，我国已通过利用国外政府和金融机构贷款、与国外企业合资合作、外商直接投资等各种方式在供水、燃气、地铁、道桥、污水处理、垃圾处理等项目中使用了外资。同时，从最初的直接使用国外信贷资金到大量利用外商直接投资等融资方式，利用外资结构也发生了相当大的变化。另外，外资未来涉足城市公用事业的领域也在逐步拓宽，随着我国经济体制和经营模式与国际惯例逐步接轨，外国企业对我国进行直接投资的积极性将逐步增高，因而政府应积极鼓励外资对城市基础设施建设的投入。

6.3.6　民营资本

近年来，放宽城市基础设施投资的限制，吸引民营资本参与城市基础设施建设的呼声越来越高。就城市基础设施投资来说，民营资本有很大的开发空间，也必将成为我国最主要的融资来源之一。

首先，从投入的规模来看，民营企业投资城市基础设施建设具有充足的民间资本。居民的支出结构正发生着变化，投资性支出正在增加，民间资本投资于城市基础设施有很大的空间。经过多年的经济发展，中国的民营企业已经成长壮大，他们当中不乏资本实力雄厚的大企业。

其次，从投入的盈利性来看，民间资本投入城市公用事业蕴含着无限商机。很多城市基础设施属于准公共物品，与纯公共物品不同的是，其所提供的一部分利益是可以通过市场交换获得价值补偿的，而这种价值补偿正对应着民营资本的要求。城市基础设施虽然利润率不高，但产品需求和投资回报相对稳定，受经济周期波动影响小且市场广阔，是投资者较为理想的选择。除此之外，政府为鼓励对城市基础设施建设项目，尤其是对准经营性项目的投资，往往会提供一些优惠政策，如提供建设补偿金、实施特许经营权补偿、减免税收、提供沿线土地综合开发金等，这无疑会成为民营资本的又一收入来源。

再次，从市场准入来看，投资环境的日益完善为民营资本参与城市基础设施投资建设提供了条件。另外，对民营资本准入的领域也在逐步放宽，不再局限于如垃圾处理等有限的投资领域。一些城市已经出台政策，规定城市基础设施项目不再由政府独家建设和经营，允许吸收民间资本和外来资本，实行特许经营制度。

民营资本投资城市基础设施建设的方式可以很灵活，如采取联合、联营、集资、入股等方式进入，通过实行特许经营、盘活存量资产、进行资本置换等方式进入。总之，城市基础设施建设中的资金短缺问题限制了城市化整体水平的提高。放宽对民营资本及外资的投资限制，扩大基础设施的投融资渠道，不仅能极大地缓解财政压力，而且对提高基础设施的运营效率及服务质量都有很好的效果，必将成为城市化进程中的重要推动力量。

6.4 城市基础设施建设与运营的市场化融资方式

项目融资有狭义和广义两层含义。狭义的项目融资仅指融资者向项目提供贷款，而还贷也依赖于项目本身的收益。广义的项目融资还包括其他多种方式，如 BOT、ABS、PPP 等。其中，BOT、ABS、PPP 在我国基础设施领域都已得到应用，并取得了一定的效果。

6.4.1 BOT（Build-Operate-Transfer）融资模式

（1）BOT 投融资模式及其演变形式

BOT 模式，是指某一特定项目由其所在国有关方面授予特许权的投资主体负责投资建设，在一定确切的期限内，该投资主体拥有项目产权并自主负责项目的经营管理，期满回收投资后将项目无偿转交给所在国政府有关单位。其显著特征为"权钱交易，多方受益"。

在我国，"BOT 投融资模式"又被称作"特许权投融资模式"，指国家或地方政府部门通过特许权协议，授予签约方的外商投资企业（包括中外合资、中外合作、外商独资）承担公共性基础设施项目的投融资、建设、运营和维护，在协议规定的特许期限内，项目公司拥有基础设施的所有权，允许向设施使用者收取适当费用，以此回收项目投融资、建设、运营和维护成本并获得合理的回报。待特许期满，项目公司将设施无偿移交给签约方的政府部门。

BOT 作为一种项目融资模式，由两个法律概念演变而来："减让"和"无追索权或有限追索权"融资。根据世界银行的定义，通常所说的 BOT 亦被称为"公共工程特许权"，实际上至少包括以下三种具体的建设方式：

1）BOT（Build-Operate-Transfer），即建设—经营—转让。这是通常采取的方式，私人合伙人或某国际财团自己融资，建设某项基础设施，并在一段时期内经营该设施，然后将其转让给政府部门或其他公共机构。

2）BOOT（Build-Own-Operate-Transfer），即建设—拥有—经营—转让，与BOT方式的不同点在于项目建成后，在规定的期限内，私人合伙人或某国际财团拥有所有权并进行经营，期满后再转交政府。

3）BOO（Build-Own-Operate），即建设—拥有—经营。这种方式是承包商根据政府授予的特许权，建设并经营某项基础设施，但并不将此基础设施移交给公共部门。

以上三种方式一般统称为BOT模式，但由于项目的地点、时间、外部条件、政府的要求及有关规定不同，具体项目又可能有更多不同的名称，且没有一个固定模式。

BOT融资模式问世已有百年历史。发展到今天，根据各国法律和项目的自身特点，又出现了BT、BOTOT等20多种演变方式。严格地说，适用于BOT融资模式的项目不是公共物品，而是准公共物品。准公共物品具有两维性，即在公共物品维度上的非竞争性和在使用量维度上的排他性。由于对使用量实行使用者付费制度，使得私人提供准公共物品成为可能。

（2）BOT模式的运行机制

每个BOT项目都有自身的特点，其实际操作也各不相同。但一般而言，BOT项目都必须经历项目确定和准备、招标投标（含资格预审）、特许权合同谈判及签订、项目公司成立、项目融资合同签订、项目建设、运营和移交等阶段，如图6-1所示。

并不是所有的城市基础设施项目都适合BOT模式，各国政府对可以采用BOT融资模式的项目有明确的规定，这与各个国家的经济发展总体规划以及产业投资导向有着密切的联系。同时，BOT模式本身的特点决定，只有那些具有一定规模、竞

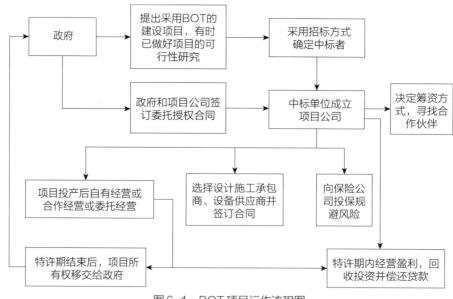

图6-1　BOT项目运作流程图

争性弱和现金流量稳定的项目才适合采用 BOT 模式。

在项目确定后，重要的准备工作就是对项目建设的可行性与必要性进行技术经济可行性研究，并确定项目有关技术参数、项目标书的规范和评标标准等。

BOT 项目一般采用公开招标的方式向国内外招标，其招标投标的实施过程主要包括资格预审、邀请正式招标、投标、评标与决标。

6.4.2 ABS（Asset-Backed-Securities）融资模式

（1）资产证券化的概念及应用

ABS 即以资产为支持的证券化，是指通过一定的结构安排，对资产中的风险与收益要素进行分离与重组，进而转换成在金融市场可以出售和流通的金融产品的过程。在该过程中资产被出售给一个特设目的的信托机构 SPV 或中介机构，然后该机构通过向投资者发行资产支持债券以获取资金，如图 6-2 所示。ABS 的目的在于通过其特有的提高信用等级的方式，使原本信用等级较低的项目照样可以进入国际证券市场，利用该市场信用等级高、债券安全性和流动性高、债券利率低的特点，大幅度降低发行债券、募集资金的成本。

ABS 作为一种项目融资方式，起源于 20 世纪 70 年代初。美洲、欧洲及亚洲等许多国家已推行应用该方式，形成了比较完善的运行机制，中国理论界探讨资产证券化也有近二十年的历史。尽管资产证券化在我国的实践仍处于以个案为主的阶段，但其中也不乏成功案例。

同其他融资方式相比，ABS 可以不受项目原始权益人自身条件的限制，绕开一些客观存在的壁垒，筹集大量资金，具有很强的灵活性，这些特点特别适合城市基础设施投融资。我国大多数城市基础设施建设项目，如高速公路、港口、码头、飞机场、电厂等项目的经济效益都比较好，具有稳定的、可预测的现金流，是优良的

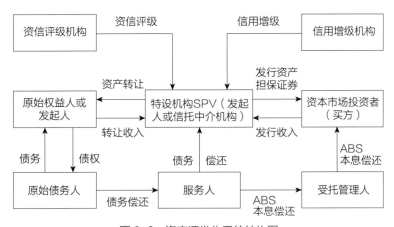

图 6-2 资产证券化系统结构图

证券化资产。而国际证券市场上存在数量可观的证券投资者,这为利用 ABS 进行大规模引进外资提供了机遇。

(2)城市基础设施资产证券化的运作过程

资产证券化的优势在于可以将流动性较差的项目变现,其实质是将项目未来的收益提前变现。我国地方政府掌握大量的地方基础设施,部分设施现金流入稳定、收益较好,但是收回投资周期较长、资金周转较慢。采用资产证券化可以加速周转,为政府融入大量资金。同时,在市场上发布资产支持证券的融资成本也相对较低。

以证券化的方式出售部分资产,降低了城市基础设施产业的融资成本;有利于扩大内需,刺激了国民经济增长,改善地方财政的融资能力,缓解我国目前城市基础设施建设资金仍然紧张的局面;为中西部开发建设、缩小地区间差距提供动力;能在筹集大量资金的同时避免城市基础设施的私营化和外国资本的控制,为中国改善和转变利用外资筹集城市基础设施建设资金提供了新思路,开辟了中国城市基础设施建设项目进入国际市场的新渠道。

资产证券化的过程,首先,由财政部设立一个城市基础设施开发基金,负责融资和信用担保。其次,由政府设立中介机构,这个机构命名为基础设施证券化中心,负责建成基础设施项目的证券化工作,以提高发行资产证券的信用等级。对于那些关系到国计民生需由政府控制的城市基础设施,可以通过基础设施证券化中心取得控股权。那些盈利性好的城市基础设施项目证券化后,很容易出售并获得盈余;而那些盈利性差可能社会效益高的项目可作为不良资产进行证券化,其收益不足以抵补投资的部分由盈利性好的项目盈余和财政补贴来支付。最后,设立一个评估管理中心,负责基础设施项目的可行性分析和在建项目的监督管理工作,以及建成后项目运营的管理协调工作,具体如图 6-3 所示。

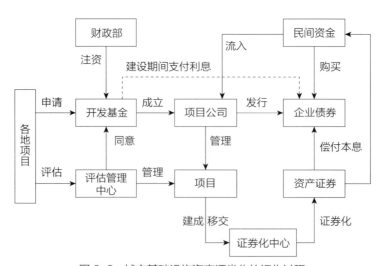

图 6-3 城市基础设施资产证券化的运作过程

在基础设施建设过程中，评估管理中心跟踪项目建设过程并参与管理，帮助解决建设过程中遇到的各种问题，以确保项目按期完工。项目完工后，移交给基础设施证券化中心先进行股权转换，对那些需要由国家绝对控股的项目，控股部分所需资金由国家财政负担，余下的部分出售股权偿还债券本息。

6.4.3　PPP（Public-Private Partnership）融资模式

PPP 模式又可称为"公私合作"融资模式。本书将 PPP 定义为：政府公共部门与私人部门为提供公共物品，满足公共需要，通过契约关系建立起来的风险分担、利益共享的长期合作伙伴关系。它通过私人部门参与公共物品的提供，从而实现政府部门的公共职能。

本节重点对 PPP 模式中的 TOT/ROT 融资模式进行介绍。TOT/ROT 主要是针对存量基础设施的运营而采取的一种 PPP 模式。

（1）盘活基础设施存量资产的提出

针对当前我国已实施 PPP 项目中新建项目多、存量项目少的问题，在深入研究、广泛征求意见的基础上，国家发展改革委印发了《关于加快运用 PPP 模式盘活基础设施存量资产有关工作的通知》（以下简称《通知》），指导地方加快运用 PPP 模式、规范有序盘活基础设施存量资产，形成投资良性循环。

《通知》提出，经过长期投资建设，我国在能源、交通运输、水利、环境保护、农业、林业、重大市政工程等基础设施领域形成了大量优质存量资产。积极推广 PPP 模式，加大存量资产盘活力度、形成良性投资循环，有利于拓宽基础设施建设资金来源，减轻地方政府债务负担；有利于更好地吸引民间资本进入基础设施领域；有利于吸引具有较强运营能力的社会资本，提高基础设施项目运营效率；有利于推进国有企业混合所有制改革；有利于加快补齐基础设施短板，推进供给侧结构性改革。

（2）TOT/ROT 的涵义

TOT/ROT 是英文 Transfer-Operate-Transfer/Rebuilding-Operate-Transfer 的缩写，即移交—经营—移交/扩建—经营—移交。TOT、ROT 模式是国际上较为流行的一种项目融资模式，通常是指政府部门或国有企业将建设好的项目或者需要在原来基础上扩建后的一定期限的产权或经营权有偿转让给投资人，由其进行运营管理；投资人在约定的期限内通过经营收回全部投资并得到合理的回报，双方合约期满之后，投资人再将该项目交还政府部门或原企业的一种融资方式。TOT、ROT 模式的运用一般是为了 BOT 模式的顺利进行，通常情况下，政府会将 TOT/ROT 和 BOT 两个项目打包，一起运作。

（3）TOT/ROT 的相关模式

对拟采用 PPP 模式的存量基础设施项目，根据项目特点和具体情况，可通过转让—运营—移交（TOT）、改建—运营—移交（ROT）、转让—拥有—运营（TOO）、委托运营、股权合作等多种方式，将项目的资产所有权、股权、经营权、收费权等转让给社会资本。

对已经采用 PPP 模式且政府方在项目公司中占有股份的存量基础设施项目，可通过股权转让等方式，将政府方持有的股权部分或全部转让给项目的社会资本方或其他投资人。对在建的基础设施项目，也可积极探索推进 PPP 模式，引入社会资本负责项目的投资、建设、运营和管理，解决项目前期推进困难等问题，更好地吸引社会资本特别是民间资本进入。

（4）运作程序

1）制定 TOT 方案并报批。转让方须先根据国家有关规定编制 TOT 项目建议书，征求行业主管部门同意后，按现行规定报有关部门批准。国有企业或国有基础设施管理人只有获得国有资产管理部门批准或授权后才能采用 TOT 模式。

2）TOT 项目招标。按照国家规定，需要进行招标的项目，须采用招标方式选择 TOT 项目的受让方，其程序与 BOT 模式大体相同，包括招标准备、资格预审、准备招标文件、评标等。

3）特许权协议的谈判和签订。SPV 与投资者洽谈，以达成转让投产运行项目在未来一定期限内全部或部分经营权的协议，并取得资金。

4）转让方利用获得资金。大多数情况下，取得的资金将用以建设新项目。

5）项目期满后，收回转让的项目。转让期满，资产应在无债务、未设定担保、设施状况完好的情况下移交给原转让方。

（5）实施条件

运用 TOT/ROT 模式盘活基础设施存量资产，要在符合国有资产管理相关法律法规制度的前提下，优先推出边界条件明确、商业模式清晰、现金流稳定的优质存量资产，提升社会资本参与的积极性。支持社会资本方创新运营管理模式，充分挖掘项目的商业价值，在确保公共利益的前提下，提高合理投资回报水平。

（6）需要解决的问题

1）项目的资本金问题

虽然我国公司法已经不再强行要求注册资金实缴到位，但《国务院关于调整和完善固定资产投资项目资本金制度的通知》（国发〔2015〕51 号）仍有项目资本金的要求。通过租赁方式进行项目 TOT 操作不属于对新的项目进行投资，可以不执行发展改革委对项目资本金的规定。但为了防止社会资本的道德风险，通过资产证券化把项目风险转移给资产证券化的投资者，对项目审查不认真、对项目经营管理不负责任等问题的出现，仍然要求社会资本方具备一定的实力，有一定的自有资金，以增加其风险意识和承担风险的能力，督促社会资本方在项目初期认真审查项目，在后期项目运营中积极负责的进行项目管理。

2）国有资产评估问题

受让方买断某项资产的全部或部分经营权时，必须进行资产评估，核实和界定国有产权权属和数量。转让资产如果估价过低，会造成国有资产流失；估价过高，则可能影响受让方的积极性和投资热情。因此，要正确处理好资产转让和资产评估的关系。聘请的评估机构应具有相应资质，在评估时最好与转让方和其聘请的融资顾问及时沟通，评估结果应报国有资产管理部门批准。

3）资产转让的法律实现问题

在我国法律中，存在很多法律上并未进行权属登记的"资产"。如公路，在我国公路法中并没有公路权属的规定，有关行业规定中也没有公路权属登记的行政法规，只在《收费公路权益转让办法》中规定："转让收费公路权益的公路、公路附属设施的所有权仍归国家所有"。而其他很多基础设施和公共服务设施，如污水管网、地下管廊等，也都没有资产归属和登记的规定，也就是说在法律上这部分资产是无法进行转让的。

但水厂、污水处理厂、热力厂等基础设施和公共服务设施的土地、厂房、设备是有明确归属的，土地可以是划拨的，有划拨用地使用证；厂房有所有权登记，是完全的权利；设备属于动产，谁采购、谁持有就可以归谁所有,这部分资产需要按《企业国有资产交易监督管理办法》等法律进行转让。

4）债权债务处理

存量资产一般建设年代久远，有的经过多次转让、委托运营等，有些债权债务模糊，在实施TOT等模式时一定要理清债权债务问题。

5）人员分流安置

存量资产转让过程中，人员分流安置是棘手问题，原来模式下的人员是全员接纳还是重新聘用以及他们的五险一金等如何处理，在合同中都要规定清楚，否则后续问题很多，会影响项目的顺利实施。

6.5 城市基础设施不动产信托模式（REITs）

6.5.1 REITs 的概念及分类

（1）REITs 的概念

REITs 全称为 Real Estate Investment Trust，译为"不动产投资信托"或"不动产信托投资基金"，是一种以发行收益凭证的方式汇集投资者的资金，由专业机构进行不动产经营管理，并将其综合收益按比例分配给投资者的一种信托投资基金。REITs 将不特定投资者的闲散资金集中起来，建立专业的投资基金或机构；聘用专业人才进行投资和经营,共享投资收益。REITs 的作用主要有两方面:第一,多元化企业融资渠道,缓解单一融资渠道的资金风险压力,降低银行系统的贷款风险;第二,为民间资本积极参与不动产投资提供了新途径,进一步挖掘了民间资本对关系国计民生支柱性产业的支持性作用。

常规的地产类 REITs 通常以商业地产作为标的资产发行 REITs 进行融资,基建 REITs 则是以基础设施资产作为底层资产发行 REITs。基础设施 REITs 是国际通行的配置资产,具有流动性较高、收益相对稳定、安全性较强等特点,能有效盘活存量资产,填补当前金融产品空白,拓宽社会资本投资渠道,提升直接融资比重,增强资本市场服务实体经济质效。短期看有利于广泛筹集项目资本金,降低债务风险,是稳投资、补短板的有效政策工具;长期看有利于完善储蓄转化投资机制,降低实体经济杠杆,推动基础设施投融资市场化、规范化健康发展。

2020 年 4 月 30 日,中国证监会、国家发展改革委联合颁布《关于推进基础设施领域不动产投资信托基金(REITs)试点相关工作的通知》,标志着境内基础设施公募 REITs 试点正式启动。基础设施公募 REITs 试点将充分吸纳社会资本参与到基础设施投资中,很大程度上有助于解决基础设施投资的资金困境。REITs 的标准运作模式如图 6-4 所示。

7-《关于做好基础设施领域不动产投资信托基金(REITs)试点项目申报工作的通知》

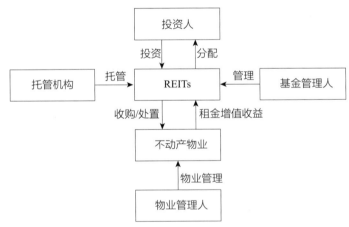

图 6-4　REITs 的标准运作模式

(2)地产类 REITs 模式分类

1)抵押型 REITs、权益型 REITs 和混合型 REITs

REITs 按照募集资金投向的不同可分为抵押型 REITs、权益型 REITs 及混合型 REITs。抵押型 REITs 一般是指企业以所持有的房地产项目为抵押,通过房地产信托基金管理者取得贷款,也可以是房地产信托基金管理者直接在市场上购买已发行的资产支持证券从而为企业提供融资。权益型 REITs 可以通过直接收购并经营房地产项目，也可以通过投资房地产公司从而间接持有房地产项目。混合型 REITs 是上述两种 REITs 的混合，但是基金管理人可能由于偏好的不同或者市场情形发生变化，对抵押型和权益型的混合比例作出相应调整。抵押型 REITs、权益型 REITs 及混合型 REITs 的差异见表 6-1。

抵押型 REITs、权益型 REITs 及混合型 REITs 的差异　　　　表 6-1

	抵押型 REITs	权益型 REITs	混合型 REITs
投资特点	为企业提供直接/间接融资	直接参与物业资产的投资和经营	兼有抵押型投资和权益型投资
标的资产	抵押证券或者债券	物业资产	二者皆有
收入构成	利息及手续费	租金收入及物业资产增值	同时具备抵押型和权益型收入
投资风险	低	高	中
收入影响因素	利率	房地产市场	二者均有
收入稳定性	高	低	中

2）契约型 REITs 和公司型 REITs

REITs 按照组织形式的不同可以分为契约型 REITs 和公司型 REITs。契约型 REITs 是指依据投资人与受托管理人之间签订的契约而设立的房地产投资信托。其一般化流程是：首先，投资者和基金管理公司签订契约，设立契约型 REITs；其次，基金管理公司根据外界房地产投资咨询公司提供的专业意见，对房地产项目进行筛选和投资；最后，基金管理人将所获得的收益分配给投资者。公司型 REITs 是指依法设立的、以房地产项目为主要投资标的的具有独立法人资格的实体。其一般化流程与契约型 REITs 大体相同，两者最主要的区别在于公司型 REITs 在设立时是具有独立法人资格的公司组织形式。契约型 REITs 和公司型 REITs 的组织形式如图 6-5、图 6-6 所示。

3）开放式 REITs 和封闭式 REITs

REITs 按照运作模式的不同可分为开放式 REITs 和封闭式 REITs。开放式 REITs 的特点是在新开发的房地产项目的基础上可以增加凭证发行量，投资者可以在市场上自由交易，具备较高的流动性，类似于开放式证券投资基金。封闭式 REITs 则与之相反，其发行数量是固定的，一般不能进行新股发行，投资者需要在指定市场上进行买卖转让，类似于封闭式证券投资基金。

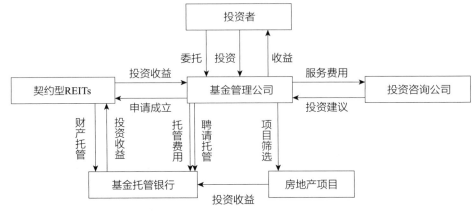

图 6-5 契约型 REITs 的组织形式

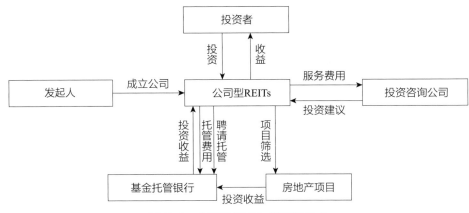

图 6-6 公司型 REITs 的组织形式

4）专属型 REITs 和非专属型 REITs

REITs 按照对资金投向要求的不同可以分为专属型 REITs 和非专属型 REITs。专属型 REITs 是指 REITs 必须将募集资金百分百投资于房地产项目，如中国香港的《房地产投资信托基金守则》要求在联交所上市的 REITs 只能投资于房地产项目。非专属型 REITs 是指 REITs 可以将募集资金部分投资于非房地产项目，如美国上市的 REITs 可在不高于 25% 的范围内投资非房地产项目。

5）私募 REITs 和公募 REITs

REITs 按照基金募集方式的不同可分为私募型 REITs 和公募 REITs。私募型 REITs 的发行对象为特定的合格投资者；公募 REITs 的发行对象为不特定人群。二者的区别在于：第一，发行对象的差异，私募型 REITs 仅面向合格投资者发行，一般是大型投资机构；公募 REITs 的发行对象可以是有投资能力的各种类型的投资者；第二，私募型 REITs 的投资者一般能够对 REITs 的投资运作产生一定影响，而公募 REITs 的投资者则没有这种能力；第三，公募 REITs 相较于私募型 REITs 面临更严格的监管，具体见表 6-2。

公募 REITs 和私募 REITs 的区别 表 6-2

REITs 类型	公募型 REITs	私募型 REITs
投资者构成	社会公众	合格的机构投资者
投资门槛	较低	较高
流动性	较强	较弱
融资规模	较大	较小
发行要求	较为严格	较为宽松

6.5.2 REITs 在我国的发展历程

随着亚洲市场上不动产投资信托基金的发展，中国在区域性的影响下从 2002 年开始涉及房地产信托业务。2005 年，政府发布了相关通知要求加强信托业的风险防控工作，对整个信托业的风险问题进行了合法性规划。2006 年，政府颁布法律对外商投资国内房地产业进行了限制，受此影响国内刚刚兴起的"越秀模式"受到重挫，此举虽然对当时的房地产信托业造成了一定打击，但对整个房地产信托行业的长期规范性发展起到了一定的促进作用。2007 年，央行、建设部等部委先后发布了相关研究报告和管理办法。2008 年，央行发布了《2007 年中国金融市场发展报告》，在报告中央行大力鼓励金融产品创新，并声称有机会推出房地产信托基金（REITs）产品，由央行直接进行宣传，这对于行业发展起到了巨大的促进作用。紧接着 2009 年，央行等 11 个部委成立"REITs 试点管理协调小组"，拟定了完善的 REITs 试点运营计划，计划以纯债型房地产信托投资基金为主，在北京、上海、天津等地开展房地产信托投资基金试点工作，房地产信托行业正式步入正轨。很快在 2010 年，政府出台相关政策开辟公共租赁住房融资渠道，从政府层面开始带头做起了房地产信托基金。2006 年起十几年以来，中国大陆先后发行了包括越秀、中信启航、苏宁云创以及鹏华前海万科等 REITs 产品。其中一些产品在海外上市，部分在大陆上市，还有部分已经公开发行。客观地说，这些产品都不是符合国际标准的 REITs，但毋庸置疑的确给中国 REITs 发展积累了实实在在的经验。2018 年以来，中国房地产投资信托发展进入快速发展阶段，国内发布了大量的首创类型模式。在内地房地产开发过程中，通过一定方法筹集资金来解决公司资金链问题的方式还是很普遍的。然而，这些融资中的大部分是为银行业务提供融资，为开发商提供符合相关监管要求的过桥贷款，融资赞助商通常也是银行、基金和信托，在整合社会资源、降低融资成本、扩大融资规模、风险共担、收益共享以及专业化的房地产投资运营方面都有较大差距。在发展新基建的背景下，为了更好地盘活存量资产，中国证监会、国家发展改革委在 2020 年 4 月联合颁布《关于推进基础设施领域不动产投资信托基金（REITs）试点相关工作的通知》，标志着中国基础设施公募 REITs 制度与市场建设正式拉开帷幕。REITs 在我国的发展历程见表 6-3。

REITs 在我国的发展历程　　　　　　　　　　　　　　　表 6-3

时间	事件
2002	我国开展信托业务后开始逐步涉及房地产信托业务
2003	我国香港地区正式公布《房地产投资信托基金守则》
2005	原中国银监会颁布《加强信托投资公司部分业务风险提示的通知》（银监办发〔2005〕212号）对房地产信托发行门槛进行了严格规定。我国香港地区宣布修订后的《房地产投资信托基金守则》，撤销中国香港REITs投资海外房地产的限制。我国香港证券市场上内地的越秀投资成功发行了越秀REITs，成为我国第一只真正意义上的房地产信托投资基金。商务部首次明确提出"开放国内REITs融资渠道"的建议
2006	凯德商用中国信托（CRCT）在新加坡交易所成功上市。中国内地资产首次在新加坡市场发行REITs
2007	央行发布《2007年中国金融市场发展报告》，明确表示要充分利用金融市场存在的创新空间，在未来一段时间内可以择机推出REITs产品
2008	国务院先后发布文件"金融国九条"和"金融三十条"，明确指出通过房地产投资基金等多种形式开展REITs试点，扩宽企业融资渠道。国务院层面文件首次明确要求开展REITs试点
2009	央行联合原中国银监会、证监会等11个部委成立"REITs试点管理协调小组"，详细制定了试点实施方案。随后数月，在北京、上海、天津开展试点工作，并均选择了债权性REITs
2010	住房和城乡建设部等七部门联合发布《关于加快发展公共租赁住房的指导意见》（建保〔2010〕87号），鼓励金融机构探索运用保险资金、信托资金、房地产信托投资基金等公共租赁住房融资渠道
2012	天津天房集团以保障性住房为基础资产，以ABN为载体，成功发行银行间市场首单REITs产品
2013	广发地产指数基金作为国内首只美国房地产指数基金开盘；开元酒店地产基金作为内地首只上市的酒店地产基金成功在我国香港上市
2014	根据住房和城乡建设部和有关部门的部署和要求，北京、上海、广州、深圳四个特大型城市先行开展REITs发行和交易试点工作。国内首只REITs产品——中信启航专项资产管理计划获得监管层批准，并首次尝试在交易所流通，3年后公募上市。央行《关于进一步做好住房金融服务工作的通知》中，提出积极稳妥开展REITs试点工作。中国苏宁云商集团股份有限公司的中信华夏苏宁云创资产支持专项计划于2015年2月正式在深圳证券交易所综合协议交易平台挂牌转让
2015	住房和城乡建设部发布《关于加快培育和发展住房租赁市场的指导意见》（建房〔2015〕4号），积极推进房地产投资信托基金试点。国内首只公募REITs基金——鹏华前海万科REITs于2015年6月8日获得中国证监会批准，并于10月8日在深圳证券交易所正式上市
2016	中国证监会、国家发展改革委联合颁布《关于推进传统基础设施领域政府和社会资本合作（PPP）项目资产证券化相关工作的通知》（改发投资〔2016〕2698号），首次提出要"共同推动REITs发展""推进符合条件的PPP项目通过资产证券化方式实现市场化融资"
2017	国内首单长租公寓REITs正式获准发行，拟发行金融为2.7亿元；10月23日，国内首单央企租赁住房REITs、首单储架发行REITs——中联前海开源—保利地产租赁住房一号资产支持专项计划获得上海证券交易所审议通过

续表

时间	事件
2018	中共中央发布《关于支持河北雄安新区全面深化改革和扩大开放的指导意见》，明确提出支持雄安新区创新投融资机制，发行REITs等金融创新产品
2019	沪杭甬徽杭高速公路类REITs成功发行并在上海证券交易所挂牌转让，这是国内首单基础设施类REITs产品，为交通类基础设施行业发行REITs奠定了基础
2020	2020年4月30日，中国证监会、国家发展改革委联合颁布《关于推进基础设施领域不动产投资信托基金（REITs）试点相关工作的通知》，同时发布《公开募集基础设施证券投资基金指引（试行）》公开征求意见，标志着中国公募REITs制度与市场建设正式拉开帷幕

6.5.3 推进基础设施REITs发展的必要性

相比于其他盘活存量的方式，REITs更具特点，包括权益性、公募和标准化。这些特点PPP、ABS都不完全具备，PPP、ABS可能各自只具有其中某一方面的特点，但是将这三点共同集合到一起的只有REITs。通过发行基础设施REITs盘活资产，将收回的资金用于新的基础设施补短板项目建设，从而形成良好的投资循环。基础设施REITs资金循环如图6-7所示。

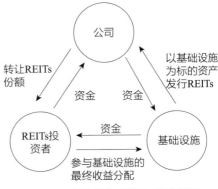

图6-7 基础设施REITs资金循环

（1）基础设施REITs有利于防范债务风险、降低企业杠杆

对地方政府来说，基础设施REITs有利于盘活公共资源、降低负债水平。对广大从事基础设施建设、运营的企业来说，其有利于实现轻资产运营、降低财务风险。目前很多企业在做轻资产运营，如果想要实现轻资产运营，必须要有制度和金融的创新。如果没有这些创新，资产只是在企业之间进行简单的物理转换，从一个企业转到另一个企业。只有通过金融产品创新和制度创新引入更广大的投资者，把资产分散化，才能真正实现整体的轻资产、降杠杆的目的。

（2）基础设施REITs有利于落实中央部署、推动重大战略实施

近年来，党中央国务院推出一系列重大战略，如粤港澳大湾区、雄安新区等，每一个地方都要承担新的历史使命。要加强新发展，重要的就是要进一步提升基础设施建设的质量和水平。如粤港澳大湾区现有的基础设施在很多方面仍然相对落后，建设任务非常重；再如雄安新区，其基础比较薄弱，但要为中国的城市发展树立一个标杆，所以其城市规划标准非常高，毋庸置疑这都需要大量的资金投入。但是资金投入不能走传统的老路，必须走出一条新的基础设施投融资的路。

（3）基础设施REITs有利于提高股权融资比例，促进中国的资本市场发展

真正降杠杆需要改变国家资本市场的融资结构。如果资本结构不改变，可能实现局部的降杠杆，但宏观和整体的杠杆很难降低。我国直接融资占比低于15%，其中股权类的比例更低，这样的融资结构下要建设、要发展，又要控制杠杆的难度非常大。REITs作为一种重要的直接融资工具，发行基础设施REITs能够有效缓解直接融资占比过低的问题。另外，基础设施REITs有利于吸引更广泛的社会资金投入基础设施建设，为保险资金、社保基金等机构投资者提供长期稳定的投资标的，同时有利于丰富广大老百姓投资的产品品种。

（4）推动基础设施REITs有利于引入专业机构、提高综合效率

基础设施长期以来市场化程度相对偏低、专业化程度不高，管理较粗放、效率不高，很多基础设施项目收益不够。一方面跟基础设施本身的特点有关，另一方面也跟管理水平和管理能力有很大关系。如果通过基础设施REITs吸引更专业的市场机构来主导项目的投资和运营，将有利于用市场化的方式提高项目的投资建设和运营管理效率。

6.5.4 基础设施公募REITs的交易结构

（1）基础设施公募REITs的核心交易结构

基础设施REITs产品是以"公募基金+资产支持证券+项目公司"（图6-8）的模式存在，且受到《中华人民共和国证券法》《中华人民共和国证券投资基金法》等法规的监管，其成立也需要得到中国证监会的批准。在"公募+ABS（资产支持专项计划）"的整体架构中，目标资产、公募基金管理人和ABS管理人在同一控制人下

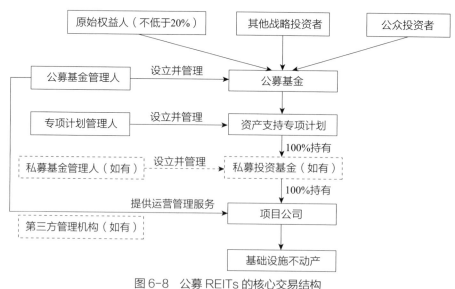

图6-8 公募REITs的核心交易结构

（图片来源：中国REITs论坛）

或有利于 REITs 实现。其基本逻辑为由资产所有人（资产原始权益人）将底层资产与运营剥离开，将底层资产成立项目公司（SPV），由私募基金产品持有项目公司股权，公募基金投资人通过全部或者部分持有 ABS 份额，从而达到持有私募基金产品份额，进而控制底层资产项目公司股权，并通过私募基金产品来确保公募基金投资人每年稳定的现金分红回报。

基于上述结构，整个公募 REITs 的产品架构是由公募基金、ABS 资产支持计划、私募基金、项目公司以及项目公司所持有的基础不动产资产的运营管理权五层结构构成。其中对于置入公募 REITs 的重点项目，要求权属清晰，没有法律瑕疵和历史问题。根据试点政策，公募 REITs 要求底层项目资产有高比例的经营现金流和高比例的收益分配安排。

该产品未来将利好资产管理能力较强的企业，因此其推出有利于重资产行业的资产负债压力得到释放，专注地进行新项目建设和已有项目及新建项目的运营，更有利于运营企业集中精力更好地提升资产运营管理能力。

（2）类 REITs+PPP 模式交易结构

目前我国市场上发行的 REITs 产品均符合国际标准化 REITs 的基本要求，这类 REITs 产品被称为类 REITs。类 REITs 产品和 REITs 产品存在许多不同之处，在 6.5.5 节中将进行详细介绍。

该结构通过 REITs 持有人设立资产支持专项计划，由计划管理人考察并选取合适的 PPP 项目，采用"股+债"的投资方式将资金注入 PPP 项目公司。由于以信托方式发展契约型 REITs 面临的法律障碍最小，因此在该模式中 REITs 持有人设立的资产支持专项计划通过契约型私募基金设立 SPV 公司收购 PPP 项目公司股权，从而间接控制 PPP 项目资产，并通过信托机构发放委托贷款，将募集资金双向投入融资主体。投资者通过持有 SPV 公司的股权获取股利和委托信托机构发放贷款获得利息收入，退出时收回本金和出售项目公司股权，从而在 PPP 项目中盈利。类 REITs+PPP 模式交易结构如图 6-9 所示。

（3）公募 REITs+PPP 模式交易结构

在公募 REITs 的应用中，最常见的方式是通过设立公司型主体直接控股 PPP 项目公司，但我国相关法律制度尚不成熟，税收、监管等问题仍亟待解决，公司型 REITs 与我国国情的契合度还有待提升，据此研究了契约型公募 REITs+PPP 模式交易结构。

《中华人民共和国证券投资基金法》中规定，公募基金仅用于投资上市交易的股票、债券以及证券监督管理机构规定的部分证券，不能直接投资非上市公司的股权，因此需通过资产证券化（ABS）的方式将公募资金注入 PPP 项目中。

优先级投资人设立 REITs 公募基金，公募 REITs 一方面通过将资产支持专项计划在证券交易所上市公开募集资金,另一方面以私募基金购入的 PPP 项目资产为支持,发行可交易的证券,即将 PPP 项目资产证券化(ABS),并以公开募集的资金购入证券,由此实现公募基金对 PPP 项目的投资。分级分配是指将所发行的资产支持证券划分为优先级和劣后级,在分配收益时优先满足优先级资产支持证券,剩余收益再分配给劣后级证券,或为优先级资产支持证券提供更高利率。一般由基金持有人主动认购劣后级资产支持证券,其他投资人则划分到优先级资产支持证券,从而为投资人提供信用支持。下设私募基金会通过"股 + 债"的模式将资金注入项目公司。公募 REITs+PPP 模式交易结构如图 6-10 所示。

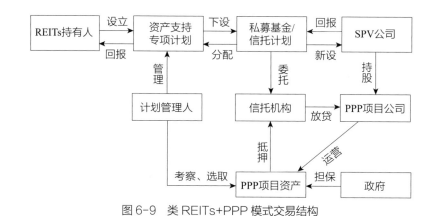

图 6-9 类 REITs+PPP 模式交易结构

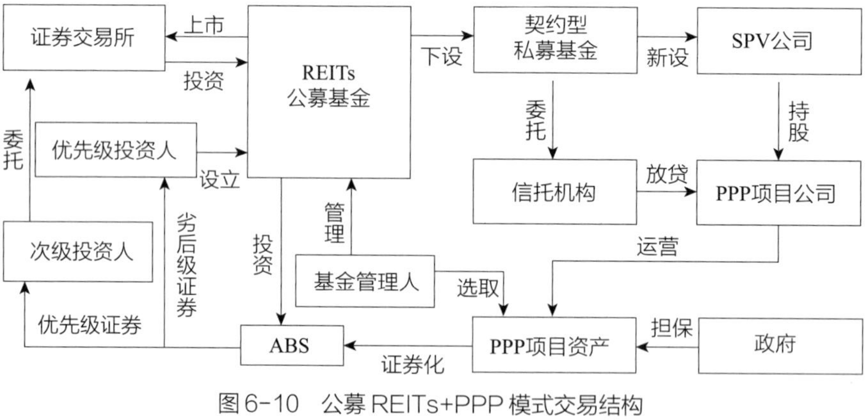

图 6-10 公募 REITs+PPP 模式交易结构

6.5.5 基础设施公募 REITs 运作模式对比

目前,国内基础设施 REITs 还是一种不成熟、初级的金融产品,对于未来正式 REITs 进入中国,我国也在借鉴国际通行做法,以保障产品的顺利发展。在 2020 年发布的《公开募集基础设施证券投资基金指引(试行)》中,我国基础设施试点 REITs 在募集方式、投资范围、管理方式、收益分配、杠杆率和产品退出方式方面均借鉴了我国香港地区和国外的成熟做法。具体内容见表 6-4。

基础设施公募 REITs 和中国香港地区及国外成熟 REITs 运作模式的对比　　表 6-4

比较项目	基础设施公募 REITs	中国香港	新加坡	美国
募集形式	公募，1000 人以上	主要为公募，无投资者限制	主要为公募，若上市，至少 25% 的 REITs 资产由超过 500 名投资者持有	主要为公募，最低 100 名股东，前五大股东持股合计不超 50%
管理方式	对底层资产有实际控制权，主动管理	对底层资产有实际控制权，主动管理	对底层资产有实际控制权，主动管理	对底层资产有实际控制权，主动管理
投资范围	基础设施	只投资于房地产项目	75% 以上投资地产或地产相关资产	75% 资产为房地产或现金等价物
收益分配	不低于基金年度可供分配利润的 90%	净运营收入的 90% 以上	应税收入 90% 以上	税前收入 90% 以上
杠杆率	借款总额不得超过基金资产的 20%	不得高于总资产的 45%	单层杠杆比例限制为存量资产的 45%	暂无限制
产品退出方式	证券交易	证券交易	证券交易	证券交易

6.5.6　适合基础设施 REITs 的项目特点和领域

（1）适合基础设施 REITs 的项目特点

发行 REITs 的基础设施项目至少应满足以下四个条件：

1）项目合法合规。REITs 相当于项目的上市，对规范性要求很高。项目应权属清晰、手续齐全，并通过竣工验收；发起人和基础设施运营企业应信用稳健，内控制度健全，具有持续经营能力。

2）产权清晰，能够合法的转让。无论是项目公司的股权还是收费权、特许经营权等，只有能够清晰地转移到 REITs 产品中才可以发行。目前，由于收费权和特许经营权在现实中受到很多限制，比如有的项目特许经营权多少年内不许转让。因此，以项目公司股权为底层资产转让面临的障碍可能会小一些。

3）现金流稳定。项目具有成熟的经营模式和市场化运营能力，经营时间在三年以上，已能产生持续稳定的收益和现金流；投资回报良好，有较好的增长潜力。此外，项目的收益水平要与市场的回报要求基本匹配，基础设施运营企业还应具有较强的运营管理能力。

4）原始权益人要具有发行意愿。原始权益人如果不想发行，再好的资产也发行不了。很多国企、央企，尤其是做了大量 PPP 项目的企业，为防范企业风险、降低资产负债率，发行 REITs 的意愿较高。

（2）适合基础设施 REITs 的项目领域

适合发行 REITs 的六大具体领域包括：

1）铁路、收费公路、港口等交通设施。交通设施投资规模大、收益稳定，发行REITs的潜力大。比如，东部地区某高速公路项目资产估值超过20亿元，未来剩余经营年限中年均净运营收入增长率预计最高可超过15%，较适合发行REITs。

2）供水、供热、供气等市政设施。这一类项目具有很强的排他性，意味着市场竞争很小，收益比较稳定，现金流很明确。此外，使用者付费项目也比较适合发行REITs产品。

3）电力、石油、天然气等能源领域，尤其是新型能源设施。该类项目效益好、收益率较高且稳定，也属于国家重点支持的领域。比如，某海上钻井平台日租金高达20万美元，年收入可达7000多万美元，这样的项目如果发行REITs会很容易吸引到投资者。

4）一些园区开发和物流仓储的基础设施项目。这类项目具有资产成熟、权属清晰的特点，也是比较理想的REITs底层资产。比如，某仓储物业均位于一线城市，成熟运营多年，出租率达到99%，估值超过50亿元，从首年开始现金收益率可超过4.5%。

5）污水垃圾处理、固体废物治理等生态环保领域。该领域与供水、供热有相似的特点，排他性比较强、收益比较明确清晰。

6）科技园区和科技设施。科技设施有一定的公共性和外部性，属于新型基础设施，其中一部分项目也符合REITs发行要求。

6.5.7　基础设施公募基金底层资产的估值方法

国际通行的三种常见的估值方法为：①收益法，也称为折现现金流法；②市场法；③成本法，也称为净资产调整法。

一般的，在开展估值之前，项目组会从标的相关特点出发，确定一种最为适当的估值方法作为主要估值方法，同时选取至少一种作为辅助方法，以交叉比对估值结果。具体来说，各估值法的主要方法论和适用性如下。

收益法的主要方法论和适用性如下：①适用于在建及运营期的底层资产估值；②体现资产/企业全生命周期的现金流；③可适用于仍处于成长阶段的资产/企业估值；④可以反映预期的重大资本投资需求，如扩充产能、追加投资等；⑤可体现未来可分配现金流以及不同层级的债权、股权收益。

市场法的主要方法论和适用性如下：①以同行业、同类型企业和类似交易作为参考基准；②选取适用的收益基础（如EBITDA倍数等）或综合采用行业适用的比率（如电力行业可以参考企业价值/装机容量）；③需要综合考虑交易信息披露的局限性、可比性（如地域和主营业务）以及主观判断因素的影响。

成本法的主要方法论和适用性如下：对于基础设施行业而言，成本法更适用于处于规划初期/发展早期的项目公司，可基于曾经投入的成本对其价值进行分析。

考虑到基础设施 REITs 底层资产的显著特点，收益法通常可以作为一种主要的估值方法进行基础设施资产的估值，即通过建立项目全生命周期财务预测（周期维度），以项目未来现金流作为计算的基础（现金流维度），识别如收入、成本等核心的价值驱动因素（市场化维度），通过确定适当的折现率（风险维度），对底层资产进行折现现金流计算，从而得出初步的估值结论。此外，我们也可以选取市场法对项目进行估值，即通过检索、获取公开披露的可比公司、可比交易的信息并进行深入分析，得出市场法估值区间，并与收益法估值结论进行交叉比对。为了能更好地展示收益法在基础设施估值中的应用，选取某收费高速公路项目作为范例，进一步阐释采用收益法进行基础设施底层资产估值的主要步骤、核心价值驱动因素、折现率选取和注意事项。

【例 6-1】收益法在某收费高速公路项目中的应用

（1）折现现金流的步骤

1）识别现金流中的主要要素，一般包括收入、运营维护成本、大小修支出、资本性支出、折旧及摊销、净营运资金变动、税务支出等。

2）分析目标公司在过去 3~5 年的运营情况，尤其是现金流中主要要素的历史表现。

3）对各项现金流的主要要素进行收集、分析并预测未来变化趋势。

4）计算未来现金流收入并折现。

（2）核心价值驱动因素

1）收入端的要素（如车流量/里程数、收费单价等）

通常来说，车流量分析可以综合参考项目前期的可行性研究报告，结合已经运营年度的历史车流量和里程数，对标分析未来车流量的预测。此外，还需要分析地区和城市发展的宏观趋势、可替代交通方式（如高铁和飞机）的发展和建设规划等，这些因素也会对未来车流量的变化产生重大影响。

高速路的收费通常由当地交通部门来定价，但是随着市场化的推进，收费单价也具有一定的灵活性和调整空间。为了综合反映不同维度要素不确定性的影响，我们可以进行不同情景的排列组合，生成高、中、低不同假设场景下的价值区间。

车流量 × 收费单价 × 里程数 × 收费比例 = 高速公路收费收入

2）成本端的要素（如运营维护成本、营运资金、资本性开支等）

高速公路的成本端主要需考虑日常养护和运营维护成本，以及潜在的大型维修、翻新，甚至由于技术更新或改造产生的资本性开支等。管理层在进行成本预测时，要综合考虑实际高速公路的运营维护养护历史成本、未来的运营、维护计划和执行方案（如是否部分服务外包），并对可以预见的大型资本性开支进行必要的储备金计提。此外，应收、应付账款等的营运资金也需要予以关注。举例来说，收入结算系统的周转天数、成本开支的周期和资金占用等，都会对现金流分配产生一定的影响。

3）资产端的价值提升

与其他基础设施资产类似，高速公路资产通常具有低风险、资产本身内在价值的提升空间较为有限的特点。但是，提高经营效率可以成为实现项目本身内在价值增长的重要驱动力，例如，采用电子设备和新技术提高车辆通行的效率，减少运维养护对车流量的负影响，改善车辆通行的用户体验，提供潜在增值服务等。

4）股权端的价值提升

REITs架构可视为股权性质的基础设施资产交易，因此可以通过投融资结构的设计、筹划和优化债务结构，达到提升股权端价值的目的。举例来说，随着基础设施项目进入运营期，项目风险相比建设期显著降低，从而为再融资、降低融资成本提供可能性。此外，由于基础设施项目普遍是重资产类企业，账面大额的非付现成本（折旧与摊销）会导致会计利润限制股利现金的分配，因此出现账面沉淀大量资金的情况。该种情况下，可考虑设置股东贷款，以股东贷款还本付息的形式实现现金回流，从而"盘活"沉淀的资金。当然，最终投融资结构的调整需要综合考虑原始特许权协议或PPP合同条款的约定，以及原始债务人的合理要求等。

（3）折现率选取

采用收益法进行资产估值，折现率是非常重要的一个参数，也往往是估值实践操作过程中关注的焦点之一。未来现金流量的折现率不仅应当反映现金流的时间价值，也应当反映与企业未来业务经营相关的风险。最普遍被采用的折现率为加权平均资本成本（WACC），其反映了相对于实际融资结构而言的最佳融资结构，并将最佳结构的折现率应用于非杠杆式的现金流量，即企业自由现金流，可计算得出企业价值（也称为"公司价值"）。与企业价值相对应的，如果考虑了杠杆对现金流的影响，即在股权自由现金流层面进行折现分析，在选取折现率时通常可参考资本资产定价模型（CAPM），从而计算得到权益资本成本，并作为折现率进行折现。

（4）其他事项

在对基础设施底层资产进行估值和投资回报分析时，还需额外关注行业特殊的会计和税务要求。根据《企业会计准则解释2号》特许权会计处理的要求，项目公司对于所提供的建造服务或者将基础设施建造发包给其他方的，如果收费金额能够确定，且收取对价的权利构成一项无条件收取现金的权利，则确认为金融资产；反之，经营期间内有权利向获取服务的对象收取费用，但收费金额不确定的则确认为无形资产。金融资产一般是以摊余成本计量的方式，逐步减少金融资产金额，而无形资产则通过逐步摊销完成结转。

在资产剥离环节、重组环节可能产生一定的税负，因此资产或者股权转让架构不同的设计方案可能带来不同的税务筹划空间。另外，在项目存续期内，基础设施底层资产适用的纳税要求也将进一步影响项目现金流和权益人的投资回报率。

6.5.8 REITs 的融资风险

除了一些不可抗力因素之外，境内 REITS 投资所涉及的风险主要可以分为宏观经济风险、政治与政策风险、基础资产与财务风险、发起机构风险、交易与产品设计相关风险以及其他风险。境内的 REITS 由于部分证券具有较强的固定收益特性以及含权特征，因此除关注 REITS 常规风险以外，还应根据产品具体情况关注其发起机构相关风险以及交易与产品设计的相关风险。

（1）宏观经济风险

宏观经济风险又可以分为利润风险、市场风险。其中利润风险是国内 REITS 投资所面临的重要风险之一，市场利率会随着宏观经济环境的变化而波动，同时 REITS 证券价格也会受到利率波动的综合影响，其主要体现在证券定价、财务压力和盈利能力等方面。市场风险是指以商业物业等房地产作为底层资产 REITS 的盈利能力和价值体系在一定程度上会受到市场供需关系的影响。

（2）政治与政策风险

其中，政治风险是 REITS 在跨国投资时必须考虑的风险，REITS 应当选择政治局面稳定的经济体进行投资。同时，REITS 的良好运营也要求其投资物业所处环境具有较高的经济发展水平和完善的产权制度。房地产政策风险是影响房地产板块业绩表现的重要因素，它是关系到一个国家和地区经济发展的重要支柱行业，其发展通常受到政府的高度重视。它面临的政策风险包括底层物业所在地政府出台的涉及传统房地产行业的政策所带来的延伸发展，也包括上市所在地政府对于 REITS 的架构、财务杠杆、税收待遇等方面的政策所带来的直接影响。

（3）基础资产与财务风险

基础资产与财务风险又主要分为产权与法规风险、财务风险、现金流与估值风险等。基础资产所囊括的底层物业是 REITS 价值的基础与经营现金流的来源，其运行稳定性及盈利表现直接决定了 REITS 的业绩与竞争力，是影响 REITS 投资最重要的风险因素。关于产权与法规风险，无论是在境外 REITS 还是境内 REITS，其都是 REITS 对所投资资产行使所有权或抵押权等物权的基础。为了有效提高证券分红水平，国内REITS引入允许范围内的财务杠杆准则。与一般公司金融相同，REITS的财务杠杆也是一把双刃剑，但必须严格按照惯例资产负债比例，使其保持在一个合理的范围之内，并对利率的走势和债务期安排进行精准把握，反之会导致流动性破产或者清算。

（4）发起机构风险

REITS从发起机构资产转出至机构收购底层物业资产后，实现了与发起机构资产转出的隔离。但在实际操作过程中，特别是国内的REITS，由于发起机构通常可以对基础资产实施一定的控制与管理，同时发起机构也可能是REITS的重要投资或基石投资者，所以如果出现财务危机或者经营失败，就可能对REITS的经营造成或多或少的影响和损失。发起机构的风险主要体现在发起机构自身的财务风险。一旦自身出现财务危机或者丧失持续经营能力和再融资能力，就会对REITS资产支持证券的按期足额兑付造成不利影响。

（5）交易与产品设计相关风险

交易环节风险分析的核心在于判断较为复杂的产权交易流程是否存在法规或者商务领域的不确定性。而产品设计环节风险分析的核心在于研究整体产品结构及条款的设计，及是否能实现投资者期望。具体包括预计久期、收益保障或者增信程度等方面的效果。另外产品设计风险还包括由于产品设计瑕疵，导致底层物业与项目公司的资金被挪用，或者与发起机构混同，致使投资者利益受到损失，这都需要进行收付款账户的有效设计、监管等。

（6）其他风险

其他风险主要是针对境内REITS以资产证券化作为业务通道所引入的。与资产证券化有关风险相比，它包含了两种风险：计划管理人和私募基金管理人风险以及再投资风险。日常运作以外，专项计划管理人和私募基金管理人原则上不会直接影响REITS资产支持证券的运营，但其在很大程度上会影响REITS所获得的底层运营现金流向资产，达到支付预期收益或本金的安全性和及时性效果。再投资风险是指REITS资产支持证券持有的基础物业通过处置或者抵押贷款提前偿还，从而影响投资者所持有证券的期限和收益，因此这都会导致再投资风险的发生。

从REITS创立到运营环节，都会面临不可预计的风险，需要科学的理论研究与实践的支持。

6.6 城市基础设施投融资方式改革与对策

改革开放以来，中国城市基础设施建设投入加大，城市功能不断完善，城市面貌大大改观。但是目前中国城镇数量多、规模小，城市化水平不高，城市基础设施人均水平仍比较低。因此为促进城市建设与经济建设协调发展，必须加快城市基础设施建设投融资方式的改革。

6.6.1 城市基础设施投融资方式改革

加大城市基础设施建设的融资体制改革力度，多渠道筹集城市基础设施建设资金，可以考虑从以下几个方面入手：

（1）逐步建立健全由地方政府投入、城市基础设施有偿使用或有偿服务、市政公用事业合理计价、吸引社会资金和引进外资等多渠道、多元化的融资体制。

（2）各地应组建城市建设投资公司，作为本级城市建设的投资主体和国有资产的经营者，依法进行城市基础设施资金的筹集，承担债权债务，承担国有资产保值增值责任。

（3）对已建成的城市基础设施的经营权、股权，经批准可以进行出让、转让。出让、转让的范围和形式由各地政府自行决定。

（4）城市维护建设资金必须足额征收，专项用于城市维护建设，不得随意减免、坐支、截留和挪用。各级城建、财政、审计部门要管好用好这项资金，定期进行监督审计。

（5）城市基础设施建设要按照城市总体规划和经济社会发展计划进行，对项目布局、资源配置、经济合理性和技术先进性等进行严格论证和选择，补充和完善项目库，做到建设一批项目、储备一批项目，保持合理的在建规模。

（6）利用外资形式由单一的贷款方式向中外合资、项目融资等多种形式发展。随着我国基础设施领域管制的放松，外资利用已走过了单纯利用外国政府、世界银行、亚洲开发银行以及国外商业银行贷款的阶段。以合资、合作方式直接投资我国基础设施建设的国外资金呈上升趋势。此外，国外资金也开始以项目融资模式进入我国的基础设施领域。

6.6.2 城市基础设施投融资对策

城市基础设施建设要依靠市场、走向市场，通过政府投入、市场筹措"两条腿走路"的办法，建立和完善政府投入和市场补充相结合的融资体制，加快城市基础设施建设进程。

（1）积极开拓融资渠道，保证城市基础设施建设资金的需求

这是由我国城市基础设施建设资金不足的现实和城市基础设施的重要性决定的。政府在总体上要积极拓宽城市基础设施建设的融资渠道，给予基础设施建设不同的投融资方式以可行的制度和法律保障，在财政收入的支出上要主动向城市基础设施建设倾斜。

（2）进行融资成本比较

基础设施建设的融资方式较多，在能够满足资金需求的前提下，则应当对城市基础设施建设的融资成本进行慎重比较。政府作为城市基础设施建设的组织者，对融资成本进行研究是必要的，并应针对具体项目，通过方案比较选择融资成本低的可行方案。

（3）逐步改变城市基础设施的融资结构

目前，公有制仍在城市基础设施的产权结构中占主导地位。城市基础设施的资本结构中民营资本的比例应当逐渐增加。民营资本在城市基础设施建设中的比例逐渐扩大，一方面有利于缓解城市基础设施建设过分依赖国家的局面，另一方面也有利于打破城市基础设施建设国家垄断经营的局面，形成适度、有序竞争的局面，提高城市基础设施建设和运营的效率。

（4）平衡城市基础设施建设融资的短期和长期效果

以城市维护建设税和城市机动财力进行城市基础设施建设无需支付利息和红利，贷款、发行债券、股票等融资形式可以在短期内筹集大量的建设资金，但是在以后的经营中必须支付各种资金成本。城市基础设施建设融资必须要平衡短期内筹足建设资金和长期支付资金之间的矛盾，做到既保证城市基础设施的建设，又维持其运营、财务上的稳定。

本章小结

本章首先介绍了城市基础设施项目融资的特点、问题及发展历程；接着介绍了主要资金来源及市场化融资模式，包括PPP、BOT等，着重从分类、发展及适用状况等几个方面描述了逐渐兴起的城市基础设施不动产信托模式；最后介绍了底层资产的估值方法，包括收益法、成本法和市场法，并为基础设施融资问题提出了一些建议。

思考题

1. 我国城市基础设施投融资面临哪些问题，怎么改进？
2. PPP、BOT、REITs等融资模式应用于城市基础设施建设都有哪些优缺点？
3. PPP项目资产实施RIETs有哪些难点？
4. 进行公募REITs底层资产的评估与选择研究，撰写一篇2000字的文献综述。

第 7 章

PPP 模式在城市基础设施运营管理中的应用

学习目标

➢ 掌握PPP模式的定义和特征。
➢ 重点掌握PPP模式的运作方式。
➢ 掌握PPP模式的操作流程和交易结构。
➢ 重点掌握PPP的物有所值评价和财政承受能力评价。
➢ 根据项目可行性研究报告作出PPP的"两评一案"。

【引例】会发财的亨利

被誉为管理学之父的德鲁克在《旁观者》一书中,描画了一系列思维活跃、富有个性的"会发财的人"。现摘编一则。

如果有人问亨利伯伯的职业,他会说:"我是个小贩。"这可是他肺腑之言,他最爱的莫过于交易。亨利伯伯最引以为豪的"交易"便是——"亨利伯伯纪念喷泉"。

他定居的城市在20世纪20年代曾和一个有名的法国雕塑家签约,建造一个美丽的喷泉。之后,遭到经济大萧条的冲击,市政府付不出喷泉的款项。亨利伯伯因此提出由他来付费、捐赠的构想,条件是必须取名为亨利·伯恩海姆伯伯纪念喷泉,上面加上镌刻:"本城是亨利·伯恩海姆伯伯挚爱的第二家乡,在此谨向他致敬。"

> 在喷泉完成后,他依约享有两年的控制权。只见他在这座喷泉上盖上大帐篷,并要求每个来参观的人付 25 美分的门票,不过持票入场者可以在伯恩海姆百货店享受购物折扣,以 20 美元的商品为上限。他在该区大做广告,还为乡下地方的民众准备了特别的火车进城参观。到了他该把这个喷泉还给市政府时,门票收入已超过他原来捐献的金额。
>
> 思考题:请预习本章后将引例的交易结构画出来,并加以解释。

7.1 PPP 模式的定义及特征

7.1.1 定义

PPP 模式(Public-Private Partnership)即公私合作制,在国内也叫"政企合作制",是政府和企业(包含国有企业和私营企业等)之间为提供公共产品和服务、基于具体项目的合作融资模式,适用于具有长期稳定收益的基础设施项目建设。

目前,对于 PPP 没有统一的概念与定义。联合国开发署(UNDP)将其定义为:PPP 是指政府、盈利性企业和非盈利性企业基于某个项目而形成的项目合作关系,通过这种合作关系,合作各方可以达到比预期单独行动更有利的结果。合作各方参与某个项目时,政府不是把项目的责任全部转移给私营部门,而是由参与合作的各方共同承担责任和融资风险。

在我国,PPP 模式被重新应用到城市基础设施建设与运营领域时,政府各大部委从不同角度和侧重点提出各自的定义。摘录如下:

政府和社会资本合作模式是公共服务供给机制的重大创新,即政府采取竞争性方式择优选择具有投资、运营管理能力的社会资本,双方按照平等协商原则订立合同,明确责任权利关系,由社会资本提供公共服务,政府依据公共服务绩效评价结果向社会资本支付相应对价,保证社会资本获得合理收益。——《关于在公共服务领域推广政府和社会资本合作模式指导意见的通知》(国办发〔2014〕76 号)

PPP 模式(政府和社会资本合作模式)是指政府为增强公共产品和服务供给能力、提高供给效率,通过特许经营、购买服务、股权合作等方式,与社会资本建立的利益共享、风险分担及长期合作关系。——《关于开展政府和社会资本合作的指导意见》(发改投〔2014〕2724 号)

政府和社会资本合作模式是在基础设施及公共服务领域建立的一种长期合作关系。通常模式是由社会资本承担设计、建设、运营、维护基础设施的大部分工作,并通过"使用者付费"及必要的"政府付费"获得合理投资回报;政府部门负责基础设施及公共服务价格和质量监管,以保证公共利益最大化。——《关于推广运用政府和社会资本合作模式有关问题的通知》(财金〔2014〕76 号)

7.1.2 特征

以上对于 PPP 定义的侧重点不同，但是都体现了 PPP 模式的共同特征。PPP 模式具有四大基本特征，即伙伴关系、长期合作、风险分担和利益共享。

（1）伙伴关系

伙伴关系是指在 PPP 模式中政府部门与私人部门之间是合作的关系，这是该模式的第一大特征，也是所要面对的首要问题。伙伴关系是项目成功的基本保障，只有伙伴关系才有可能充分发挥政府公共部门与私人部门所具有的优势，取长补短，优化资源配置，提升社会福利水平，实现共赢。

到目前为止，所有成功的项目都是建立在伙伴关系这个基础之上的。政府部门与私人部门之间之所以能合作建立伙伴关系，就是因为存在共同的目标：以最少的资源，来实现最多的产品和服务。但是，仅是目标一致并不足以维持伙伴关系的长久与发展，还需要通过契约来实现风险分担和利益共享。

（2）长期合作

《财政部关于进一步做好政府和社会资本合作项目示范工作的通知》（财金〔2015〕57号）第二条第六款规定，PPP 示范项目"原则上不低于 10 年"。《基础设施和公共事业特许经营管理办法》第六条规定，PPP 项目的合作期限"最长不超过 30 年"。合作期限在 10~30 年，有人戏称"PPP 模式是一次婚姻而不是一场婚礼"，主要原因：一是由财务分析决定的。因为 PPP 项目主要是提供公共产品或服务，如果是使用者付费的经营性项目，要考虑使用者的支付意愿和支付能力，价格不能太高；如果是政府付费的公益性项目，要考虑政府的财政承受力。二是由全过程集成决定的。如果合作期限太短，不利于设计、建设、运营的全过程集成优化、减少协调界面和提高效率，不利于设施的长期质量和性能，不利于降低项目全生命周期的成本和提高服务水平，甚至有可能造成社会资本短期投机行为。三是由倒逼地方政府完善信用和管理制度决定的。如果合作期限太短，政府付费项目就变成了 BT 或拉长版 BT，不利于政府转变职能。

（3）风险分担

风险分担意味着在项目中，政府公共部门与私人部门之间需要合理分担项目风险，而不是尽可能让自己所承受的风险最小，这是 PPP 模式的第二大特征，也是伙伴关系得以存在和维持的基础之一。

风险分担是 PPP 模式区别于政府部门与私人部门其他交易形式的显著标志。以政府购买商品为例，之所以这一交易形式不能称之为公私合作伙伴关系，就是因为在这一过程中，双方并没有共同分担风险，而是都在尽可能回避风险，使自身所承受的风险最小化。而在 PPP 模式中，双方会合理分配风险，都会尽可能去承受自身优势方面的风险，而让对方在这些方面所承受的风险尽可能小。具体来说，政府主要承担政策、法律等宏观层面的风险，而私人部门则是承担日常营运、管理等微观层面的风险。

（4）利益共享

通过 PPP 模式，合作各方可以达到与其单独行动相比更为有利的结果。私营部门的投资目标是寻求既能够还贷又有投资回报的项目，政府的社会经济目标是通过投资给社会带来最大的经济效益，PPP 模式正是这两者的最佳结合形式。

利益共享是指在 PPP 模式中，政府公共部门与私人部门在共享项目所带来的社会成果的同时，让参与的民营企业、民营机构等私人部门也能取得相对平稳的投资回报。PPP 模式中公共部门与私人部门之间的利益共享并不是利润共享。在项目中，政府部门需要对私人部门的利润进行严格控制，防止其获得超额利润。这是因为，项目提供的是公共产品和服务，满足的是社会的公共需要，具有明显的社会公益性，社会福利最大化是其追求的目标，而不是利润最大化。

7.2 PPP 模式在城市基础设施运营管理中的作用

（1）PPP 模式可以提高城市基础设施的运行效率，实现物有所值

PPP 项目依靠利益共享、风险共担的伙伴关系，可以有效降低项目的整体成本。在公共部门独立开展项目时，项目的整体成本由以下几个部分构成：项目建设成本、运营成本、维修和翻新成本、管理成本以及留存的风险。在 PPP 模式下，项目建设成本、运营成本、维修和翻新成本以及私营机构的融资成本统称为 PPP 合同约定成本。由于私营机构在建设施工、技术、运营管理等方面的相对优势得以充分发挥，PPP 合同约定成本会小于公共部门独立开展项目时的相应成本。另外，由于 PPP 项目需要协调更多参与方的利益，项目管理成本（包括公共部门对项目监管、为项目提供准备工作和支持等产生的成本）会略高于公共部门独立开展项目的成本。在风险留存方面，由于不同的风险分配给管理该类风险具有相对优势的参与方，因此项目的总体风险状况得到明显改善。各项成本的变化以及风险水平的降低形成了 PPP 项目的优势，即所谓的"物有所值"部分。

（2）PPP 模式有助于增加基础设施项目的投资资金来源

在 PPP 模式下，项目融资更多地由私营机构完成，从而缓解了公共部门增加预算、扩张债务的压力，因此公共部门可以开展更多、更大规模的基础设施建设。在政府因财政紧缩或信用降低而无法进行大规模融资时，PPP 模式可以为政府提供表外融资。

PPP 模式下，政府不仅可以节省基础设施的初期建设投资支出，还可以锁定项目运行费用支出，一方面降低短期筹集大量资金的财务压力，另一方面提高预算的

可控性,这两个方面都有利于政府进一步扩大对基础设施的投入。

PPP 的这一优势对现阶段的国内地方政府意义重大,通过推广 PPP 模式,可以化解地方政府性债务风险。运用转让—运营—移交(TOT)、改建—运营—移交(ROT)等方式,将融资平台公司存量基础设施与公共服务项目转型为 PPP 项目,引入社会资本参与改造和运营,将政府性债务转换为非政府性债务,可以减轻地方政府的债务压力。

(3)PPP 模式可平滑公共部门的财务稳健性

一方面,由于政府将部分项目责任和风险转移给了私营机构,项目超预算、延期或在运营中遇到各种困难而导致的或由财政负债增加的风险被有效隔离。另一方面,由于 PPP 模式下的项目融资在整个项目合同期间是有保障的,且不受周期性的政府预算调整的影响,这种确定性可以提高整个项目生命周期投资计划的确定性和效率,提高公共部门的财务稳健性。此外,PPP 项目的性质决定了项目需求所产生的风险相对较低,项目的未来收入比较确定,提高了社会资本的财务稳健性。

(4)PPP 模式可使基础设施/公共服务的服务品质得到改善

一方面,参与 PPP 项目的私营机构通常在相关领域积累了丰富的经验和技术,私营机构在特定的绩效考核机制下有能力提高服务质量。另一方面,在 PPP 模式下,私营机构的收入和项目质量挂钩,如在政府付费项目中,政府会根据项目不可用的程度,或未达到事先约定的绩效标准而扣减实际付款(付款金额在项目开始时约定);在使用者付费项目中,使用者的需求和项目的质量正相关,这就使私营机构有足够的动力不断提高服务质量。如果设施或服务由公共部门单独提供,由于其缺乏相关的项目经验,且由于其在服务提供和监督过程中既当"运动员"又当"裁判员",绩效监控难以落到实处。

(5)PPP 模式有助于公共部门/私营机构实现长远规划

在传统政府模式下,一个项目会被分包成很多子项目,由不同的参与者执行,这些参与者之间通常并没有紧密的合作。在 PPP 模式下,由于项目的设计、建设和运营通常都由同一个联合体执行,虽然联合体也由不同的参与者构成,但各个参与者需要为同一个目标和利益工作,项目的不同参与者之间可以得到充分整合,实现良好的协同。此外,由于项目的收益涉及整个生命周期,在利益驱动下,私营机构将基于更长远的考虑,选择最合适的技术,实现设施长期价值的最大化和成本的最小化。而在传统政府模式下,则更多的是基于短期财政压力、政策导向和预算限制来考虑。图 7-1 为二者之间的对比。

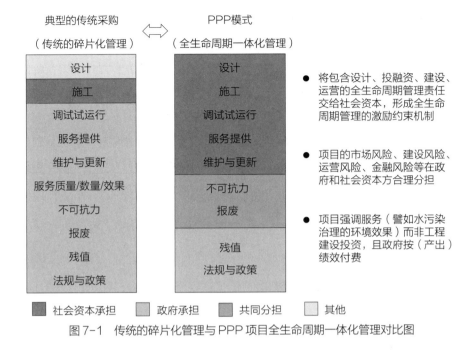

图 7-1 传统的碎片化管理与 PPP 项目全生命周期一体化管理对比图

7.3 我国 PPP 模式的发展历程

自 1995 年实施第一个由国家计委正式批准的 BOT 试点项目到十八届三中全会提出"允许社会资本通过特许经营等方式参与城市基础设施投资和运营"的改革方向,虽几经反复,但 PPP 模式在中国境内仍然没有得到长足发展。PPP 发展节点如图 7-2 所示。

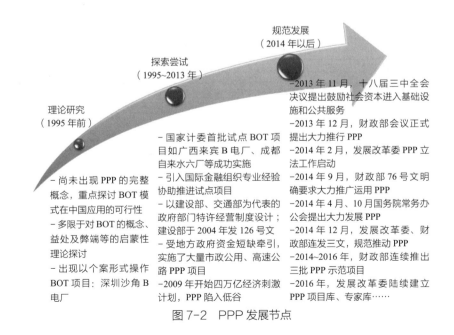

图 7-2 PPP 发展节点

十八届三中全会确定落实"允许社会资本通过特许经营等方式参与城市基础设施投资和运营"的改革举措。2014年3月，财政部副部长王保安在政府和社会资本合作（PPP）培训班上发表讲话，对推广 PPP 模式的原因、任务和方式予以系统阐述，并提出要从组织、立法和项目试点等三个层面大力推广 PPP 模式。2014年5月，财政部政府和社会资本合作（PPP）工作领导小组正式设立；国家发展改革委推出 80 个鼓励社会资本参与建设运营的示范项目，范围涉及传统基础设施、信息基础设施、清洁能源、油气、煤化工、石化产业，且项目模式不局限于特许经营。2014年至今，PPP 模式的顶层设计逐步完善，中国式 PPP 进入规范化发展阶段。

7.4 PPP 模式的适用范围

PPP 模式主要适用于政府负有提供责任又适宜市场化的公共服务、基础设施类项目。具体包括：

（1）燃气、供电、供水、供热、污水及垃圾处理等市政设施。
（2）公路、铁路、机场、城市轨道交通等交通设施。
（3）医疗、旅游、教育培训、健康养老公共服务项目。
（4）水利、资源环境和生态保护等项目。

从经济基础设施到社会基础设施，项目业态从硬到软，PPP 的应用在不断扩展。在英国 PPP 模式被广泛应用于城市基础服务类项目中，如学校、医院、住房、垃圾处理及政府公共服务等软服务类项目，见表 7-1。目前在我国 PPP 模式主要被应用于城市基础设施硬件项目中。

英国的 PPP 模式应用情况　　　　　表 7-1

领域	项目数	投资额（百万英镑）	领域	项目数	投资额（百万英镑）
医院	108	11751.60	废水处理	9	562.3
学校	212	11191.90	警察局	24	475.2
废物处理	29	3788.30	消防	13	395.5
办公用房	25	3548.60	服务中心	23	317.2
高速路	18	3539.50	社会护理	27	316.3
市政路	20	3450.60	娱乐中心	12	205.1
住房	36	1734.20	法院	8	195
道路照明	32	1427.00	图书馆	7	157.8
健康服务	29	1233.20	防洪	2	154.7
通信	13	909.2	安全培训	4	67.6

续表

领域	项目数	投资额（百万英镑）	领域	项目数	投资额（百万英镑）
教育	12	798.2	其他	41	7856.40
监狱	12	637	合计	716	54712.10

7.5 PPP 项目类别及回报机制

基于对三种项目融资模式的比较，对不同特点和类型的基础设施项目应采取适当的运作模式。在我国，公共基础设施通常分为非经营性、准经营性、纯经营性三类。政府需要根据各自的特点，选择适合的投融资模式。

7.5.1 PPP 项目类别

（1）非经营性项目

非经营性项目是指主要发挥社会效益，基本上没有经济效益的工程，为纯公共产品，如政府办公楼、城市道路和防洪大堤等。由于此类项目本身不产生直接的经济效益，因此私营企业不考虑建设和经营，BOT 和 PPP 模式都不适用。对于此类项目，应采用政府直接投资或采取 TOT 模式申请财政税收的拨款，或在一定时间内转移一个有收益的公共设施项目给投资者，以获得资金。有了建设资金后，可以实行"代建制"，通过招标方式选择专业化的项目管理单位负责项目的建设实施，严格控制项目投资、质量和工期，建成后移交给使用单位。

（2）准经营性项目

准经营性项目是指既有社会效益，又有经济效益的工程，如图书馆、机场、城市轨道交通、公交设施、城市热力供应、自来水管网、污水管网、体育场馆、医院、学校等，这一类项目在中国公共设施市场中所占份额最大。由于此类项目有收费费率的限制，其回报率低或较长时期内难以取得回报，虽然项目本身能产生一定现金流，但完全推给市场企业却难以承担，因此政府还应承担一定的投资责任，通常用政府的财政、税收资金来完成这一部分投资。这类项目可以采用 PPP 模式进行融资，但是由于中国城市的发展水平总体上还比较低，政府财政能力有限，很多在发达国家已被列入公益性的基础设施领域在中国还只能是准经营性领域，如公园、植物园等这类项目可采取 BOT 模式，由私营企业承建并负责前期运营，政府管制产品价格，到了后期移交给政府后使其成为公益性项目。

（3）纯经营性项目

纯经营性项目是指以经济效益为主的工程，如石油天然气开发、电力、收费公路、电信和部分城市供水、供气等项目。此类项目收益稳定且投资回报率可观，因此无论采取哪种融资模式可操作性都很强，从长期来看，为了保证政府对基础设施的主要经营权，选择 BOT 或 TOT 是较为理想的方式。但是，对于一些经营收入较为可观并具有一定垄断性的项目如邮电通信系统，由于其在经营过程中政府需要介入的成分较大，因此采用 TOT 模式比较理想，既能获得建设资金，又能保证政府对项目的控制权。新兴的融资模式 BOT、TOT 等为政府提供了新的思路，只要在进行项目建设时详细分析项目特点和融资模式的特性，就能实现二者的有效契合。

各项目类别一般根据以下原则选用：

（1）被认同率高、需求度大、使用频率高的设施一般选用 BOT 模式经营。

（2）需要降低受让方风险的或是希望融资对象多、办理程序简单的设施一般选用 TOT 模式，这也有助于合理定价及运营期的提前。

（3）若要获得很大规模的外部投资，同时使投资风险得到有效分散，则适合采用在国际市场上发行债券的方式，其利率通常较低，并且市场容量相当大，获取资金的渠道较多。采用 ABS 模式，通过 SPV 担保可提高变现能力、降低风险。

（4）如果想要项目高质量完成，并在财政方面减轻政府负担，那就选用 PPP 模式，也可促使设施的提供者转变为监管者。

在实践中，我们需要对特定问题进行具体分析，有时很有必要把各种融资模式结合使用。按照能够顺利地融资、又好又快地建设、平稳地运营、服务群众、按时还本付息等原则对融资模式进行选择。

7.5.2　PPP 项目回报机制

（1）经营性项目—使用者付费

对于具有明确的收费基础，并且经营收费能够完全覆盖投资成本的项目，可通过政府授予特许经营权，采用建设—运营—移交（BOT）、建设—拥有—运营—移交（BOOT）等模式推进。

（2）准经营性项目—可行性缺口补贴

对于经营收费不足以覆盖投资成本、需政府补贴部分资金或资源的项目，可通过政府授予特许经营权附加部分补贴或直接投资参股等措施，采用建设—运营—移交（BOT）、建设—拥有—运营（BOO）等模式推进。

（3）非经营性项目—政府付费

对于缺乏"使用者付费"基础、主要依靠"政府付费"回收投资成本的项目，可通过政府购买服务，采用建设—拥有—运营（BOO）、委托运营等市场化模式推进。

三种回报机制的区别如图 7-3 所示。

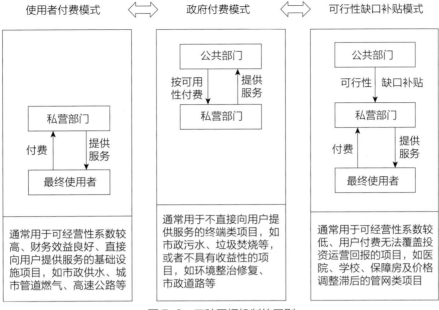

图 7-3 三种回报机制的区别

7.6 PPP 的典型运作模式

PPP 融资模式存在的基础是合同、特许权协议和所有权的归属，下面就在这三个方面的基础上介绍各种运作方式。

（1）服务协议（Service Contract）

对一些特殊的基础设施项目，政府可以把服务外包给私人企业。政府公共部门仍需对设施的运营和维护负责，承担项目的融资风险。这种协议的时间一般短于 5 年。

（2）运营和维护协议（Operate & Maintenance Contract）

政府与私人企业签订运营和维护协议，由私人企业负责对基础设施进行运营和维护，获取商业利润。在该协议下，私人企业承担基础设施运行和维护过程中的全部责任，但不承担资本风险。该模式的目的就是通过引入私人企业，提高基础设施的运营效率和服务质量。

（3）租赁—建设—运营（Lease-Build-Operate，LBO）

政府与私人企业签订长期租赁协议，由私人企业租赁已存在的基础设施，向政府缴纳一定的租赁费用，并在已有设施的基础上凭借自己的资金或融资能力对基础设施进行扩建，负责其运营和维护，从而获取商业利润。在该模式中，整体基础设施的所有权属于政府，因而不存在公共产权问题。

（4）建设—转移—运营（Build-Transfer-Operate，BTO）

政府与私人企业签订协议，由私人企业负责基础设施的融资和建设，完工后将设施转交给政府。然后，政府把该项基础设施租赁给该私人企业，由其负责基础设施的运营，从而获取商业利润。在该模式中，也不存在基础设施公共产权问题。

（5）建设—运营—转移，建设—运营—拥有—转移（Build-Operate-Transfer，BOT；Build-Operate-Own-Transfer，BOOT）

由项目所在国政府或所属机构为项目的建设和运营提供一种特许权协议。本国公司或者外国公司作为项目的投资者和经营者负责安排融资。项目的投资者和经营者负责开发、建设项目，并在特许权期内经营项目以获取商业利润。在项目特许权期末，根据协议由项目所在国政府或所属机构支付一定量资金或无偿从项目投资者和经营者手中取得项目。

（6）扩建后经营整体工程并转移（Wraparound Addition）

政府与私人企业签订协议，由私人企业负责对已有的基础设施项目进行扩建，并负责建设过程中的融资。完工后由私人企业在一定的特许权期内负责对整体基础设施项目进行运营和维护，并获得商业利润。在该模型中，私人企业可以对扩建的部分拥有所有权，因而会影响到基础设施的公共产权问题。

（7）购买—建设—运营（Buy-Build-Own，BBO）

政府将原有的基础设施项目出售给私人企业，由私人企业负责对该基础设施进行改、扩建，并拥有永久性经营权。

（8）建设—拥有—运营（Build-Own-Operate，BOO）

在该模式下，由私人企业负责基础设施项目的融资、建设，并拥有该项设施，对其进行永久性经营。

上述各运作模式之间的区别虽然不大，但也各有特点，从而适用于不同的情况。

7.7 PPP模式组织结构

7.7.1 交易主体

（1）政府方

PPP项目中的政府方由地方政府作为授权主体，根据地方政府部门之间的事权划分，授权所属的职能部门（可能是政府组成部门，如市交通运输局、住房和城乡建设局、水利局等；也可能是相关的事业单位，如市公路管理局、公园管理局等）作为项目实施机构，代表本级政府负责项目的实施工作，扮演着公共事务管理者与公共服务购买者的双重角色。

（2）政府出资代表

PPP项目是否必须有政府出资代表，答案是否定的。项目公司可以由社会资本（可以是一家企业，也可以是多家企业组成的联合体）出资设立，也可以由政府和社会资本共同出资设立。但政府在项目公司中的持股比例应当低于50%，且不具有实际控制力及管理权。政府是否在项目公司中指定所属企业作为出资代表，取决于项目目的。

（3）社会资本方

社会资本方可以分为非联合体模式下的投资人与联合体模式下的投资人。在我国由于参与主体多元化，不仅是民企，因此由社会资本方来代替。

1）非联合体模式下的投资人

①单一投资人。如果是单一投资人，无论是否要求有施工或管理方面的资质均比较好理解，完成投资人采购程序的操作也比较简单。相应地，政府与投资人相互之间的权利义务关系也比较单一。

②多名投资人，且为非联合体。根据具体PPP项目需要，安排多名投资人共同作为项目公司股东参与完成项目，且各投资人之间并非联合体形式。

2）联合体模式下的投资人

在联合体模式下，各投资人作为联合体成员共同参与PPP项目投标。由些衍生出一系列问题，比如持股比例、联合体成员的关系等。

（4）项目公司

项目经营者通常是一个专门组织起来的项目公司。它从项目所在国政府或有关机构获得建设和经营项目的特许权，负责组织项目的建设和运营，提供项目开发所必需的股本资金和技术，安排融资，承担项目风险，并且从项目投资和运营中获得利润。

（5）金融机构

向项目提供贷款的银行主要是国际金融机构、商业银行、信托投资机构等，其中政府的出口信贷机构和世界银行或地区性开发银行的政策性贷款起到很重要的作用。

（6）各类分包商及相关主体

某能源PPP项目的组织机构如图7-4所示。

7.7.2 PPP模式的基本交易结构

PPP项目的交易结构相对复杂，以图7-5某南水北调PPP改扩建类项目为例，步骤如下：①项目发起；②政府授权实施机构；③实施机构负责招标；④实施机构与选中的社会资本方签订特许经营协议；⑤中选的社会资本方联合设立项目公司；⑥项目公司继承权利义务；⑦项目公司投资建设运营；⑧根据项目要求政府授权主管部门对项目公司进行绩效考核；⑨将考核结果报送财政部门，财政部门定期拨付可行性缺口补贴。所有PPP项目的基本交易结构大体相同。

某老旧小区改造PPP运营类项目的交易结构如图7-6所示。

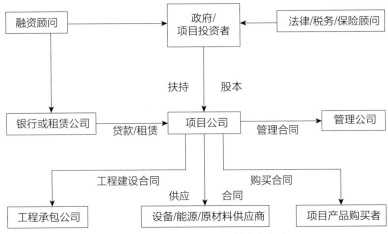

图 7-4 某能源 PPP 项目的组织机构

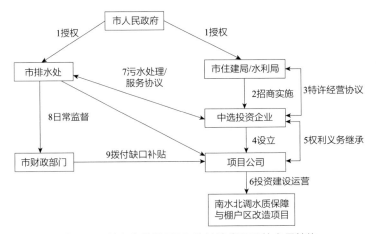

图 7-5 某南水北调 PPP 改扩建类项目的交易结构

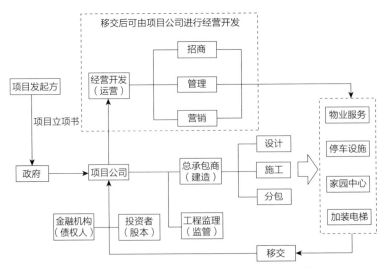

图 7-6 某老旧小区改造 PPP 运营类项目的交易结构
（资料来源：筑福集团讲义，2020.8.20）

7.8 PPP 模式的运作流程

PPP 模式的运作流程大致包括前期决策、组建 SPV（Special Purpose Vehicle）、开发运营和移交终止四个阶段，见表 7-2。

PPP 模式的运作流程 表 7-2

阶段	流程	政府职责	SPV 职责
前期决策	选择项目 可行性分析	1. 选择并确定项目 2. 可行性研究、物有所值评价	（未成立）
组建 SPV （项目公司）	招标 投标 SPV 初选 谈判与签约 注册成立 SPV	1. 制定并发布招标文件 2. 评标 3. SPV 初选 4. 与 SPV 谈判，签订 PPP 协议	1. 筹备 SPV 成员 2. 进行可行性分析 3. 相关单位达成协议并参加投标 4. 与政府谈判并签约 5. 注册成立 SPV
开发运营	开发建设 项目运营	1. 监督 2. 政策与法律支持 3. 考核治理情况	1. 合作单位签署正式 PPP 项目合同 2. 组织项目开发和运营
移交终止	项目开发 项目运营	1. 接管项目 2. 负责项目运营或寻找新的项目服务商	1. 项目移交政府 2. SPV 清算解散

首先，前期决策阶段是政府对项目进行初选，依据"两评一案"（物有所值评价、财政承受能力评价和实施方案）确定采用 PPP 模式后，政府开始制定文件。其次，政府部门通过招标引入竞争机制，在招标投标阶段对投资机构的综合实力进行对比分析，经过多轮考察、筛选，最终选出综合实力雄厚、相关经验丰富的单位进行合作。中标单位确定后，政府与之签订 PPP 各项协议，并要求其在规定时间内组建 SPV，确定 SPV 成员。第三阶段是开发运营阶段，政府主要起监督和政策法律支持作用，给予 SPV 一定的特许权利，使 PPP 项目顺利开展。此外，为了确保项目运营维护按照规定协议进行，投资人、贷款人都有权对项目进行监督和检查。最后，在成果达到预期目标、合同达到期限后，将由政府接管后续事项，负责项目运营或寻找新的供应商，并对 SPV 进行清算。

7.9 PPP 模式的"一案两评"

PPP 项目在识别阶段要求必须有"一案两评"，这是项目论证和实施的基础，"一案"是指 PPP 项目的实施方案，"两评"是指物有所值评价和财政承受能力评价。

7.9.1 PPP 实施方案

PPP 项目实施方案的制定贯穿于项目的整个采购过程，项目发起阶段用来判断该项目是否适合采用 PPP 模式，在项目招标采购阶段进一步细化实施方案，经过审定的实施方案用来作为签订 PPP 合同的依据。实施方案的结构和内容主要包括：项目编制的目的和依据、项目的背景、意义和实施原则、项目基本情况、风险分配基本框架、项目运作方式及回报机制、项目合同体系、社会资本选择、监管架构等，并附有项目的财务测算表（基本假设表、现金流量表、利润表、资产负债表等）。

8-《PPP 项目实施方案参考模板（征求意见版）》

9-《基础设施类 PPP 模式项目财务计算分析评价导则（建议稿）》

7.9.2 物有所值评价

（1）物有所值的含义

物有所值（Value for Money，VFM），从中文角度来看可以理解为"所花的钱与得到产品的质量效果成正比"，不难发现，这一概念的重点就是将资金与质量效果挂钩。英国审计署在 20 世纪 80 年代提出著名的"3E 理论"，指出 VFM 的三大特点分别是经济（Economy）、效率（Efficient）及效果（Effective）。经济指的是带有很强的计划性及目的性去运用资源，最大限度地减少付出的成本。效率指的是花费更少的时间、成本及精力去提供同等质量的服务。效果指的是在时间、成本及精力花费相同的情况下，所给予的服务质量更好。很多评价方法主要把焦点放在效率（即怎样将投入有效转化为产出）与效果（即关注产出能否达到预期效果）上，而物有所值不但关注效率与效果，还重视投入成本与后期效果能否成正比这一问题，如图 7-7 所示。

由图 7-8 可知，花费的成本与最后获得的效果两者之间的对比就是物有所值的评价结果。对于基础设施 PPP 项目来说，花费的成本不单指前期的建设期成本，还包括产品在使用过程中的运营及维护成本；最后获得的效果不仅指产出的数量，还应考虑所提供产品的质量。

物有所值这一概念在 PPP 模式中并不是绝对的，可以理解为当两种模式都达到一样的效果时，成本投入少的一方更加物有所值；当两种模式投入相同时，效果好的一方更为物有所值。但总的来说，可以认为物有所值是指项目全生命周期下成本、

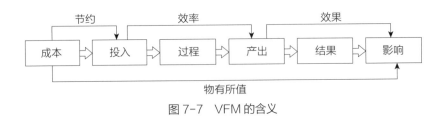

图 7-7 VFM 的含义

效率及收益的最佳组合效果。

（2）物有所值评价方法

1）物有所值定性评价

采用物有所值定性评价，具体实施方案可以灵活变化，通常以设置特定评价指标并进行对照的方法展开，常用的方法有专家评分法、会议评价法、专家问卷调查法等。

专家评分法是指通过选择具有代表性的权威专家，对项目具体指标进行评分并统计结果的方法。其适用于存在诸多因素的复杂项目，具有直观、操作性强等优点，是我国目前最普遍采用的一种评价方法，但专家的主观性对评价结果有一定的影响。

会议评价法是指通过组织专家会议，集中对项目各方面进行细致讨论后作出综合判断的方法。这种方法操作简便，适用性广泛，但耗时长，且最终评价结果受外界干扰因素较多。

专家问卷法是指通过匿名问卷形式向专家进行多轮问卷调查的方法。这种方法耗时长，流程复杂，对问卷质量和专家水平有很高的要求，适用性有一定限制，在我国应用较少。

2）物有所值定量评价

当前的物有所值定量评价方法有三种：PSC-PPP比较法、全面效益—成本分析法和竞争性招标法。

① PSC-PPP比较法。假定PPP模式与传统政府采购模式产出绩效相同，将PPP模式下项目的LCC（全生命周期成本）现值与传统政府采购模式下项目的LCC现值作比较，前者作为PPP值，后者作为PSC值。当PSC-PPP < 0，则该项目在PPP模式下没有达到物有所值；反之，当PSC-PPP > 0，则项目在PPP模式下比传统政府采购更节约成本，能够达到物有所值的目的。此类PSC-PPP比较法采用的PPP值是通过一定方法测算出的影子价格，记作PPPs，日本、荷兰等国都采用此方法，如图7-8所示。

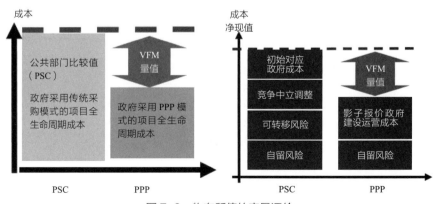

图7-8 物有所值的定量评价

$$PSC= 初始 PSC 值 + 竞争中立调整值 + 可转移风险承担成本 + 自留风险承担成本 \qquad (7-1)$$

$$PPP= 影子报价政府建设运营成本 + 自留风险承担成本 \qquad (7-2)$$

$$VFM=PSC-PPP \qquad (7-3)$$

还有一类 PSC-PPP 比较法属于招标后的 PSC-PPP 比较法，在项目投标后以私营单位的实际投标价作为计算依据。例如，澳洲、加拿大等都采用此种比较法。

②全面效益—成本分析法。全面效益—成本分析法是指运用经济数据分析、社会效益调研等方法，对项目产出的效益、付出的各项成本进行对比分析，以体现 VFM 值。但这种方法需要统计的数据量大，持续统计跟踪时间长，且在大量假设条件下做的统计导致对比分析周期很长，结果也不甚理想，运用较少。

③竞争性招标法。竞争性招标法是通过社会资本方之间纯粹的市场竞争来达到 VFM 提高的方法。这种方法的基础理念是，社会资本方的经营效率要高过公共投资的经营效率，不需要设定 PSC 值。

（3）物有所值评价流程

在对具体项目实施 VFM 评价时，需要考虑该项目各方面的因素进行综合评定。其中不仅包括成本、价格、风险这一类可以用货币形式表现的定量因素，还包括产品质量、创新性、便捷性、可持续性等难以量化的定性因素。由于 VFM 评价因素的可量化与不可量化性，各国在 PPP 模式管理实践中，往往结合定性和定量两种形式进行 VFM 评价。只有包含了定性与定量两个方面因素的 VFM 评价才是完整的。通过 VFM 定性评价以及财政承受能力论证的项目，获准进入国家 PPP 项目库方可进入实施阶段。我国 PPP 模式 VFM 评价流程如图 7-9 所示。

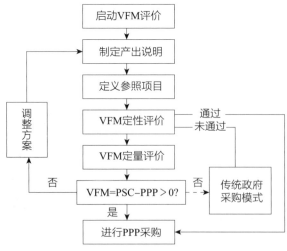

图 7-9 我国 PPP 模式 VFM 评价流程

VFM 评价是政府机构开展项目决策的重要工具。为确保评价的科学性，在 VFM 评价开展后，首先，要针对该项目编制一个详尽的项目产出说明，明确运营过程中产出及服务的规模要求。然后，模拟设定一个政府机构采用传统模式进行采购、建设并提供服务的类似项目作为之后评价的参照。最后，通过定性及定量评价给出该项目的最终评价结果，如果通过全流程评价则使用 PPP 模式，如果不通过则采用传统采购模式或考虑调整方案重新进行评价。VFM 量值（或 VFM 指数）越大，PPP 模式越能更好地利用建设资金，提高资金的使用价值，真正做到"物有所值"。

7.9.3 财政承受能力评价

（1）财政承受能力政策规定

财政承受能力有关规定参见《关于推进政府和社会资本合作规范发展的实施意见》（财金〔2019〕10号）及相关文件。

10- 物有所值评价案例

（2）财政承受能力评价指标构成

1）测算股权投资支出

股权投资支出责任是指在政府与社会资本共同组建项目公司的情况下，政府承担的股权投资支出责任。如果社会资本单独组建项目公司，政府不承担股权投资支出责任。

股权投资支出应当依据项目资本金要求以及项目公司股权结构合理确定。股权投资支出责任中的土地等实物投入或无形资产投入应依法进行评估，合理确定价值。计算公式为：

$$股权投资支出 = 项目资本金 \times 政府占项目公司股权比例 \qquad (7-4)$$

其中，项目资本金是指在建设项目总投资中由投资者认缴的出资额；股权比例先根据政府和社会资本沟通后的比例确定，最终以投资额的多少确定股权比例。

2）测算当年运营补贴支出数额

运营补贴支出责任是指在项目运营期间政府承担的直接付费责任。在不同付费模式下，政府承担的运营补贴支出责任不同。在政府付费模式下，项目运营期无使用者付费，政府承担全部运营补贴支出责任，如公共设施类项目。

①对于采用政府付费模式的项目，在项目运营补贴期间，政府承担全部直接付费责任。政府每年直接付费数额包括：社会资本方承担的年均建设成本（折算成各年度现值）、年度运营成本和合理利润。计算公式如下：

$$政府当年运营补贴数额 = \frac{社会资本方的建设成本 \times (1+合理利润率) \times (1+年度折现率)^n}{财政运营补贴周期（年）} + 年度运营成本 \times (1+合理利润率) \qquad (7-5)$$

式中，n 代表折现年数；财政运营补贴周期是指财政提供运营补贴的年数；年度折现率应考虑财政补贴支出发生年份，并参照同期地方政府债券收益率合理确定；合理利润率应以商业银行中长期贷款利率水平为基准，充分考虑可用性付费、使用量付费、绩效付费的不同情景，结合风险等因素确定。

②在可行性缺口补助模式下，使用者付费不足以满足项目公司的成本回收和合理回报时，政府承担部分运营补贴支出责任，以弥补使用者付费之外的缺口部分。常见形式为土地划拨、投资补助、优惠贷款、放弃分红权、授予项目相关开发收益权等。

③在使用者付费模式下，直接从最终用户收取的费用足以回收项目的建设和运营成本并获得合理收益，政府不承担运营补贴支出责任，如高速公路、地铁等。

该支出数额可依据PPP值计算中的政府运营维护成本确定。

3）测算风险承担支出数额

风险承担支出责任是指项目实施方案中政府承担风险带来的财政或者支出责任。通常由政府承担由于法律风险、政策风险、最低需求风险以及因政府方原因导致项目合同终止等突发情况而产生的财政或者支出责任。

风险承担支出应充分考虑各类风险出现的概率和带来的支出责任，可采用比例法、情景分析法及概率法进行测算。如果PPP合同约定保险赔款的第一受益人为政府，则风险承担支出应为扣除该风险赔款金额后的净额。

4）测算配套投入支出数额

配套投入支出责任是指政府提供的项目配套工程等其他投入责任，通常包括土地征收和整理、建设部分项目配套措施、完成项目与现有相关基础设施和公用事业的对接、投资补助、贷款贴息等。配套投入支出应依据项目实施方案合理确定。

配套投入支出责任应综合考虑政府将提供的其他配套投入总成本和社会资本方为此支付的费用。配套投入支出责任中的土地等实物投入或无形资产投入应依法进行评估，合理确定价值。计算公式为：

$$配套投入支出数额 = 政府拟提供的其他投入总成本 - 社会资本方支付的费用 \quad (7-6)$$

该项支出主要对应于PPP值计算中政府建设成本和政府其他成本中的内容。

（3）财政承受能力评价流程

财政部门（或PPP中心）识别和测算单个项目的财政支出责任后，汇总年度全部已实施和拟实施的PPP项目，进行财政承受能力评价。

财政承受能力评价流程如图7-10所示。

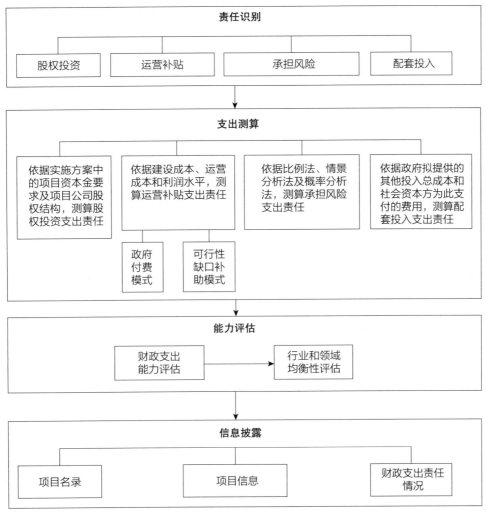

图 7-10　财政承受能力评价流程

每一年度全部 PPP 项目需要从预算中安排的支出责任,占一般公共预算支出比例应当不超过 10%。审慎控制新建 PPP 项目规模,防止因项目实施加剧财政收支矛盾。财政局在作最终决策的时候还需要考虑行业和领域的均衡性,防止某一行业和领域 PPP 项目过于集中。

 本章小结

本章主要总结梳理了 PPP 在城市基础设施建设与运营过程中的应用,对 PPP 的内涵、特点、发展历程、发展动因、运作方式到 PPP 项目的"两评一案"即实施方案、物有所值评价、财政承受能力评价等进行了详细的介绍,并且用案例对物有所值评价和财政承受能力评价进行了例证。PPP 模式应用于城市基础运营维护已经很普遍，尤其是存量的项目大量应用 TOT 模式，因此本章对基础设施运营与管理理论实践的探讨尤为重要。

 思考题

1. PPP 模式应用于存量资产的运营，不仅减轻了政府的财政压力，同时提高了运营效率。但是，由于历史原因往往涉及负责的利益主体关系，尤其是城市污水厂网一体化 PPP 项目具有区域性和复杂性，遇到的首要问题往往是项目覆盖区域已经存在特许经营项目，如某市已于 2007~2010 年期间通过 TOT、BOT 等方式引入三家社会资本，分别负责三座污水处理厂的投资运营，特许经营协议仍处于有效期内。在规划区范围内实现完全意义上的污水厂网一体化整合，必将涉及对该类项目及其投资运营商的妥善处理问题，对于这类问题你认为应该如何处理，提出解决方案，并举例说明。

2. 案例分析题：学生 3~4 人一组，从财政部 PPP 项目库中选择一个项目可行性研究报告，根据报告提供的数据，将该项目做成 PPP 项目，通过搜集基础数据、财务测算，最终完成该项目的物有所值评价和财政承受能力评价报告，教师可让每个团队答辩分享研究成果，该案例分析题可以作为学生的毕业设计方向。毕业设计的产出包括：

（1）实施方案一份。

（2）物有所值评价、财政承受能力评价报告各一份。

（3）财务测算表（包括基础数据概述表、现金流量表、利润表、资产负债表、财务分析表等）。

第 8 章

城市基础设施全生命周期智慧运营

> **学习目标**
>
> ➢ 掌握城市基础设施全生命周期运营的含义。
> ➢ 重点掌握物联网、设施管理（FM）、BIM的含义及其应用。
> ➢ 展望大数据、人工智能、5G等现代技术在城市基础设施中的应用。

8.1 全生命周期概念

城市基础设施的全生命周期，是指项目从可行性研究、设计、设备选型、采购、安装、运营、维护到最后报废的全过程。城市基础设施项目的生命周期可以划分为五个阶段：

（1）可行性研究阶段：以自然资源和市场预测为基础，选择建设项目，寻找有利的投资机会；判断工程项目的生命力，进行市场调查、工厂试验等专题研究；对建设规模、产品方案、建设地点、主要技术工艺、工程项目的经济效益和社会效益等进行研究和初步评价与可行性论证；深入研究市场、生产纲领、工艺、设备、建设周期、总投资额等问题。

（2）设计/选型阶段：编制设计方案及工程项目总概算书，考虑项目实施的成本、费用支出以及系统运行的安全性，进行设备选型。

（3）建设实施阶段：包括施工准备、组织施工和竣工前的生产准备，对设备按照设计方案进行安装与调试。

（4）运营/维护期：对工程从安装调试合格进入正常使用起，直至该工程退出生产的全过程，通过组织、管理、监督等一系列措施，使工程项目处于良好的技术状态，同时需要对工程进行更新改造、对设备进行维护。根据工程使用情况，及时作出报废、整改、替换的决定。

（5）跟踪/评估期：合理选取指标，科学建立模型，选择不同的评估时点进行动态评估，实现对工程项目的跟踪管理。将评估结果及时反馈，根据实际情况进行分析，指导日后的建设管理，形成闭环管理体系。

全生命周期的五个阶段不是线性的，应该是一个闭环系统，在设计和策划阶段就应把运营维护的工作考虑其中，同样在运营维护阶段也应该遵循设计阶段的理念和数据信息，以便于运营。

8.2 全生命周期智慧运营

8.2.1 全生命周期智慧运营提出

随着城市基础设施的快速发展，传统的城市基础设施运营模式已经远远不能满足要求。传统模式存在以下弊端：

（1）管理方面：人工经验为主的计划管理模式；病害发生、设施设备故障存在突发性和不可预见性。

（2）数据方面：获取方式以人工巡检为主；数据碎片化，难以进行数据追溯分析和设施评价。

（3）资金方面：日常养护资金与大修资金存在壁垒，资金分配以经验为主。

（4）社会服务方面：主要采用以矫正性维修为主的维修方案，频繁维修占道对交通影响巨大。

如图 8-1 所示，用全生命周期智慧运营更新思维，利用大数据、人工智能、互联网工具手段，基于城市发展规律及市民出行需求，在设计建设之初，前瞻性思考未来城市的运营需求，推进建设高品质交通系统。

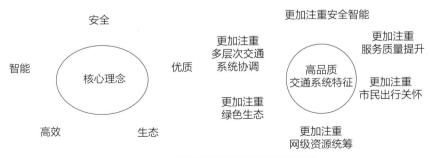

图 8-1 高品质交通系统特征及核心理念

8.2.2 全生命周期智慧运营模式

（1）全生命周期智慧运营模式流程

全生命周期智慧运营模式流程由运营维护数据获取、数据梳理分析、健康状况评价、退化过程建模、寿命分析、模型验证、性能修复策略、制订维修计划以及实施修复处理九部分组成，如图8-2所示。全生命周期智慧运营的应用，使运营维护更数据化、智慧化和精细化，也更安全和便捷。

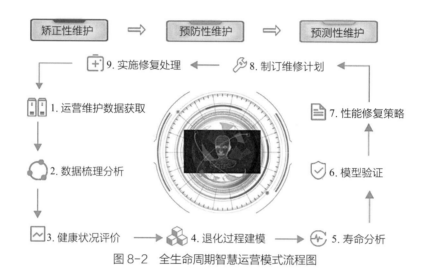

图8-2　全生命周期智慧运营模式流程图

（2）全生命周期智慧运营的特点和要求

1）要建立从数据到智慧的"运营体系"。通过对数据的有效处理和相互关联产生信息，对信息的归纳演绎和集成提炼得到知识，对知识的融会贯通和灵活运用形成智慧，最后将智慧转化为分析和解决城市基础设施运营过程中的实际问题。

2）要坚持"用数据说话、用数据管理、用数据决策、用数据创新"的理念，根据网络智能化和业务生态化的总体规划，聚焦设施运营、客户服务、网络运营和开放合作等关键运营领域，全力推进大数据应用。

3）要形成从"大脑思考—落地执行—反馈调优"周而复始的运营闭环。通过数据挖掘、机器学习和专家经验沉淀，不断产生支撑企业智慧运营的策略与建议；打通生产执行系统（BSS、OSS、MSS等），将执行策略与建议注入运营系统转化为执行行动；确保执行结果实时反馈，不断优化调整执行策略，形成闭环管理，最终使数据贯穿于城市基础设施全生命周期。

4）要求在城市基础设施的不同阶段做到数据传递。

（3）全生命周期智慧运营模式实践

1）项目概况

幸福林带（图8-3）位于西安市东部军工产业区，浐河以西，陇海铁路以

图 8-3 幸福林带

南,是城市东西主轴线的延伸,多个板块的交汇。南邻曲江,北接浐灞,是城东核心生态区。1953 年由中苏专家共同规划设计西安市第一轮总体规划,此林带位于规划设计之中,定义为幸福林带。幸福林带项目总体用地 $708053m^2$,总建筑面积 $879657.96m^2$,本项目全段采用 PPP 模式,综合管廊由政府一次性回购、市政设施、地铁等由政府按年购买服务,地下商业、停车场等部分由幸福林带公司运营。在建筑环境方面,根据设计方案对商业、餐饮、超市卖场、游泳馆、冰球馆、篮球馆等 10 种业态区域分别制定了不同的室内热舒适性指标和新风量指标,在运营阶段需对不同的环境指标进行分别运营维护工作,以实现整体建筑环境保持。在机电系统和强弱电方面,本项目设计了复杂的暖通系统、给水排水系统、照明系统、动力配电系统、弱电及信息系统、监控与报警系统、消防系统等。其中对于运营维护最为关键的是暖通系统、照明系统、动力配电系统和弱电及信息系统,由于这几类关键系统与日常运营管理的关联度、使用频率和对建筑影响最大,其关系到系统安全、设备寿命、环境指标、运行能耗等方面,因此在大空间、多业态、复杂系统条件下有效协同各系统安全高效运行是整体运营的关键。这对建筑运营阶段的能源管理提出了较高的要求,如能开展精细化管理将产生巨大的经济效益。

2)智慧运营管理目标分析

基于幸福林带整体定位和规划目标,结合地下空间的各系统设计与建筑运行预期提出"基于 BIM 智能运营管理平台"的建设目标。

①服务地下综合体,提升建筑运营空间管理能力,实现地下空间高效利用。通过 BIM 空间几何模型导入,根据复合业态和功能区分布,拓展三维数据交互,直观呈现各节点数据与空间信息,实现运营管理空间可视化。

②BIM 建造模型数据继承,运营数据空间扩展,积累全过程数据资产。根据数据字典导入 BIM 建造模型数据,建立幸福林带运营数据系统,积累建筑全生命周期数据资产,为运营管理提供数据支撑。

③以实际运营需求为基础,建设优化数据集成系统,建立建筑智能化运营示范。

以幸福林带项目后期实际运行管理和运营需求出发，完成平台顶层设计的同时对智能化子系统建设提出合理化建设要求与标准，确保达到建筑最终交付时的整体运营要求，在运行阶段提升各子系统的使用效率。

④建筑环境数据几何空间交互，提升人居环境品质运营维护能力，打造"由内到外"的城市"生态工程"。通过环境传感网络数据与 BIM 空间信息的融合，实现建筑环境空间管理，建立建筑运营的环境信息感知，大幅度提升绿色健康人居环境运营维护保持能力。

⑤建立能源与设施智能管理系统，提升建筑综合用能效率，服务 PPP，着眼能源互联网。建立智能化能源管理系统，实时洞察能源流向与机电系统运行，在有效杜绝能源过度消耗的同时提升机电系统整体运行效率，大幅降低运行费用，并持续保持节能效果，实现面向建筑设施、效能、能源网络的综合运营管理。

⑥运营全过程可视化、可追溯，提升运营协同效率和物业服务品质，创建精品物业高端服务。全数字化运营管理系统在线协同运营维护工作，通过事件触发有效调动人员与设施，追踪运营维护工作数据，持续优化运营方案，在线知识库系统协助运营人员执行运营维护工作，降低运营维护技术难度和人力成本，提升运营经济性和运营效果。

⑦物业管理与商业运营数据交互共享，打造集成智能运营系统，实现"以人为本"建筑运营。围绕营业客流数据打通物业与营业数据接口，提升系统间数据交互能力，实现人员数据信息的跨系统共享，建立以用户为中心的运营服务体系。

⑧建立全生命周期专家伴随服务平台，线上线下技术支援，低成本打造运营专家团队。以智能运营管理平台为支撑，通过数据远程交互实现运营技术需求和信息的传递，在建筑运营全生命周期实现专家远程伴随运行和专业技术团队本地支援，以 O2O 模式快速提升综合运营水平。总体来说，幸福林带项目运营管理采用信息化和智能化技术，提升综合管理水平，实现地下空间各系统安全高效运行。地下空间所采用的智能化和信息化技术应满足《智能建筑设计标准》GB 50314—2015 的基础配置要求，同时建立智慧运营管理平台。在城市地下大空间、多业态、复杂系统条件下，建立智能化技术平台，集管理、服务、运营为一体。利用物联网、可视化和云计算等先进技术，能够有效提高运营管理效率、降低成本、实现智慧运营。

3）智慧运营管理平台构建

智慧运营管理平台系统的整体架构包括基础设施、信息服务设施和信息化应用设施三个方面，地下空间智慧运营管理平台应利用综合布线技术、楼宇设备控制技术、通信技术、网络互联技术、多媒体应用技术、安全防范技术等将相关设备和软件，以集成多种智能化系统为目的，实现地下空间的智慧化管理。幸福林带地下空间智慧运营管理平台具有如下功能：

①全数字化运营管理系统，具有数据集成和接入功能。利用计算机、通信和网络等技术量化管理各项子系统，能在线协同运营维护工作，通过事件触发有效调动人员与设施，追踪运营维护工作数据，持续优化运营方案。在线知识库系统能协助运营人员执行运营维护工作，降低运营维护技术难度和人力成本，提升运营维护经济性和效果。运营管理系统具有数据集成和接入功能，能实现数据交互和数据信息跨系统共享，进而实现地下空间的统一安放管理、统一设备管理功能，有效提高工作效率。

②建筑信息（BIM）模型。BIM模型可以集成从规划、设计、施工到运营阶段的全过程信息，并与其他数字化管理平台对接，包括基于BIM实现资产可视化、与3S（GIS、GPS、RS）技术结合形成安防和应急指挥体系等。同时，其存储的设备信息可以相互关联，能有效减少设备维护人员在修改和更新信息方面的工作量，还可以提供可视化的操作平台，提高信息的准确性。

③智能化空间环境质量监测系统。地下空间由于其位置的特殊性，相对于地上空间更封闭，因此需要重视为使用者提供良好的热环境、光环境和声环境。地下空间环境质量监测体系应对地下空间中的大气、光、水体、土壤和噪声等环境要素情况进行实时监测，积累监测数据，分析环境态势来进行指导调节，均衡地上地下空间的空气状况，实现照明的人性化，保证使用者的正常活动。

④能源监测管理系统。能源和资源是绿色生态地下空间运行的基础，设置对电、气、热、水等全部能耗的监测计量和管理系统是实现节约资源、降低运行成本的基础条件，可知、可见、可控地下空间各项耗能情况，从而达到优化运行、降低消耗的目的。因此，幸福林带建立了地下空间中的能源监测管理系统，实时掌控能源供应和消耗情况，积累运行数据，通过智能化的数据分析和应用，对能源运行情况进行最优化的动态管理。

⑤资产可视化管理系统。大型地下空间资产管理数量大、种类多、使用周期长，传统资产管理模式需要大量工作人员进行手工记录、核算，人工录入数据工作量大且易出错，已不能适应当前资产管理的需要。资产可视化管理系统利用BIM建立三维可视化模型，通过移动端APP、RFID、PDA、ZigBee无线通信等技术，将地下空间独立运行并操作的各设备信息和状态实时上传到统一平台，在系统内对所有数据和信息进行调用，监控、管理资产在每一个流通节点的流通过程和使用状态，实现资产管理的信息化、网络化，并提供随时、随地查询浏览功能，提高使用者的方便程度，降低管理成本，提高工作效率。

⑥智能安防系统。绿色生态地下空间应确保公共安全，建立智能化的公共安全防范系统，提高服务人群财产安全、信息与通信安全的保障水平，更好地预防损失与犯罪的发生。公共安全防范系统包括视频监控系统、安保巡更系统和报警系统。

⑦智能导向标识系统。智能导向标识系统包括智能通行标识、智能服务标识、智能疏散标识等。智能通行标识需包含索引、引导和具体定位三种基本内容，能够让使用者自助查询空间信息、了解路径及目的地，从而让空间信息更加有效便利，并且节省空间。智能服务标识需要包括交通枢纽指示、停车库区域联动控制的智能化诱导、智能反向寻车标识以及购物引导标识等。

⑧客流统计系统、消费统计系统和信息发布及推送系统。运用客流统计系统、消费统计系统、信息发布及推送系统可感知客户动向和习惯，为营业提供支撑数据，同时根据人流特征动态和营业需求动态调整设施运行状态，使日常运营与商业运营紧密结合。可动态管理备品备件库，执行进出库管理，出库备件与运营维护工单联动，追溯备件流向及使用情况，优化供应量管理。同时还可围绕营业客流数据打通物业与营业数据接口，提升系统间数据交互能力，实现人员数据信息的跨系统共享，建立以用户为中心的运营服务体系。

西安幸福林带项目是以 PPP 模式着力打造的全球最大的地下综合体项目。地下空间智慧运营管理平台是城市信息化资源的一部分，幸福林带项目运营管理采用信息化和智能化技术，提升了综合管理水平，实现地下空间各系统安全高效运行。幸福林带项目大量地下空间利用、大量耦合系统、复杂业态等特点，使项目的后期运营在智慧管理方面面临新的挑战和机遇。

8.3 物联网在城市基础设施中的运用

在城市化快速发展大背景下，城市基础设施建设与管理成为关键，它在发展进程中也不断拓展应用新技术内容与相关技术架构领域，希望确保城市基础设施管理有效到位。

8.3.1 物联网的涵义

物联网即"万物相连的互联网"，是指将各种新型信息传感器和设备与现代互联网技术结合联动而发展形成的一个巨大的信息网络，实现在任何时间、任何地点人、机、物信息的互联互通。物联网系统可以划分为信息感知层、网络层和应用层。

（1）感知层

感知层的主要功能是感知和识别周围的物体，并辅助采集需要的信息。采集的物体信息主要包括二维码标签和数据读取器、智能化系统等。感知层通过各类传感器设备或系统对信息（包括设备自身的运行状态等）进行大规模和分布式采集。

（2）网络层

网络层顾名思义主要负责信息的传递和处理，实现网络信息的实时汇集和对组网的自动化控制。IPv6 技术将网络地址的长度限制为 128bit，地址存储空间增大，解决了互联网中 IPv4 地址存储空间不足的技术难题，理论上已经满足当前物联网的自动化需求。与传统互联网中域名解析的服务类似，对象名解析的服务也可以很好地实现将一个网站或物体的地址定位在物联网某一具体地点的自动化功能。

（3）应用层

应用层主要提供丰富的基于物联网的应用，是智能物联网技术未来发展的根本方向和目标。应用层能快速完成对信息的智能分析和智能决策，同时可高效率地完成特定的服务任务，以更好地展现智能作用。

8.3.2 物联网的特点

当代物流系统的持续发展对信息生成设备的需求不断提高，包括无线射频识别、传感器、全球定位系统等各类装置和互联网相结合，组成一个巨大的可控网络。例如，自动识别技术就是物联网最初的呈现形式。对于物联网这个庞大的网络空间来说，必须要有灵活、有效、便利的管理系统作为驱动力。大体来说，物联网技术具备以下几个特点。

（1）感知技术的集合体

想要实现物联网的各项技术需要配置大量传感器，不同传感器具备不同的监测功能，所获取的信息内容、格式也存在差异。

（2）建立在互联网基础上

物联网作为计算机网络的衍生品，其核心就是网络，采用有线、无线网络与智能设备结合，从而精准地将信息传递出去，并实现远程操控。

（3）智能控制

物联网设备通常都需要结合传感器使用，并且能通过智能技术对智能化设备进行控制。物联网可以把传感器、智能技术相结合，再配合大数据、云计算、模糊神经网络等技术，不断扩展其应用领域。

8.3.3 物联网技术在城市基础设施中的应用

随着时代不断发展，物联网技术在发展过程中逐渐渗透到各个领域，灵活利用红外传感技术、射频识别技术、卫星定位技术等智能化网络技术为人们提供优质服务，满足人们现阶段的需求。在智慧城市建设中，物联网技术可以为城市基础设施建设奠定良好的基础，创新现阶段的建设理念与技术，提升建设水平。智慧城市物联网网络架构如图 8-4 所示。

（1）智能电网

智能电网就是电网的智能化，智能电网建立在集成高速企业双向通信网络的基

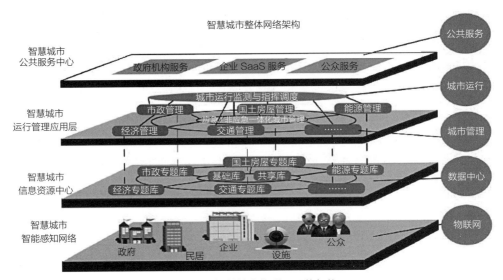

图 8-4 智慧城市物联网网络架构

础上,通过相对先进的传感和测量技术,来对当前系统技术进行支持,同时还能实现电网可靠性以及安全高效性的目标。

(2) 智能交通

道路交通体系与人们的日常出行有直接关系,道路交通体系的完善与智慧城市的建设息息相关。传统城市道路交通体系中存在的典型问题有交通堵塞、交通事故频发、线路规划不合理、红绿灯时间安排不合理等,这些问题的存在使道路交通体系的完善和发展存在很多问题和阻碍。通过云计算及物联网技术的应用,可以解决传统城市道路交通体系中存在的很多问题,缓解交通堵塞和交通事故发生的可能性,保障人们出行的便利性和安全性。例如,云计算可以对实时车流量进行预估并给司机提供更优的出行方案,使整个城市的道路交通体系更加完善。云计算还可以进行路况的实时预测,进而通过物联网技术控制不同路段的车流量,降低交通事故发生的可能性。远程监督可以增强道路执法的公平性和有效性,避免人情化管理,与此同时,通过远程监督还可以避免执法不严等现象的产生。

(3) 智慧医疗

智慧医疗涉及智慧医院、区域卫生系统及家庭系统三个方面,物联网在其中发挥着重要的作用,能够将药品、医院急救、家庭护理等各个医药环节有效连接起来,为人们看病提供了便捷通道。智慧医疗主要采用无线传感网络技术及大数据处理技术,数据传输更快、更准确,还能把握医生的最新诊治状态,帮助患者更好地就医,缩短病人的等待时间。

(4) 智慧监测

随着城市化水平的提高,高、大、复杂的城市基础设施越来越多,但是传统的运营维护已经不能满足高强度、高难度的运营维护，那么利用新技术进行智慧监测就十分必要。

聚焦重要或重大土木工程结构施工过程监测、结构健康监测及智慧运营维护技术，综合考虑测绘新技术（如地基干涉雷达、三维激光扫描等）在结构信息采集中的应用、结构损伤演变及致灾、结构寿命与维护代价优化等理念，对照国际化标准，融入基于 5G 及北斗系统的动态测试传感技术改进、监测大数据挖掘与快速识别、人工智能、传统结构数值模型分析、结构动态损伤演变及灾变机制、基于商业保险模式下的结构长期不同风险等级诊断及管控交叉学科理论，从可持续发展角度研究工程结构在全生命周期内所涉及的智慧监测检测及运营维护保障等理论及技术，不断提升重要或重大工程结构长期可持续健康监测及智慧运营维护水平。

同时，智慧运营维护的实现需要产业化、市场化运作，因此引入产业基金、保险资金以及 PPP 模式是实现智慧监测的必经之路。

（5）物联网在公共服务系统及教育系统中的应用

物联网技术具有较强的卫星定位以及信息传输功能，将物联网技术应用在公共服务系统中，市民可以更加准确地获取想要的信息，例如，对物流信息进行调取、查询，及时了解购买商品的运输动态，提高交易行为的便捷性，实现商品价格信息、优惠信息的对比，这样不仅可以进一步提升交易行为的便利性，也能帮助消费者节约交易成本。

8.4 BIM 在城市基础设施运营中的运用

8.4.1 BIM 的涵义

BIM 是 Building Information Modeling 的缩写，其涵义是利用数字模型对建筑项目进行设计、施工和运营的过程，是为建设项目从概念到拆除全生命周期中的所有决策提供可靠依据的过程。BIM 技术能够集成设计和施工两个阶段的信息，尤其是针对基础设施的综合管线工程，可以纳入管线、各类闸门、阀门的安装和供应信息，形成完整的竣工模型，并将其接入运营维护管理平台，为实现智慧运营维护创造基础性条件。

利用 BIM 技术在可视化、参数化、信息化方面的优势可提高项目信息沟通效率，支持项目在环境、成本、质量、安全、进度等多方面的分析、检查和模拟，提高施工阶段的可预测性、可控性和精细化管理程度。将 BIM 技术全面应用于道路桥梁和综合管网等的设计、施工全过程，可大大减少设计变更和设计错误，降低潜在的施工返工风险。

8.4.2 BIM 在城市基础设施全生命周期中的应用

随着近几年信息化技术的高速发展，产业互联网、云计算、大数据和 BIM 等新技术也不断成熟起来，各种信息化工具也在行业中不断得到应用。借助 BIM 技术的可视化、协调性、参数共享、数据集成等特性，能够高效地完成复杂的全过程工程项目管理工作，从而为实现全过程工程项目管理奠定良好的基础。

在城市基础设施工程中 BIM 的应用可分为五个阶段：BIM 在前期规划阶段的应用、BIM 在勘察设计阶段的应用、BIM 在工程施工阶段的应用、BIM 在竣工验收阶段的应用以及 BIM 在运营维护阶段的应用。

（1）BIM 在前期规划阶段的应用

在建设项目前期规划时，应使用 BIM 技术进行概念设计、规划设计，进行方案的场地分析与主要经济指标分析，并确定基本方案，辅助项目决策。基于 BIM 和 GIS 技术进行项目规划和方案设计，应用 BIM 技术将场地、已有市政管线、附属设施等建立三维模型，确定项目涉及重要基础设施的标高、走向等要素，有利于多专业规划协调以及避免各层次规划设计的冲突。

（2）BIM 在勘察设计阶段的应用

在此阶段应用 BIM 技术进行方案设计、初步设计和施工图设计。通过 BIM 模型进行管线冲突检测及三维管线综合，优化管线走向和室内净空高度，进而减少设计错误、提高设计质量。同时，为建筑设计提供依据和指导性文件，论证拟建项目的技术可行性和经济合理性，确定设计原则及标准，并交付完整的 BIM 模型及图纸等设计成果。

（3）BIM 在工程施工阶段的应用

此阶段应用 BIM 技术建立施工 BIM 实施体系，管理施工 BIM 实施内容与过程，完成 BIM 竣工验收与交付，为施工准备必需的技术和物质条件；基于 BIM 平台进行施工方案深化、施工组织准备、施工质量管理、施工安全管理、征地拆迁管理、施工进度管理、材料管理等施工全过程管控。

（4）BIM 在竣工验收阶段的应用

此阶段通过竣工 BIM 模型的创建、审查和移交，将建设项目的设计、施工、经济、管理等数据信息集成到一个模型中，建立一套完整的 BIM 数字化资产，便于后期的运营维护管理单位使用，使其能更快地检索到建设项目的各类信息，为运营维护管理提供数据保障。

（5）BIM 在运营维护阶段的应用

此阶段应用 BIM 技术进行隐蔽工程管理、空间管理、设备管理、安防管理、应急管理、能耗管理等，BIM 数字化模型承载建筑产品运营及维护的所有管理任务和数据，为用户提供安全、便捷、环保、健康的建筑环境。

8.4.3 BIM 在城市基础设施运营中的应用实践

（1）概况

京津中关村科技城智慧园区市政基础设施工程为大型市政工程领域 EPC 总承包项目，涉及十余个专业。建设内容主要包括：修建道路 16 条，全长约 30km；涉及雨水、污水、给水、中水、燃气、热力、电力、电信等各类管道总长约 300km；建设公园约 17.4 万 m^2，路侧绿化约 47.7 万 m^2，河道及水环境综合整治长度约 8.8km；建设高中压调压站、热源厂、公交首末站、公共停车场，占地面积约 3.9 万 m^2。

（2）全生命周期 BIM 的应用

1）设计阶段 BIM 应用

在设计阶段，创建了道路、桥梁、涵洞、雨水污水管线、交通工程等十余个专业 BIM 模型，同时运用无人机倾斜摄影技术实现工程三维实景建模。按照"模型文件—结构组装—专业分装—区域总装—项目总装"的顺序逐级装配，形成整个项目的总装模型。在此基础上开展了 BIM 可视化、碰撞检查、工程量统计以及仿真等多种应用。

2）施工阶段 BIM 应用

根据现场施工情况，制定项目施工模型 WBS 分解原则，即道路工程按照 200m 一段进行划分，桥涵工程按照构件进行划分，管线工程按照井到井进行划分，其他专业模型按照单体划分。施工过程中，采用"三端一云"的方式协助施工管理，即利用 PC 端、网页端和移动端实现 BIM 模型的实时数据填报、查看。利用云平台实现项目数据的集中存储和计算分析。开展了施工方案模拟与优化、可视化技术交底、进度管理、质量与安全管理、施工综合信息展示、人员材料机械管理等多方面应用。

①施工方案模拟与优化：传统施工方案的编制一般是基于二维图纸和施工经验，由于缺乏现场验证，其施工可行性往往无法满足实际要求，导致施工方案往往是边施工、边修改、边优化，对工期、质量和成本均产生较大影响。通过 BIM 技术三维可视化可实现施工方案模拟和优化。

②可视化技术交底：通过移动设备可将 BIM 施工方案带入施工现场。对照现场实际情况进行可视化技术交底，极大地方便了施工人员对施工方案的直观了解。

③进度管理：现场工作人员根据每天的施工进度在移动端填报进度数据。以填报数据和施工进度计划为基础，可以选择按照计划进度或实际进度进行施工进度模拟和进度追踪分析，发现偏差，及时采取措施纠正。

④质量与安全管理：当管理人员（发起人）发现问题后，可直接在移动端上传图片，填写问题描述和整改要求，发送给整改人。整改人收到整改通知后，根据整改要求完成整改，并将整改情况以及整改后的照片反馈给发起人，发起人收到反馈信息后，对整改情况进行验收确认，形成"发起—整改—确认"的闭环管理。

⑤施工综合信息展示：创建了施工综合信息大屏，设置了项目位置、进度分析、安全施工天数、当前任务进度、实时问题、问题月度数量统计、问题分类统计和问题实时状态统计八个功能模块，汇总现场重要信息，为快速科学决策提供依据。

⑥人员材料机械管理：利用 BIM 施工管理平台，通过赋予不同人员角色和权限进行人员管理，确保工程信息安全；通过收料单、发料单、盘点单实现工程材料的严格管理；通过扫描机械设备二维码，可填报机械的台班、检查和维修情况，实现机械管理。通过对人员、材料、机械的管理，可以进一步提高现场精细化管理水平。

3）运营维护阶段 BIM 应用

根据园区顶层设计，针对基础设施的智慧运营管理指标包括：①市政管网智能化监测管理率达 80% 以上；②交通诱导屏和智能停车场覆盖率达 100%；③智能路灯覆盖率达 90% 以上。

结合智慧运营管理要求，在施工阶段将相关构件、设备、传感器、管线闸门和阀门等的安装位置、规格型号、尺寸、生产单位、安装单位、安装日期等信息录入施工管理平台，在竣工验收阶段形成竣工模型，进行数字化移交，并接入园区数据中心，在道路维护、综合管线维修、设备设施管控、突发事件处理等方面实现园区的智慧运营管理。

（3）结论与建议

在项目中应用 BIM 技术，形成了协同设计、协同管理的工作模式，实现了模型信息从设计阶段到施工阶段再到运营维护阶段的高效传递，形成了一次 BIM 技术在智慧园区市政工程领域全生命周期应用的重要实践，为后续类似工程应用 BIM 技术提供了参考。利用 BIM 技术在可视化、协同性、优化性、仿真性方面的优势，革新了传统设计和施工管理手段，体现了 BIM 技术在提高沟通效率、精细化管理、形成数字资产等方面的重要作用和价值贡献。

智能化是全球发展趋势，在项目策划、BIM 准备、BIM 实施等阶段均需要考虑智慧运营维护需求：在 BIM 模型创建时要增加与智慧运营维护相关的基础模型创建；在施工管理平台搭建时要增加与智慧运营维护相关的过程信息采集功能，将设计和施工阶段的基础性信息传递到运营维护阶段。

由于 BIM 技术在我国建设领域的应用才刚刚开始，相关配套条件还不成熟。虽然 BIM 技术在本项目取得了一定的应用成果，但在应用过程中也出现了对 BIM 认识不到位、协同设计流程和协同管理流程不完善、平台之间接口不匹配等问题。为此，应进一步加强对 BIM 的宣传、提高认识，完善设计阶段协同设计流程和施工阶段协同管理流程，通过二次开发进一步完善不同平台之间的数据接口等，以更好地推进 BIM 实施，发挥 BIM 在项目全生命周期应用的更大价值。

8.5 设施管理概述

8.5.1 设施管理的涵义

设施管理（Facility Management，FM），按照国际设施管理协会（IFMA）和美国国会图书馆的定义，是"以保持业务空间高品质的生活和提高投资效益为目的，以最新的技术对人类有效的生活环境进行规划、整备和维护管理的工作"。它将物质的工作场所与人和机构的工作任务结合起来，综合了工商管理、建筑、行为科学和工程技术的基本原理。设施管理这一行业真正得到世界范围的承认还是在近几年。现在越来越多的实业机构开始相信，保持管理得井井有条和高效率的设施对其业务的成功是必不可少的。设施管理除了基本的物业管理外，服务内容往往涉及设置或使用目的机能的"作业流程规划与执行、效益评估与监督管理"。

8.5.2 设施管理的内容

设施管理的内容包括：

（1）所有权的费用。设施所有权的费用包括最初的和正在发生的费用。管理时，应该知道需要的费用，并通过计划分配，提供这些费用。

（2）生命周期内的花费。一般说来，所有的经济分析和比较都应该基于生命周期花费。如果只考虑资本费用和最初的费用，经常会作出错误的决定。

（3）服务的融合。优质的管理意味着不同服务的融合，例如，设计和运作。

（4）运作和维护的设计。运作者和维护者，即使他们是承包商，也应该积极参与设计审查。

（5）委托责任。项目管理的功能应该归入预算项目中去，由一位经理对各项工作负责。

（6）费用的时效性。关键是识别和比较这些费用，并且每隔一段时间进行一次有规律的比较。

（7）工作效率。应该时常通过特定的比较、使用者的反馈以及管理来判断其效率。

（8）生活质量。设施经理应该设法提高和保护职员的生活质量。最低的要求是有一处安全的工作场所，努力的目标是有一个可以提高个人和团体工作效率的工作环境。

（9）设施的冗余和灵活性。因为工作本身是经常变化的，设施经理必须进行设施的冗余和灵活性分析。

（10）作为资产的设施。设施应该被看作是可以通过各种途径给公司带来收益的有价值的资产。

（11）商业职能。设施应该和公司的业务同时发展、同步规划。

设施管理是一个连续的系统。设施管理从开始计划到进行管理是一个连续的过程，不是一系列分立项目的组合。设施管理只提供了一种产品——服务。

8.5.3 设施管理的特点

作为一个新兴行业，设施管理有其自身的特点。归纳起来，主要有六点，即专业化、精细化、集约化、智能化、信息化、定制化。

（1）专业化

设施管理提供策略性规划、财务与预算管理、不动产管理、空间规划及管理、设施设备的维护和修护、能源管理等多方面内容，需要专业的知识和管理及大量专业人才的参与。另外，化工、制药、电子技术等不同的行业和领域，对水、电、气、热等基础设施以及公共服务设施的要求不同，所涉及的设施设备也不同，需求实行专业化服务。

（2）精细化

设施管理以信息化技术为依托，以业务规范化为基础，以精细化流程控制为手段，运用科学的方法对客户的业务流程进行研究分析，寻找控制重点并进行有效的优化、重组和控制，实现质量、成本、进度、服务总体最优的精细化管理目标。

（3）集约化

设施管理致力于资源能源的集约利用，通过流程优化、空间规划、能源管理等服务对客户的资源能源实现集约化的经营和管理，以降低客户的运营成本、提高收益，最终实现提高客户运营能力的目标。

（4）智能化

设施管理充分利用现代 5G 技术，通过高效的传输网络，实现智能化服务与管理。设施管理智能化的具体体现是智能家居、智能办公、智能安防系统、智能能源管理系统、智能物业管理维护系统、智能信息服务系统等。

（5）信息化

设施管理以信息化为基础和平台，坚持与高新技术应用同步发展，大量采用信息化技术与手段，实现业务操作信息化。在降低成本提升效率的同时，信息化保证了管理与技术数据分析处理的准确性，有利于科学决策。

（6）定制化

每个公司都是不同的，专业的设施管理提供商根据客户的业务流程、工作模式、经营目标以及存在的问题和需求，为客户量身定制设施管理方案，合理组织空间流程，提高物业价值，最终实现客户的经营目标。

8.5.4 设施管理的未来发展

中国房地产业的持续蓬勃发展，全国各类场馆的迅速增加，丰富的物业类别与多元开发运营模式无疑是设施管理理论实践的最佳市场，就像住宅区物业管理是随着住房制度的改革发展起来的一样，政府办公楼、学校、医院、影剧院、博物馆、体育馆等城市基础设施的管理模式改革也会随着相关领域的改革而获得发展。此外，随着越来越多的大型企业意识到其物业资产在公司发展战略中的重要地位，现代化智能大厦和高新技术产业用房落成数量的不断增加，对于工作和生产空间质量要求的不断提高，都会形成对高质量专业化设施管理服务的潜在需求，伴随而来的就是新兴技术产生，更多的新兴技术将会运用到设施管理中去，数字孪生技术就是其中的一个典型代表。

（1）数字孪生的定义

根据国际定义，数字孪生是充分利用物理模型、传感器更新、运行历史等数据，集成多学科、多物理量、多尺度、多概率的仿真过程，在虚拟空间中完成映射，从而反映相对应的实体装备的全生命周期过程。简单来说，就是针对现实世界中的实体对象，在数字化世界中构建完全一致的对应模型，通过数字化的手段对实体对象进行动态仿真、监测、分析和控制，如图 8-5 所示。

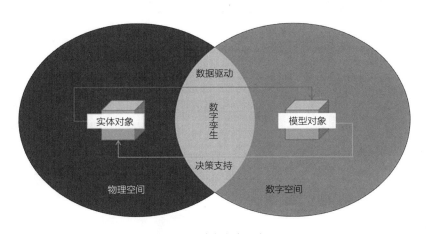

图 8-5 数字孪生示意图

（2）数字孪生在设施管理中的应用

数字孪生将对建筑产业形成不可忽视的冲击力，是整个建筑业转型升级的核心引擎。当然，数字孪生建筑的推动绝不是一个企业可以完成的，这必将是一个行业多方共同搭建的平台，基于数字孪生建筑平台可实现整个建筑业的数字化、在线化、智能化，并最终实现未来建筑的美好愿景。目前在建筑领域，BIM 是创建和使用"数字孪生"的工具，数字孪生技术也是建筑全生命周期中设施管理的未来发展方向。

目前，常见的"数字孪生"软件有 Archibus、FM：system 和 SmarterFM。

1）Archibus 关注资产及设施的全生命周期管理，提供追踪资产的可视化管理工具。

2）FM：system 集空间管理、地产、运营维护、设施项目等信息于一个系统，实现了信息的共享，给管理人员提供了统一的信息。

3）SmarterFM 基于 Cloud+FM+BIM+ 移动互联技术，通过对楼宇建筑的设备、空间、管线与三维图形的集成实现可视化智慧运营维护管理。以 SmarterFM 为例，平台构建如图 8-6 所示。

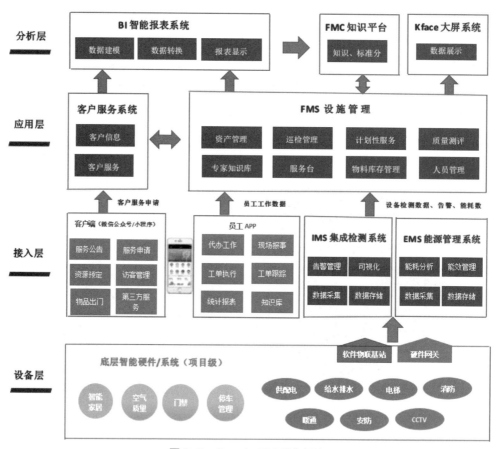

图 8-6　SmarterFM 平台架构

通过各系统之间的环环相扣与相互协调作用，把庞杂的数据直观地展现到管理者面前，利用数据更好地分析设备现状，有针对性地开展工作，增加数据背后与管理者的互动性，更加节省时间，使工作变得更加高效。在数据时代，只有很好地把握时效，才能更敏锐地发现问题与机遇。

本章小结

本章主要介绍基于全生命周期的城市基础设施智慧运营管理。事实上城市基础设施的管理如果不是基于全生命周期管理理念，而是条块分割，就会造成"头疼医头，脚疼医脚"的问题。实际上长期的、复杂的城市基础设施在全生命周期就像是中医讲究的经络系统，必须从策划、咨询、设计时期的数字传递到采购、施工及最后运营维护，是具有传输性和维护性的，但是这样一个庞大的系统单靠传统的运营管理方式已经难以为继，因此，大数据、人工智能、物联网、BIM及工业互联网等应用为实现全生命周期的城市基础设施运营管理提供了可能。此外，设施管理作为新理念极好地解决了存量城市基础设施的利用效率和质量。

 思考题

1. 新型城市建设逐步走向智能型转变，其基础设施的建设和运营也在不断为适应民众的生活需要而发展。思考新型智慧城市建设下，基础设施的建设和运营以何种形式展现，并阐述其特点和要求。

2. 基础设施智慧运营在操作过程中将面临哪些困难和瓶颈？如何解决？

3. 从政府、企业视角对全生命周期城市基础设施运营管理的保障措施进行研究，并加以阐述。

第 9 章

发达国家典型城市基础设施运营管理实践

学习目标

➢ 了解美国、德国、日本、新加坡等国在城市基础设施运营管理中的先进做法，并分析对中国的启示。
➢ 尝试搜集国外其他城市基础设施运营管理好的做法并指出其借鉴点。

9.1 美国城市基础设施运营管理实践

9.1.1 天然气管网运营

（1）管理机制

美国天然气管网的运营模式属于完全市场型，管道运输与销售业务彻底分离，全国拥有众多专营天然气管道输送公司，由联邦和州两级政府监管，市场完全放开，管网运营良好。

在美国提供天然气管道运输服务，既有众多私人所有的独立管道运输服务公司，也有综合能源公司的专业子公司，各类公司需取得许可证才有资格参与天然气运输。为防止这些管道公司滥用自然垄断地位操纵收费价格、阻止管网使用者公平进入，美国政府规定，一切需要管道输送服务的企业都有权进入管网；在运输容量有限而要求提供运输服务的企业过多时，则按比例分配运输容量。在保护管网用户和消费者利益不受侵害的同时，须确保管道经营者获得合理的回报，以便提供长期稳定的石油天然气运输和配送服务，在市场需求增加的情况下，具备提高运输量和扩大服

（a）　　　　　　　　　　　　　　　（b）

图9-1　天然气管道

务范围的经济实力。其天然气管道如图 9-1 所示。

（2）监管机制

政府设立了专门独立的能源主管部门和能源监管机构。能源主管部门——美国能源部，主要负责能源发展和安全的大政方针及相关政策的研究和制定；能源监管机构——联邦能源监管委员会，主要负责具体监管政策的制定和执行。各州也设立了相对独立的监管部门，形成了联邦与州两级层次鲜明、职责清晰的管理体制。监管机构独立于政府并具有司法审判功能，对油气管网建设、运营、准入、安全、环保、运输价格和服务等行使审批权和独立监管，有效地保证了政府能源政策的落实。

（3）发展阶段

天然气发电在美国经历了两个发展阶段。一是在天然气市场进入快速发展期后，天然气发电得到迅速发展，发电用气占天然气总消费量的比例从 1935 年的 9% 提高到 1972 年的 18%；二是 1987 年美国政府解除了发电和大型工业用户使用天然气的限制，天然气发电进入第二个发展阶段，1998 年发电用气超过居民用气，2007 年发电用气占天然气总消费量的比例达到 30%。纵观美国天然气的发展历程，天然气发电是拉动天然气消费增长的重要因素，特别是天然气市场进入成熟期后，民用和商用气发展平稳，消费增长主要靠天然气发电驱动。

（4）价格机制

美国对天然气价格的管制经历了从不管制到控制井口价格再到完全放开三个发展阶段。美国政府从 1954 年开始对井口价格实行控制，长期将天然气价格控制得过低，在 20 世纪 80 年代以前，天然气价格一直低于煤炭价格。进入 20 世纪 70 年代后，随着天然气生产成本上升，政府未及时调整气价，天然气生产商的利益受到很大损害，生产积极性下降，导致产量从 1973 年的 6154 亿 m^3 迅速下降到 1978 年的 5415 亿 m^3 和 1983 年的 4557 亿 m^3。同时，较低的气价促使天然气消费快速上升，出现严重的供不应求局面。1976~1977 年冬季，天然气严重短缺时有 9000 个工厂被迫停产，有些州的学校因无气供暖而被迫停课，这是美国天然气发展史上的"失败时代"。为此，美国政府汲取教训，在20世纪70年代末取消了价格管制，并逐步建立起市场定价机制。目前，美国联邦能源监管机构侧重于维护竞争性的市场，不直接干预价格。

从美国天然气低价政策的教训中可以看出，在天然气快速发展阶段，随着消费的快速增长，消费者价格承受能力逐步增强，适时建立天然气价格的市场形成机制，既能促进天然气合理消费，也能保证生产商的利益，从而形成供需双赢的局面。

9.1.2 高速公路

（1）基本情况

美国拥有当今世界上数量最多、里程最长的高速公路网。美国自1937年在加州修筑第一条长为11.2km的高速公路以来，到1997年全国已建成高速公路总长达89203km，占全国公路总里程的14%。其网络几乎贯通全国所有城市，其中纽约至洛杉矶的高速公路长达4556km，成为世界上最长的一条高速公路。其高速公路如图9-2所示。

（a） （b）

图9-2 高速公路

（2）运营与养护管理

1）运营管理

美国高速公路的运营管理由各州负责。

2）养护管理

美国高速公路养护实行地方区域管理体制，各州按地域划分，由各种技术人员及各大、中、小型组合的成套机械设备组成养护组织，除了对所辖路段的常规养护外，还负责路面检查，同时监管养护计划、技术、财务等各项工作。

3）安全管理

美国高速公路的安全管理规范、交通法规健全、交通执法严格。高速公路交通安全管理由各州公路警察负责，联邦有关部门立法、各州公路警察执法，法庭和监察部门司法，各州制定《公路安全计划管理程序》，各有关部门协作完成公路管理工作。

4）收费管理

美国高速公路的收费管理高效务实，智能先进。美国的高速公路大多不收费，对一些特殊路段，为缓解交通压力，实行车道分别管理措施，即拿出一两条车道对单驾人员收费，而乘坐两人以上的车辆免费通行，这也是调节交通流量的一种新的思路和尝试。美国的收费系统大多采用智能化收费系统。

5）救援管理

美国高速公路的救援体系迅速、高效。为应对突发事故的发生，美国各州都建立了救援体系。在亚特兰大，成立了一支特殊的完全免费的高速公路救援队伍，取名"HERO"，他们的通信设备先进、救援设施完善、救援人员素质高、救援反应迅速。救援人员都受过特殊的培训，物理、化学、医学知识样样精通。他们在尽快解救被困人员和车辆、恢复交通过程中发挥了重大作用，成了全美学习的典范。

9.2 日本城市基础设施运营管理实践

9.2.1 东京的供水项目

（1）管理体制

日本的供水形式分为集中供水和分散单户供水两种，集中供水占96%以上。国家对用水人口超过100人和一日最大给水量超过规定基准的自来水进行管理，包括生活用水和工业用水。自来水的管理体制大致可分为三级：最高是国家，其次是都、道、府、县，第三级是市、町、村。

（2）定价制度

根据都议会审议通过的《东京都水道条例》，确定水费价格的计算方法和价格体系（图9-3）。水费价格体系以及计算方法的调整变更必须首先征求中央一级主管的厚生劳动大臣的意见，然后经过都议会的审议批准，在修改条例相关内容之后才能实施。

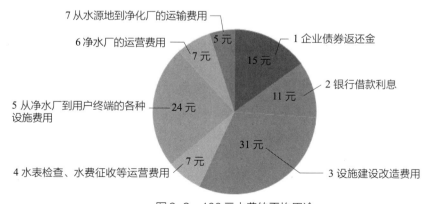

图9-3　100元水费的平均用途

成本累计模式或称资金收支模式，即分别计算收益性支出（企业经常性经营活动所产生的支出）和资本性支出（通常指设施的建设改造支出），使收益性支出、内部留存资金与资本性支出的总额等于资本性收入、内部留存资金与水价的总额，如图9-4所示。

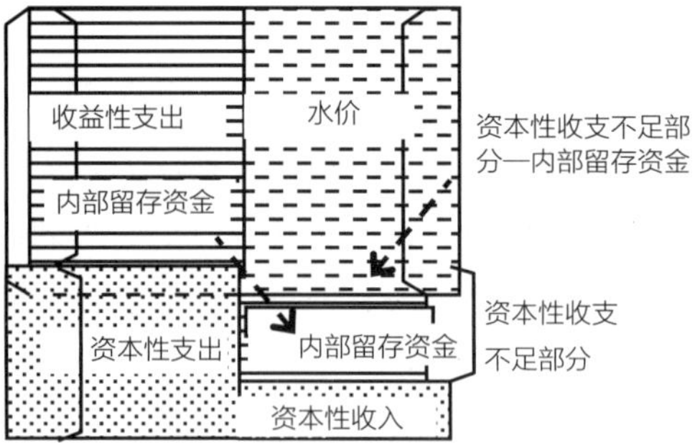

图9-4 水价确定的资本收支模式

（3）自来水厂的管理

1）管理模式

自来水厂视其供水规模和供水范围的大小，可分为两种管理模式，一种是供水规模和范围较大甚至跨行政区时，一般实行分级管理；另一种是供水规模和供水范围有限，水厂的管理从水源到用户、从水的净化到水费计收自成一个完整的系统，这种管理模式主要是专用自来水或者小型自来水工程。

2）水质管理

日本的水质管理范围广泛，涉及从水源到水龙头的诸多事项。管理的内容包括例行的水质检测、根据检测信息的评价与分析使用自来水设施以及变更净水处理条件等。根据厚生劳动省规定，日本水质检测项目共178项，其中基准项目50项，水质管理设定项目27项，农药类项目101项。如果某项指标确定无法达到标准，必须报请水质监督部门批准，否则将被责令停止供水甚至可能被起诉。

3）用户服务管理

日本自来水厂的服务管理做得非常细致。一方面，每个用户可获得印刷精美的服务手册，水种简要介绍了水工艺；重点宣传了水价制定政策及其收缴办法；同时说明了自来水使用当中常见问题的形成原因及其简易处理方法等；公布了紧急情况处置报警电话，可随时拨打。另一方面，自来水厂定期邀请居民或居民代表参观净水厂的生产工艺和过程，宣传和鼓励居民使用自来水。

9.2.2 东京的轨道交通

（1）基本情况

日本地下轨道交通历史悠久、四通八达、方便快捷，特别是地下隧道的设计穿梭于各种建筑群的地下或其中，先进的减隔震技术、防排水等细节处理、盲文标识、深刻的人文关怀值得学习和借鉴，如图9-5所示。

（2）审批许可制

东京的轨道交通采取"上限许可制"，即根据总成本计算方式，经过运输审议会的咨询和确认后，国土交通省作出审批答复，实施以总成本为基础的运营价格上限

（a）　　　　　　　　　　　　　　（b）

图 9-5　轨道交通

许可审批制度。其以运营商的经营管理费用为基础计算，可能造成运营商抬高成本，最终转嫁给使用者。东京轨道交通从 2001 年起开始实施竞争性价格体系，图 9-6 为运营成本核算机制。

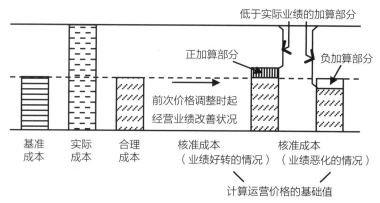

图 9-6　运营成本核算机制

（3）经验

1）权属分离

将竞争性部门和非竞争性部门的所有权与经营权分离、职能分离、会计分离等。

2）限制利用

通过政府介入，规定轨道交通"上下分离"的建设管理模式，即由政府负责轨道交通基础设施部分的建设和维护管理，民营企业负责车辆、车站、调度中心等建设完成后运营管理部分收费价格体系的改革。

3）成本计算方法改革

加强激励机制、降低管理成本，防止运用自有资本进行过剩投资激励机制的建立，逐步引进部门间竞争性价格体系和价格上限控制等方法。

4) 放宽价格限制

随着市场准入限制和价格申报制的放宽，强竞争性带来了经营成本的降低和价格的降低，市场自由化的效果正在逐渐显现。

9.2.3 京都的城市生活垃圾

(1) 垃圾的分类与收集

生活垃圾一般分为可燃垃圾、不可燃垃圾、资源垃圾和有害垃圾四大类。资源垃圾主要是纸张、塑料、玻璃、金属等，有害垃圾包括 8 光灯、水银温度计、干电池、气体打火机、灭火器等。在日本各地，具体的垃圾类别细分有一些区别。有的物品作垃圾分类需要按尺寸衡量，如果超过规定尺寸，就不是"小件垃圾"，而是"大件垃圾"。

横滨市把生活垃圾分成 10 类，市政府向市民分发了专门的手册来说明，其内容细致入微。比如女子的长筒袜如果只剩一只，可以按可燃物处理；但如果是一双，则应按废旧衣物处理。上胜町细化的垃圾分类达到了 44 种，而所泽市的《家庭垃圾的分类和处理方法》在可燃垃圾、不可燃垃圾、资源垃圾和有害垃圾四个大类下分有 70 个小类。

(2) 垃圾的处理利用

日本对垃圾是及时处理的。在垃圾处理厂，根据垃圾种类的不同，处理的方法也不同。可燃垃圾是燃烧处理，资源垃圾是收集起来循环再利用。

日本前岛清洁中心是市政府投资成立的一家垃圾焚烧场，比较有代表性。该市有 36 万人，每天产生约 450t 的可燃烧垃圾，该焚烧场的焚烧炉每天 24h 运转。垃圾被倒进地下贮藏室，再由机械手抓起来放进焚烧炉。焚烧垃圾时，炉内产生高达 900℃的高温气体，这些高温气体进入冷却罐，把里面的水变成高温高压的蒸汽，蒸汽用来发电，发电的余热又用于提高游泳池水的温度，从而实现了热能的充分利用。

它的两台焚烧炉每天最多共能发电 4400kW·h，清洁中心的电力基本上是自给自足的。电用不完的时候，清洁中心会把电输送给电力公司，得到一些经济收入；电不够用时，他们又购买电力公司的电。清洁中心焚烧垃圾所产生的粉尘通过一个集成设备进行处理，从而清除了粉尘污染。焚烧产生的废气还要经过清洗、脱硫等处理，清除了污染物后才排入大气。焚烧产生的废渣大部分被送到远处的大阪湾掩埋场掩埋，少部分在焚烧场附近就地掩埋。在当地,早期的掩埋场有的建成了停车场，有的改造成了林地。

东京以南的港口城市横须贺，努力开发将生活垃圾变为能源的新技术，并获得了初步成功。科研人员利用专门设备从垃圾中自动分拣出烂菜果等可分解的生活垃圾，然后用甲烷菌对其作发酵处理，得到大量沼气，而剩的残渣可焚烧掉。这一技术虽然还处于开发阶段，但全市的生活垃圾经此处理后，已经可为 650 辆市内的公共汽车提供燃料。

不可燃垃圾经过压缩无毒化处理，可用于填海造田。东京湾新兴的综合休闲娱乐区，就有一部分是用垃圾填海得来的。对垃圾进行分类和回收利用的费用要比建垃圾场来存放垃圾的费用高很多，但有利于保护环境。

日本处理垃圾运用了 EM（有效微生物群）技术。EM 是一种以米糠为主要成分，由乳酸菌、酵母菌、放线菌和光合细菌等 80 余种微生物组成的微生态制剂。其发明人是日本琉球大学教授比嘉照夫。1992 年，此研究成果开始用于环境保护以及农业、养殖业等方面。日本推广了生活垃圾 EM 处理技术，努力在家庭内将厨房垃圾变成有机肥料。用 0.2%EM 含量的专用粉状发酵物，按 1% 的用量接种到有机生活垃圾中进行厌氧发酵，夏季经 7 天后有机垃圾即被分解，且无臭无蚊蝇滋生，同时还可得到无臭味、可直接还原于土壤的活菌肥料，用于蔬菜和花卉的栽培。

（3）日本的垃圾处理与循环经济型社会

所谓循环经济型社会，指的是一种生态型经济社会，它的五个环节是：减少废弃物的排放；废弃物处理后重复使用；不能重复使用的废弃物作为资源再利用；不能作为资源再利用的废弃物则用于燃烧发电或供热；不能燃烧的废弃物则要正确掩埋。通过这五个环节，可以最大限度地减少资源消耗，减轻对环境的污染。

日本政府把建立循环经济型社会作为基本国策之一，使日本的循环经济走在了世界的前列。日本地少人多，工业原料大部分依赖进口，世界原料市场的任何波动都会对日本产生影响，因此，努力提高资源利用率是迫切的任务，日本政府通过立法和不断完善法律制度，来强制推广循环经济体系。2001 年，日本颁布了《循环型社会形成推进基本法》，确立了国家、地方、企业和个人应负的责任。从 2000~2005 年，有关包装、家电、食品、建筑、汽车五个领域的产品再利用法都陆续生效和实施，为推动循环经济发展提供了良好的法律基础。而早在 20 世纪 70 年代，关于垃圾的有效处理和再利用，日本就制定了《废弃物处理法》和《资源有效利用促进法》。最近几年，日本对这两部法律进行了修订，以适应新的循环经济的要求。"垃圾是有用的资源"的意识已经融入日本政府和普通公民的思维中。

推进循环经济要最大限度地节省资源，要实现零污染。日本国会每年通过的与环保有关的预算超过 1 万亿日元，其中用于垃圾处理和再利用的预算约 1500 亿日元。日本家庭生活垃圾的处理由地方政府负责，所需费用主要来自地方税收。工业垃圾的处理和再利用由企业自行负责，政府则通过提供补助金、低息贷款、免税等手段，帮助企业建立循环经济生产系统。因此，工业垃圾再利用进展比较顺利。企业回收利用工业垃圾遵循的是"3R"原则，即废弃物的减少（Reduce）、再利用（Reuse）和再循环（Recycle），对不遵守 3R 原则的则依法制裁。日本《废弃物处理法》对 20

多种行为制定了惩罚标准，如乱弃垃圾，轻者可处以最高30万日元的罚款；重者可处以高达1000万日元的罚款及5年以下有期徒刑；最重的，除了判刑外，可处最高1亿日元的罚款。

对建设循环经济型社会，除了用国家的立法推动外，日本社会各界都积极参与。大多数企业都努力节约资源，严格依法处理废弃物；公民则逐渐形成了高层次的环保型生活方式，自觉正确处理废弃物。新闻媒体和社会团体的宣传监督，也起到了很好的促进作用。

（4）日本垃圾分类管理对我国的启示

1）加强宣传教育，提升公民参与热情

在我国，应该将垃圾分类的处理工作作为首要内容，放在提升公民的参与程度之上。这也就需要政府加强对社会居民的环境保护教育工作。在日本，不仅针对学校和工厂开设了环境保护教育，同时还针对家庭以及个人展开了相关的学习活动，日本的垃圾分类宣传教育具有多样性和常态性，同时表现力也十分强烈，宣传的种类更是十分灵活多变。而我国，目前公民对于垃圾分类处理工作的参与程度严重不足，人们没有从根本上意识到环境保护问题的重要性。因此，我国的政府应该加大环境保护的宣传力度，鼓励居民对生活垃圾进行统一的分类和处理，如此才能够保障社会人民群众的身心健康问题。我们也应该推动环境教育的立法工作，对垃圾分类处理进行多样化的宣传，不仅要在学校和政府等地，同时还要在家庭、社区等地开展环境宣传教育，增强人民群众垃圾分类处理的意识，不断对人们的思想进行调整和改变，使垃圾分类成为每一个中国居民的日常行为，成为每一个合格公民日常生活的重要组成部分。

2）健全法律系统，提供法律保护

在日本，垃圾分类处理工作之所以能取得显著的效果，就是因为日本针对垃圾回收制定了相关的法律规定。对于垃圾的分类回收，日本不仅具有健全的法律类别，同时还将细节工作做得十分完美，操作性极强，公民和企业单位使用起来都十分灵活简捷。

3）建立鼓励、约束制度，促进公民参与

我国可以采取相应的鼓励制度来确保在环境治理过程中市场机制能够发挥最大化作用，推动企业参与到保护环境的工作中来。这一点日本做得十分优秀，我国可以对其进行积极的效仿，例如，我国可以采取减免税务、补贴专项资金等方式来推动企业参与到环境保护工作中来，并加大对环保科研项目的资金投入；或者是对购买绿色产品的消费者提供一定的补贴手段，鼓励公民尽可能使用环保产品；同时还要建立相应的约束机制和问责机制，通过二者之间的紧密匹配来达到垃圾分类和环境保护的目的。

9.2.4 东京的高速公路运营

（1）私有化改革背景

日本道路公团（日本国有道路公司的一种称呼）在推动日本高速公路建设上起到了不可或缺的作用，但是随着路网接近完成，体制问题也逐渐暴露出来。一是其建立的初衷是推动高速公路建设，长期以来公司利益在于建设更多的高速公路而很少考虑财务的纪律性，因此债务率很高；二是其经营效率比较低；三是项目建设程序不透明，关联公司多，存在暗箱操作等现象。截至 2001 年，几大公司负债总额高达 40 万亿日元。2001 年起，日本政府决定对日本道路公团进行私有化改革。2005 年 10 月 1 日，日本的高速公路公司被改制成 6 家仅负责道路建设和管理的高速公路公司以及 1 家代表国家的独立机构——日本高速公路股份及债务偿还机构（以下简称"机构"）。实现高速公路产权和经营权的分离后，私有化后的道路公司在专业化程度、资金使用效率以及提供服务方面都得到了提高，而机构为实现还贷目标也积极推动收费期以及费率的合理增长，且取得了一定效果。为了破除融资困难，日本还研究了中国和韩国的 PPP 模式，希望利用民间资金加快路网建设，并能够取得一定的经济效应。

在私有化改革的同时，针对一些不适于采取收费政策的路线，日本政府提出了直接建设计划，建设资金按比例由中央和地方财政分担，建成后免费开放通行。

（2）采取的措施

1）坚持收回成本原则

所有费用向用户收取，在无法盈利的路线上，必须采用延长收费期限、绑定统筹制度和努力降低成本措施。

2）路网之间交叉补贴，统筹绑定资金池系统

获利的路线其通行费收入用于对非获利路线进行补贴，该措施已经扩展到整个路网，做法如图 9-7 所示。

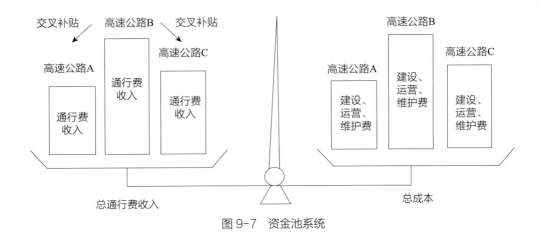

图 9-7 资金池系统

绑定统筹资金池系统是一种交叉补贴模式，高速公路遍布全国，各链接不一定是独立的，通行费率也不统一，项目的开发成本受各地地价和建筑成本波动的影响较大，为避免项目成本差异，使还款能够平稳进行，采用资金池系统可缓解以上问题。

3) 发挥道路公团的优势，政府实行强力控制

利用邮政储蓄和退休金储备进行财政投资和贷款，政府投一定股本，并且免息；实行收费公路和普通公路项目搭配混合发包。

4) 采用类资产租赁模式

高速公路公司负责募集债券和贷款建造新的公路，在完成后将建造的高速公路资产和债务转交给机构，机构负责在45年内用高速公路租赁费还清债务，如图9-8所示。

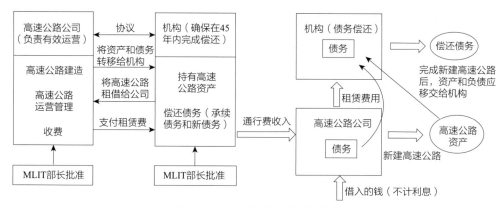

图 9-8　日本高速公路的运作模式

9.3　德国城市基础设施运营管理实践

9.3.1　铁路

（1）基本介绍

德国铁路股份公司（德语：Deutsche BahnAG，缩写：DB、AG 或 DB）其总部设在柏林。它是世界上第二大运输企业，仅次于德国邮政股份有限公司，它也是欧洲最大的铁路企业。

（2）德国北威州铁路的现状及规划

德国铁路营业里程为 35000km，气化铁路为 20500km，铁路每年承担了超过 3.5 亿万 t 的货运量和 22 亿人次的客运量。德国高速铁路共计 1251km，其中，新建线为 965km，最高运营速度为 300km/h；改造线路 286km，最高运营速度为 230km/h。德国的铁路采用两种模式：一种为干线铁路，主要为欧洲城际快车、城际快车和城际特快列车，形成了连接欧洲大陆和德国主要城市的主干铁路网；另一种为地方铁

路，包括区域特快铁路、区域铁路和城市铁路，要服务于德国支线的乡镇和地方社区。

北莱茵—威斯特法伦州（简称"北威州"）地处欧洲腹心，经济发达，拥有欧洲最稠密的交通线网。北威州在仅3.4万余平方千米的土地上，建有德国最为密集的铁路网，铁路里程超过3700km，是德国高速铁路网的重要枢纽。北威州的科隆中心火车站是欧洲流量最大的铁路节点之一，每天营运1230列火车，输送28万名乘客。在中短途运输方面，德国铁路公司、众多区域铁路公司和有轨电车以及城市轻轨系统共同为近距离公共交通提供日常保障。

2011年3月，欧盟委员会颁布了《迈向统一欧洲的交通发展路线图——构建竞争力强、高效节能交通系统》的白皮书作为欧盟指导性文件。白皮书对铁路发展提出了重点要求。规划2030年高速铁路网里程达到目前的3倍，在所有成员国中形成高密度的铁路网络；2050年完成欧洲高速铁路网建设，实现铁路网络（特别是高速铁路网络）与所有机场、重要海港、内河水运系统之间的便捷高效衔接。至2050年，绝大部分中短途旅客运输（50~1000km）由铁路承担，超过50%的运距在300km以上的公路货运转移至铁路或水路运输。

（3）运营主要措施

1）放松价格管制

德国联邦政府给予运输企业很大的经营自主权，企业可以根据运输市场的变化和企业成本的增幅调整价格策略。目前，德国铁路客运采取双重客运票价体系：长途客运公司经营的产品由该公司根据市场原则自主定价；短途客运价格由各地区运输联合会定价，联邦政府对短途客运提供补贴；货运运价完全由货运公司自行决定，实际运价由货运公司根据使用车辆、运送速度、运到期限、服务项目等内容与货主商定，并签订合同加以确定。

2）短途客运补贴

DB集团经营部分短途客运，由于德国联邦政府认为短途客运具有明显的公共服务性质，因而DB集团能够得到联邦政府的短途客运直接补贴。1996~2002年，联邦政府对短途公共客运地方化的支持资金年均约65亿马克。2003~2012年，DB集团获得联邦政府的短途客运直接补偿金额每年约42亿欧元。这些支持政策在铁路企业的市场化经营等方面发挥着重要作用，也促进了铁路企业运价政策的市场化导向。

3）多种票价优惠

DB集团为旅客提供了不同形式的票价优惠政策，主要包括打折票和乘车优惠卡。打折票是鼓励旅客提前购票，从而获得一定的优惠，但有一定的限制条件。乘车优惠卡有三种，分别为BahnCard25、BahnCard50和Mobility BahnCard100，每种卡都分为一等车和二等车。持BahnCard25和BahnCard50卡买票可以取得标准票25%和50%的优惠；持Mobility BahnCard100可以免费乘坐公共汽车、地铁等城市交通工具，在各个运价区域内均有效。

4）购票渠道便利

DB 集团的客票营销组织按照旅客不同的需求制定不同营销渠道方案，除车站人工售票外，还提供七种主要的营销渠道，分别为：旅行中心、自动售票机、获得 DB 集团许可证的旅行社、互联网系统、车上售票系统、订票中心和呼叫中心。此外，DB 集团还在国外设立售票点，为境外的旅客提供方便的购票服务。

5）运输产品多样化

运输产品多样化为旅客和货主提供了更多选择。客运方面，长途客运公司以开行 ICE 和 IC/EC 列车为主，还提供部分夜间列车；地区客运公司主要开行 RE 地区特快列车、RB 地区普通旅客列车和 S-Bahn 城市快速列车。货运方面，为更好地吸引货源，充分发挥铁路大运量、中长途技术优势，在加快货物送达速度、扩大货物运输服务范围和简化客户运输手续等方面推出了许多货运产品。例如，针对大宗物资，开行整列直达运输产品；针对中、小运量货物，主要开行集结式运输产品（包括城际货物列车和国际货物列车）。此外，还开展联合运输产品业务，并为企业提供全程物流解决方案。

6）境外市场拓展

DB 集团在拓展境外市场方面取得了显著成效，2012 年境外业务收入占总收入的 42.13%。客运方面，组建 DB 欧洲客运公司经营境外客运业务（除跨境客运业务）；货运方面，通过辛克物流公司大力发展欧洲的陆路运输、全球空运和海运服务。2012 年，陆路运输收入 64.15 亿欧元，占辛克物流公司总收入的 41.69%；全球空运和海运收入 72.27 亿欧元，占辛克物流公司总收入的 46.96%。近年来，由于欧洲的经济发展并不乐观，燃油成本持续高涨，物流市场价格战越演越烈。为此，DB 集团将眼光放在了全球市场，其焦点定位于亚太地区，2012 年其在亚太地区的收入达到 27.53 亿欧元，占总收入的 7.01%，比 2011 年增涨了 15.1%。

DB 集团的业务框架如图 9-9 所示。

（4）运行图管理

路网公司营销部下设运行图管理、通过能力管理、信息管理、客户服务等 4 个部门。其中，负责运行图编制和管理的人员 12 人，主要职能是制定运行图编制原则、标准、规范，组织编制、协调和调整国际联运运行图，负责跨区域大型施工的组织和管理等。德铁境内运行图由路网公司下属的 7 个分公司负责编制，负责具体编图人

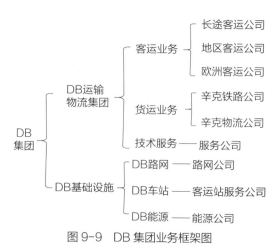

图 9-9　DB 集团业务框架图

员有 900 人左右。跨地区运行图铺画中的有关问题，主要由各分公司自行协商解决，路网公司营销部只对各分公司间解决不了的极个别问题进行协调。

德国铁路运行图每年编制一次，编制周期为 29 个月，每年 6 月开始实施新图，从 2002 年开始，每年 12 月实施新图。新图编制程序大致有六个步骤：一是提前 29 个月，路网公司开始组织做新图的各项准备工作；二是提前 24 个月，各客户向铁路提出开行客货列车需求；三是提前 20 个月，将新图方案向客户公布；四是提前 8 个月，客户向铁路反馈运行图的修改意见；五是提前 6 个月，向客户提供新图编制结果；六是提前 5 个月，最终确定列车运行图，并向社会公布。此外，国际联运的运行图由德铁路网公司与欧洲运输协会（Forun Train Europe，简称 FTE）和有关国家共同协商编制，一般提前 12 个月开始着手准备，由 FIE 组织召开有关国家编图人员参加的国际客货联运列车运行图编制会议，并于每年 6 月底通过签订协议最后确定第二年国际联运的列车运行图。

（5）经验与启示

1）强化合作竞争意识，适应现代运输业发展的潮流

目前，德国铁路正研究构筑一个由铁路、公交地铁、轻轨和出租汽车所组成的强大的地区整合交通运输网络。实践证明，市场经济中既有竞争，也有合作，企业间的合作竞争、联合经营和生产要素跨行业、跨部门、跨地域配置已成为现代运输业发展的大趋势。

2）坚持实施提速战略，提高铁路运输市场竞争能力

提速是铁路生存和发展的根本出路，我国铁路要在市场竞争中赢得主动，获得更大发展，必须继续实施提速战略，以提速为龙头，不断进行结构调整，促进铁路产业升级，加快铁路现代化步伐。

3）适应货运市场需求，加快建立全路快捷货运体系

快捷化是世界铁路货运发展的一个重要趋势，近 20 年来，快捷货运在世界范围内获得快速发展，在开拓铁路运输市场和巩固扩大市场份额中显现了强大的生命力。欧美发达国家以货主需求为导向，通过技术创新和运输组织创新，广泛应用信息技术，开发了物流列车、集装箱直达货物列车、高速邮政列车等快捷货运产品系列，取得了良好的经济效益和社会效益。在我国铁路初步形成提速客运网络的基础上，要加快构建快捷货运体系。在巩固铁路大宗货物运输优势的同时，要积极主动地适应高附加值货物的运输需求，着力调整运输结构，改革运输组织方式，减少停站时间和数量，简化货运办理手续，提高货物送达速度，开发适应现代物流要求和市场需求的快捷货运产品系列，实现货运快车开行方式客车化，满足现代物流对快捷运输的需求。

4）实现体制机制创新，大力提高运输经营管理效能

第一，分离营销和生产功能；第二，实行简便、灵活的货物运输价格机制。

5）大力提高服务质量，树立铁路良好市场形象

牢固树立以旅客需求为中心的服务理念，改革和完善客运站服务管理方式，将仅行使监督功能的电视监控系统真正变为支持客运站实施全方位服务的指挥、协调、监控和管理的中心。

6）构筑信息支持系统，适应铁路运营现代化改革的需要

德国铁路客运联网售票、调度指挥等信息系统和杜伊斯堡客户服务中心、3S服务中心的高效运作，均离不开先进的信息技术作支撑。要大力采用信息技术，充分利用现代通信技术、计算机网络技术、控制技术，建成高度信息化的铁路生产、管理营销网络。积极利用电子数据交换、互联网等技术，通过网络平台和信息技术将企业服务网点连接起来，实现资源共享、信息共用。

9.3.2 供水

（1）德国供水与水源情况

德国自来水普遍是直接饮用，即我们常说的直饮水。德国大多数自来水厂的处理工艺较简单。臭氧活性炭等深度处理应用比例相对较小，有的自来水厂甚至没有消毒工艺。德国长期使用土地过滤这样接近自然的净化水源的做法是其整个供水系统中的一个重要组成部分。

20世纪早期，德国水界也有过关于直接取地表水还是通过河床过滤的探讨。土地渗透作为一个安全自然的供水处理系统得到广泛认同和普及。虽然德国的一些地表水也经历了污染较严重的时期，但是在供水水源上一直得到了较好的保证。

德国供水水源有62.9%来自真正意义上的地下水，另外37.1%地表水源的详细组成见表9-1。

德国地表水源的详细组成　　　　表9-1

地表水源	占比例
人工渗滤地下水	27%
河床过滤	16%
河水	5%
水库、湖泊	29%
泉水	23%

（2）供水管理

1）管理体系

德国的城乡供水不仅已形成了全国统一的管理体系，而且也成为德国的一大产

业。国家内政部设有水利处,州设有水利管理部(厅),地区、市(县)设水利局,在乡镇级设有水利咨询站(属市县水利部门的派出机构)。水利部门根据国家《水法》进行水事活动,统一负责水资源的管理、开发、利用和保护工作。城乡供水由大、小不一的供水公司执行。供水公司自愿组成规模不等的供水协会,既有全国性的,州、地、市、县级的,也有乡村供水协会。供水协会经常组织开展新技术讲座、培训和技术经验交流等活动。供水公司属集体所有,靠收取水费维持运行,不足部分由政府补贴。国家规定供水公司不得盈利。全国各地水价差额不大并保持相对稳定,供水公司无权改变水价,需提高水价时,必须由供水公司提出申请,报市(县)水利部门审批。供水公司主要供应生活用水,而生产用水由于其水质要求较低,大部分由企业自备。

2)水费计收

水费由四部分组成:

①基本水费:居民和用水户首先向供水公司申请用水量,根据用水量支付基础水费。

②水量水费:根据用户实际用水量收取,一般每立方米 1.2~2.5 马克。

③污水处理费:根据用户所用水量,按方收缴污水处理费,每立方米 2~2.5 马克,由供水公司收取后交到地方政府,再拨给污水处理厂。

④水源保护附加费:由州政府统一规定,用户每用 $1m^3$ 水缴纳 0.1 马克的附加费。德国每天人均用水量在 120~150L 左右。

3)水资源保护

德国政府十分重视水资源保护,从水资源勘察到开发、利用、污水处理等已形成系统的管理体系。水资源保护由水利部门统一负责,主要工作是控制开采量和防止水质污染。环保部门配合水利部门开展工作,并对水质情况实行监督。为了保证水质不受污染,所有的水源地均建立三级水源保护区,设有永久性标志,并制定相应的管理规定,如运送有毒物品的车辆不得进入保护区等。德国的水处理专家算了一笔账,1g 有效农药施用于农业的效益是 10 马克,而这 1g 农药渗入水源中,其处理的费用是 10 万马克。因此,德国对农药的使用控制十分严格。政府对保护区内农民的损失进行赔偿,每公顷土地每年赔偿 310 马克左右。为了做好水资源保护,政府和各级供水组织利用各种形式向社会各界进行了长期、广泛的宣传活动。

德国的生活污水和工业废水及城区和高速公路上的雨水都不准直接排入河道或地下,必须经过处理才准排放且只能排入地下。生活废水及雨水由废水处理公司负责处理,工业废水由工厂自行处理。

德国政府对饮用水水质标准要求极高,德国政府把饮用水确定为最重要的生活物质,制定了一系列相关法规对饮用水水源保护区进行保护,德国的《水源地保护法》就是在《欧洲水框架法》的基础上制定的水源地保护细化法律。各州必须严格遵守这一法律，违者必将承担全部经济和刑事责任。政府还加强了对水源地的监管力度，给监督机构配备了各种先进水质检测设备，允许监督人员可随时随地检测任意一家自来水厂、污水处理厂和水源保护区的水质情况。为防止处理后的水在管网中被二次污染，德国还加强了对管网的建设与管理。攻克了在管网中保证水的卫生指标不发生变化、来自不同水源的饮用水避免混合供给、输水管网系统检修和养护等技术难题，确保输水管网系统安全可靠。在自来水厂处理工艺上，德国努力采用先进的水处理技术以提高供水质量。膜处理这一新兴技术已在德国水厂得到应用，如德国北威州的 Roetgen 自来水厂就采用了超滤膜处理技术。

（3）经验与启示

1）保护水环境，控制污染源

达标排放是保证减少水体污染，实现水资源可持续利用的基本条件。给水和排水是相互关联的，污水处理实际上也是减少给水的负担。德国近年来为保护水环境，大力发展循环经济，加强对污染源的控制，对工业废水和生活污水全面实行达标排放，目前德国100%的工业废水及生活污水都要通过污水处理厂处理后才能排入河流，遏制了污染发展的势头。随着我国经济的快速发展，城镇化进程的加快，水环境保护已日益成为保障人民群众生命健康的重大问题，受到各级政府的高度重视。很多省市近些年在防止水源水质污染方面进行了积极的探索，成效显著。北京市通过并实施《21世纪初期首都水资源可持续利用规划》，要求向水源地密云、官厅投资水污染治理项目以及再生水回用项目，减少污水排放量以及增加污水再利用率，项目完成后，官厅水库废水污水年排放量减少800多万立方米，有效保护了北京的饮用水水源地。河南省为保护丹江口水库水源地的水质安全，从2003年开始共关闭、取缔水源地水质保护范围内111家重污染企业，搬迁或转产13家企业，对29家影响水源地水质的企业进行了限期治理。这些举措对保护饮用水水源地，保障居民饮水安全起到了积极作用。但客观上来看，与德国等发达国家相比，我国水环境保护还处于初级阶段，管理手段和技术手段都落后于发达国家。

2）防止管网的二次污染

二次污染是我国当前饮水安全工作面临的较为棘手的问题。我国城镇居民的主要生活饮——自来水一直存在水质污染和管网污染等亟须解决的问题。德国政府非常重视输水过程中水的卫生指标，在注重管材质量的同时，更为注重运用先进的科学技术加强对管网系统的监控。微型数码相机是先进的探测工具，管网维护人员时常运用该设备对可能发生隐患之处进行行走探测，提前发现并排除隐患。因此，德国管网漏损率极低，不到5%。另外，为保证输水系统的安全性、防止管网内的二次污染，德国不会将不同水源的水在管网中混合供应。为防止管网的二次污染，管材的选用至关重要。近几年 PVC-U 管材已被广泛应用于各项供水工程建设。

9.4 新加坡城市基础设施运营管理实践

9.4.1 国家公园管理

（1）新加坡公园建设里程

20世纪60年代新加坡提出建设"花园城市"理念，20世纪70年代新加坡植物园管理处与公园树木室合并，成立公园游憩处，并拟定了《公园树木法》。20世纪80年代新加坡推出了公园承包制度，又强调植物的色彩和香味，规定园艺养护作业一律机械化，相关资料电脑化、数字化。20世纪90年代，新加坡提出建设生态平衡公园，发展更多别具风格的主体公园，引入娱乐设施，在建设更多公园的同时提高公园的综合利用率，经常组织有关社团在公园开展社会公益活动。1990年新加坡成立国家公园局，先后通过《国家公园法》《公园树木条例》（1990）、《公园树木（树木保护）命令》（1991）。进入21世纪后，新加坡强调公园与自然地带的可达性，强调生物多样性的保护与建设，推行公园认养计划、公园守望计划，拟定《公园与河道计划书》。新加坡国家公园如图9-10所示。

只有地面绿化远远不够，新加坡政府努力建设"空中花园"，推广垂直绿化（图9-11）。国家公园局城市生态研究中心研究垂直绿化科技，国家植物园的研究部

(a)   (b)

图9-10　新加坡国家公园

(a)   (b)

图9-11　垂直绿化街景

门研究适合植物的生态环境。国家公园局与市区重建局合作，以税收折扣优惠等刺激政策，鼓励开发商和建设商在大厦的垂直面积上种植密集的绿色植物。据了解，目前有绿化面积的建筑已经达到 10 多公顷，其中大多为私人建筑。开发商也把"毗邻即将新建的花园"作为房地产项目的宣传亮点。

（2）公园建设原则

新加坡的公园建设是由新加坡国家公园局负责的。新加坡将公园建设规划贯穿于城市规划体系的每个阶段。大型公园的建设全部是通过招标的方式，发包给承包商负责建好后进行全面验收。在公园建设中应遵循以下几个原则：

1）科学规划，注重生态，优先实用功能，建筑用材统一

在公园规划、设计和建设过程中，体现对原有地形和植被的尊重，使其具有物种多样性和景观多样性。大多数公园设计一般都比较简单，重点关注场地本身的实用功能，如公园主要为居民提供户外游憩场地和体育活动器械，多以功能优先为价值取向，使之在大规模的公园建设中避免盲目追求视觉美而造成浪费。新加坡公园硬质景观应用的材料（如凉亭、花架、坐凳等），多进行模式化的统一生产和配用，优先选择轻便、易清洗、可更换的材料，这既节省了园林绿地的设计成本，又降低了施工安装难度，还便于日常的管理维护，在整体外貌上形成了朴素统一的风格。

2）尊重自然法则，绿化收放有敛，体现科学精神

除了少数的精品园区外，在新加坡公园中很少见到平板规整的绿篱、灌木、草坪等，所有植物皆无刻意修剪的痕迹，尽可能保持自然生长的状态。在城区内部接近居民活动的公园绿地多为简洁的乔木与草坪结合的模式，高大的乔木能少地提供遮阴，满足了热带地区必要的绿化需求；耐粗放管理的开阔草坪则有利于城市卫生，提供了一定的户外活动场所，且在养护上只需要适当修剪，成本较低。而距离城市居民活动较远的公园则尽量保持植物原来的状态，使其恢复为自然的群落配置模式，最大限度地减少对自然生态系统的人为干扰，大大减少因过度修剪、养护所造成的人力、物力资源浪费，从而造就了新加坡既疏朗大方又自然朴素的总体城市绿化景观面貌。

在植物栽种、景园设计方面，新加坡的公园强调安全、美观、遮阳、降低噪声、改善局部小气候等，并作了详细的说明。如安全，要求选择不易落叶及树干较坚韧的树木，以免招致车祸。在移栽较大树木时，注意栽植的深度，以免遇到大风时被连根拔起，发生意外。

在新加坡植物园、双溪布洛湿地等公园，除一些必不可少的车行道之外，人行步道以砂土路为主，台阶多用枕木、石屑砌筑植草砖等形式，尽可能减少营地铺装面积，减少阻断树木根系的机会，避免道路对园林植物生长的干扰，保持自然风貌。

3）以人为本，和谐相处

在新加坡动物园、裕廊飞禽公园，人们都能很深切地感受到园林与环境和人友好相处的氛围，因为园林建设者在规划、施工时，就有意营造人与动物各安其所的环境。如在动物园中，以木栈道、水等造景元素自然地分隔游人与动物，而不是采用生硬的铁笼作分隔；由多条木质大藤构成的空中通道连通了马路的两边，为大猩猩穿行马路提供了特殊的通道。开放式的动物园设计，让人们能近距离地接触动物，亲身体验到动物的可爱、自由和快乐，从而喜爱上动物，喜欢上这种与自然和谐共处的生活。

（3）公园管理理念

1）坚持政府主导，强化管理养护

新加坡公园绿化工作由政府主导，以确保城市绿化建设和维护资金的投入，其采用种、管、养分离的方式运作，简单的、技术含量较低的绿化管养工作实行社会化，技术含量高的复杂工作归国家公园局专业人才统一管理。政府明文规定，任何部门都必须承担绿化责任，维护规划的权威性，没有绿化规划任何工程不得开工，任何人不得随意砍伐树木，报审施工图必须有园林绿化设计，获得批准的规划建设用地要交绿化押金，如果一年内不开工，要没收押金，委托专业公司绿化。养护工作全部通过招标方式推向企业，企业中标后与国家公园局签订为期三年的合同。这种"花钱买服务""用人不用洋人"的做法，有效降低了运营成本。

2）引进先进技术，实施科学管理

新加坡建立了一套完善的园林绿化档案制度，每棵树都有一个代码，每种一棵"新"树，就给它新编号。用先进的计算机信息管理系统，建立园林综合管理系统、植物检测程序、公众评估系统、植物生理资料库等，这样可以轻而易举地了解每棵大树的地点、种类、年龄、每段时间的施肥、修剪、喷药等情况。同时，新加坡拥有一批专业的植物工程师，对植物的病害及生长进行监控和处理，为城市绿化和科学管理提供了保障。新加坡还尽量减少种植在暴风雨下容易折断的树木。对城区公园干道，推行绿化遗迹路保护计划，保存或保护大树。选择绿量高有层次感的道路对绿化遗迹路予以保护，且不得进行任何道路工程。

3）引导国民积极参与管理

20世纪90年代初，公园建设由政府行为转为民众意愿。另外，新加坡市区重建局建立了城市展览馆，定期向市民开放展出各种国家发展计划和各类概念性城市规划，市民可提出反馈意见供政府部门参考。政府鼓励公众参与，在制订开发指导计划时，将开发指导计划放在人群集中公示，并将这些规划制成小册子、图解甚至模型，使更多的公众参与规划进程并提供反馈意见。

4）培养爱国思想和生态意识

新加坡非常重视培养公民的爱国思想和生态意识，从小学就开始推广哺育公园计划和领养公园计划，这一切都加深了公民对公共绿化的参与感和拥有感，使公园和绿地有了更好的归属感。在中小学均设有国民教育课，重点了解新加坡的自然资源等国情，认识城市绿化的重要性，培养公民的生态环保意识。

5）完善有关公园绿地建设管理法规

新加坡政府为了避免因各类建设活动侵害公园绿地，制定了一系列细致的建设管理措施，颁布《公园和树木条例》《公园和树木规则》等。奖惩严明，如制定的绿地损害赔偿制度，其赔偿金额所包括的内容繁多且相当完整，基本涵盖了修复受损花草树木所需的人力和物力。公共场合攀枝折花将以破坏公物罪处罚，罚款不少于5000新元，同时处以一定时限的人身限制，偷砍一棵树将被处以4万美元的罚款。在国会上通过的法令中明确规定，对已成型的树木要严格保护，不准任意砍伐，甚至在挖沟设管时，在2m之内遇到的树根也不能随意伤害，否则要受处罚。每年在城市美化绿化活动中作出突出贡献者，总统亲自授予勋章，以资鼓励。

9.4.2 保障性住房管理

（1）发展概述

保障性住房是与商品性住房相对应的一个概念。保障性住房是指政府为中低收入住房困难家庭所提供的限定标准、限定价格或租金的住房，由廉租住房、经济适用住房和政策性租赁住房构成。与我国不同，国外没有"保障性住房"的概念，与之对应的是"公共住房"，公共住房在各国的具体含义和表现形式有所不同，但基本上都包含以下特征：第一，具有救助、保障或二者兼有的性质；第二，主要为满足中低收入家庭（特别是住房困难人群）的居住需要，部分国家（如新加坡、瑞典）也将供应范围扩大至中等收入人群甚至更广；第三，往往通过制定公共住房政策予以实现，因此带有很强的政策性。

1）供给导向型的公共住房政策

供给导向型公共住房政策的主要思路是通过增加住房供应总量让房价和租金变得便宜，从而提高居民支付能力。具体体现为对住房市场供应机制的政府干预，基本目标是希望通过政府的干预和引导更快、更有效地增加住房供应。在增加总量以降低住房成本的总体目标下，一般又把重点放在改善住房市场自发状况下的供应结构缺陷，尤其是增加住宅市场中因为微利而相对稀缺的中低价位住房、廉价公共租房的供应，从而让住房供应与住房需求更加吻合。政府行为主要包括公共建房计划、鼓励资助私人建房、修建和运营公共租房等。

2）需求导向型的公共住房政策

需求导向型公共住房政策的主要思路是直接向居民提供住房消费补助，提高人们对住房消费的支付能力。具体体现为对住房市场分配机制的政府干预，基本目标是保证最低收入阶层也能拥有最低限度的居住水平，但同时往往也希望通过政府干预，可以缩小居民阶层之间对住房支付能力的两极分化，从而让各阶层之间对住房资源的拥有量相对均等化，不致造成过于悬殊的住房财富分化。

（2）新加坡住房保障的特点

1）保障范围

新加坡组屋计划的保障范围非常大：从1964年起推行"居者有其屋"政策，为所有力在住房市场上购买私人住宅的居民提供公共住房。目前，新加坡全国人口的87.6%居住在政府提供的公共住房中，比例居世界前列；其余12.4%的居民大多为高收入者，政府不必承担为他们解决住房的责任。

2）资金来源方面

因为政府肩负着为新加坡居民提供"可承受"住房的全部责任，所以长期以来政府的拨款和贷款便成为组屋运行所需资金与所得住房补贴的主要来源。新加坡政府以常年赤字补助金方式对公共住房进行拨款，用于补偿组屋经营的财政赤字。而政府贷款最主要的资金来源是中央公积金，因此公积金制度是新加坡组屋计划的重要资金来源。简单地说，公积金制度就是采用强制储蓄的方式，即政府凭国家权威和信用，通过国家法令和行政法规等强制手段将雇员工资收入的一定比例定期存入指定机构，专项用于雇员住房等消费支出，其特点是资金来源稳定，存款期限长，筹资额巨大且成本较低。1955年新加坡的公积金缴费率为10%（雇主和雇员各缴纳5%），1968年上升到13%，1984年达到50%，目前基本稳定在40%，其中雇主缴17%，雇员缴23%。

3）土地来源方面

新加坡国家所有的土地占土地总面积的80%左右。在1966年颁布的新加坡《土地征用法令》中规定，建屋发展局能够以远低于私人开发商的价格获得土地，建造公共住房，并且可以在任何地方征用土地，从而保证了公共组屋建设的顺利进行。目前建屋发展局占用的土地已经超过新加坡土地总量的40%。

（3）启示和借鉴

1）成立统一的保障房建设管理机构

新加坡保障性住房政策的成功之处在于政府是保障性住房供给的主体，是保障性住房的建设者、组织者和管理者，通过充分调动各种资源，有效地解决了大部分公民的住房问题。

目前我国保障房建设与管理职能依附于各级建设行政管理部门，国家层面是住房和城乡建设部，各省（区）层面是住房和城乡建设厅，地市一级是房管局，缺少像新加坡那种自上而下独立设置的保障房垂直管理机构，导致管理部门职能重叠、管理职责履行不到位。因此，可借鉴新加坡的做法，在住房和城乡建设部的统一领导下，组建一个独立的全国保障性住房建设与运营管理机构，在各省市设立分支机构，专门分管各城市保障性住房工作，统一进行保障性住房的开发建设、分配和管理，改变保障性住房多头管理的局面。有学者建议，针对我国大量国有大中型房地产企业在市场进行商业性开发的现实，可以考虑整合部分国有大中型房地产企业的职能，从市场性开发转向政策性开发，改变保障性住房多头管理，国有、集体、个人共同参与开发的混乱局面。

2）建立完善的保障房法律法规体系

20世纪60年代新加坡颁布了《建屋发展法》，明确了政府发展住房的目标、方针、政策，确立了专门的法定机构行使公共租屋建设、分配和管理职能。同时，还颁布了《建屋居住法》《特别物产法》等相关法律，规定只有月收入不超过一定标准的家庭才有资格租住公共租屋，若家庭收入超过规定标准须适时退出。这些法律法规为新加坡政府"居者有其屋"政策目标的实现提供了可靠的法律基石。

新加坡的实践证明，实现住房保障目标，必须通过立法明确政府发展住房的目标、方针、政策，并确立专门的法定机构行使政府公屋建设、分配和管理职能。

目前我国各地保障房建设和管理的依据是国务院、住房和城乡建设部和各省市颁布的有关经济适用房、廉租房和公租房等方面的行政法规，法律层次较低。鉴于此，我国应尽快制定一部比较完善的纲领性法律，明确规定公民的基本住房权力、商品房市场的各种关系及政府的责任；在此基础上，再制定一部比较完善的住房保障法，规定住房保障的范围和政府、单位、个人的责任；根据这两部法律再出台一系列配套的实施细则，逐步形成完善的法律体系，努力做到有法可依。通过这些法律的颁布实施，明确住房保障的方针、政策、目标，确保保障性住房建设、分配和管理的公平性，为住房保障制度的建立提供依据，为住房保障制度的成功实施奠定基础。

3）因地制宜，确定保障房管理模式

新加坡公共租屋的管理模式比较单一，都是由建屋发展局统一管理、服务和维修。建屋发展局在全国设立办事处，负责各公共租屋的管理和服务。同时，建屋发展局还成立私营产业管理公司，向市镇理事会承包公共租屋的管理和服务，并将公共租屋的管理、维修逐步推向社会化，以减轻政府的负担。在物业管理实施过程中，政府有关部门针对物业管理制定了详细的规章制度并形成法律。物业管理部门在住户入住前，会编写《住户手册》《住房公约》和《防火须知》等管理要求，把注意事项和相关知识详尽地告诉住户，明确住户的权利与义务及物业管理部门的权利和责任，居民和物业公司都能按章行事，使公共租屋管理规范、高效。物业公司还根据辖区的具体情况，设立监督部门，监督各类法规执行情况和受理住户投诉，提高服务和管理水平。

随着保障房建设规模扩大，我国社区管理水平不到位，保障房小区房屋维护不善、小区环境脏乱差、物业费收取困难、邻里关系不和谐等问题逐渐显现，在管理方面应借鉴新加坡的做法：一是鉴于保障房居民多为中低收入居民，收入偏低，对物业管理费用承受能力较差，政府部门要承担起相应的管理职能，在条件不成熟时不能急于把小区物业管理外包，如果政府管理部门贸然把社区管理推向市场，物业管理将难以为继；二是在保障房小区规划建设时要配套建设一定的商业设施，商业设施的运营收益可为物业管理机构提供稳定的资金补充。

4）注重社区文化建设

保障性住房建成以后，如果社区管理没有跟上，就会产生较为严重的社会问题，目前城中村存在的环境和治安等问题就会在保障房小区重演。保障房社区中低收入居民过于集中，长期相处容易相互影响，一些消极的思想和行为习惯容易在群体中扩散，一些小的矛盾和纠纷容易复杂化，进而引发群体性事件，社区文化建设任重道远。

因此，保障房管理部门应不断探索管理模式的创新，引导居民自主管理或者向社会购买服务，引入社工组织提供服务，创建积极向上的社区文化，这在未来保障房社区管理中具有非常重要的作用。从长远来看，保障房小区应建立政府主导、居民参与、物业管理公司和社工组织提供服务相结合的社区管理制度，在政府主导下，有效引导保障房居民参与社区管理，降低服务成本，提高居民的安全感和参与意识。

9.4.3 公共住房管理

（1）公共住房管理的做法

1959年新加坡实行自治，失业和住房短缺是当时两个最大的社会矛盾。新加坡政府实施了一系列公共住房政策，积极为中低收入群体解决住房问题。

首先，20世纪50年代，新加坡推行了"居者有其屋"的"五年计划"。在1961~1995年期间，新加坡完成了7个建房五年计划，共建成房屋74万余套，解决了国民的居住问题，改善了居住条件。

新加坡在解决公民住房困难问题时，首先有计划、有步骤地针对现实居住问题设定目标并执行，大部分低收入阶层的居住问题为此得到系统性、针对性的解决。

其次，以科学的立法规范公共住房良性发展。为改善新加坡及其岛屿，1927年根据《新加坡改造法令》成立了新加坡改造信托基金会（建屋发展局的前身），负责编制公共住房规划方案，此后新加坡开始发展公共住房。1960年，新加坡根据《住房发展法》成立了建屋发展局，作为新加坡公共住房发展的唯一权威机构。1981年11月《中央公积金法（修正案）》正式施行，为降低抵押风险，其规定了强制性住房保险计划。

再次，新加坡在公共住房运行过程中，逐步形成了行之有效的专业管理体系，成立专门的公共住房管理机构，负责公共住房的运营管理等各个方面。新加坡在1960年成立国家建屋发展局，主要职责是根据国家法令推行住房建设计划，负责专门建设公共组屋，全面启动公共住房政策。1974年，新加坡成立住房和城市发展公司，主要职责是负责中等收入阶层的住房建设和供应，是政府所有的公司。

最后，完善的公共住房申请资格制度。新加坡建立了系统化的公共住房分配制度，具有一套较为完整的申请资格标准和分配政策、程序。其中，公共住房的申请资格标准由收入水平、有无私有房产、家庭构成和公民权等四部分组成，值得一提的是新加坡对申请组屋标准中的收入水平作出规定。收入限额标准的设立目的是将那些总收入超过公共住房申请标准的家庭拒之门外，收入限额虽然看似简单，但实际操作却十分复杂，它的有效性取决于能否把收入标准限额稳定在一个适当的水平上，可以把住房困难的低收入群体纳入保障范围，又便于申请登记的操作，使等候期不会过长。同时，收入限额并非一次性确定的固定标准，而是随着社会收入水平的变化而变化，因此要随着经济发展和收入增长调整公共住房申请的收入限额标准，保证在收入水平提高的同时使原收入限额的目标群体不至于失去购房资格，同时也可以确定新的目标群体。新加坡还制定有明确的分配程序和政策，确保了公共住房分配的公平性。新加坡采用的是分配的先申请先服务系统，一直沿用至今。在该分配系统中，只设置一个申请序号系列，分配的优先权完全取决于申请时间的先后，简便易行。为配合先来先服务的系统，新加坡预先建立了登记程序，登记不仅是一种排序先后的行政程序，还是计划的一种手段，因为对住房需求的反馈可以作为公共住房需求的基础。

（2）公共住房金融体系

新加坡公共住房的财政筹集方式主要有两种：一是政府的税务系统，即利用税收收入来补贴公共住房建设资金的不足；二是设立一个专门筹集公共住房建设资金的机构——中央公积金局，这是新加坡公共住房金融支持体系的一大特色。

新加坡的中央公积金局向国民和国内企业强行征收专项储蓄中央公积金，《中央公积金法》使征收来的中央公积金拥有一定的法律地位，保证国家的中央公积金制度能够顺利执行，通过这种方式把大量民间资金都以公积金储蓄的方式归集起来投资建设公共住房。新加坡制度规定所缴纳的公积金以雇员的工资收入为缴纳基数，雇员和雇主按规定的比例共同缴纳，缴纳比例目前是36%，占到雇员工资收入的较大比例，最高时曾达到50%，不过雇主所缴纳的公积金实质上也是雇员工资收入的一部分，只不过是以公积金的形式缴纳了；如果雇主不替雇员缴纳这部分公积金，雇员很有可能会获得更高的薪金。所以居民工资收入中较大部分都是以公积金的形式流向中央公积金局，即中央公积金局将可能用于居民消费的消费资金或者可能分散储蓄在各商业银行机构的居民储蓄资金以公积金的形式归集到一起，保证公共住房的建设顺利进行下去。

新加坡公共住房融资渠道的优势在于：第一，公积金缴纳的强制性。《中央公积金法》的颁布保证了公积金资金来源的稳定性，这相当于确定了公共住房建设的资金来源。第二，中央公积金局的独立性。新加坡的中央公积金局属于半官方机构，具有相对独立性，公积金从汇集、运营、储存结算到使用都独立于政府财政，政府无权动用公积金确保了公共住房资金来源的独立性。

（3）公共组屋

1）概述

新加坡政府提供给国民的住房，称组屋。组屋的发展也经历了一个过程，20世纪六七十年代建造的组屋多为 $75m^2$ 以下的两室一厅，目的是解决住房紧张问题；1974年新加坡又成立了国营城镇房屋开发公司，专门兴建大型住宅（$120m^2$）。20世纪80年代以后，新加坡建屋发展局除了建设高层次的组屋外，开始逐步拆除和改造一些陈旧的组屋。新建组屋也大多是3~6居室。近年来，更是建设高档次的组屋，以满足不同层次居民的需要。如图9-12、图9-13所示。

图9-12　公共组屋

图9-13　摩天组屋

新加坡的组屋大都分布在各地铁站周围，每座组屋按各族人口比例公平分配。组屋大多数为13层以上。底层不作住宅使用，而是作为活动场所或服务设施场所。大多数组屋的一楼都有石桌、石凳，有的桌子上还有中国象棋的棋盘，供老人活动和孩子们娱乐。不同种族的人根据自己民族的习惯在这里组织自己的活动，没有任何的顾忌。同时，因为新加坡属于热带雨林气候，经常会有雨，日照强烈，组屋下面又是很好的避雨防晒场所。几座组屋组成一个小区，小区总体规划清晰，公共服务设施齐全，不同年龄的居民都可以找到适合自己的娱乐、休息、健身和社会活动场所。因此，在新加坡住房民意调查中，93%的居民对国家组屋政策深表满意。

2）组屋的类型

新加坡的组屋全部都由政府负责精装修，根据大小和配置分为：一房式，即客厅、饭厅和卧室为一体的组屋，俗称"一房半厅"；二房式，即一室一厅，现在只有少数地方还有这类组屋；三房式，即两室一厅，是现在修建的最小单位；四房式，即三室一厅；五房式，即三室两厅；六房式，即四室两厅。

3）组屋的出租制度

新加坡组屋具有租赁的性质，依据家庭收入的差异梯段式收取租金；同时，新加坡政府还提供大量津贴，给低收入家庭提供安居之所。如月收入少于1500元新币的家庭，可以申请租赁一房式或者二房式的组屋，政府最低以市场租价的10%来收取租金；如果家庭月收入不超过800新币，一套一房式组屋每月的租价仅为26~33新币左右（约合人民币125~150元）；收入高于1500元新币的按市场租金的30%计租，见表9-2。新加坡组屋由建屋发展局统一管理。

为了支持东方价值观中的孝道，如果年轻人购买与父母家邻近的组屋，还能享受政府的优惠；假如购买的是二手的组屋，政府还会发放几万新元不等的补助。

新加坡公共组屋租金　单位：新币　　表9-2

家庭月收入	家庭类型	月租金	
		1房	2房
少于或等于800新币	第一类家庭	26~33	44~75
	第二类家庭	90~123	123~165
801~1500新币之间	第一类家庭	90~123	123~165
	第二类家庭	150~205	205~275

注：1. 在签订租赁契约时承租人必须支付与一个月租金等额的押金。
2. 第一类家庭：申请者及其共同申请人目前名下没有购买或转售的公共组屋；申请者及其共同申请人未曾出售过购买或转售的公共组屋；申请者及其共同申请人未曾接受过其他形式的住房补贴。
3. 第二类家庭：申请者及其共同申请人曾经拥有或售出过从建屋发展局购买的公共组屋；申请者及其共同申请人曾经拥有或售出过转售的公共组屋；申请者及其共同申请人曾接受过其他形式的住房补贴。

4）组屋的购买制度

根据政府政策规定，购买新组屋的家庭月薪必须低于新币12000元，对于购买二手租屋则没有月薪的限制。居民可用公积金来支付10%的首付款，余款可以用公积金慢慢还，政府还会补贴每个家庭3万新币，加之银行贷款利率仅为2.5%，所以一般的工薪阶层仅用公积金就能还得上贷款。

由于价格低廉，新加坡对组屋购买有严格限制，购买了组屋而不自己居住的，将面临高额罚款甚至坐牢。申请组屋以家庭为单位，单身者需达到一定年龄才能申请。一方面鼓励国民结婚，另一方面防止大量的单身者消耗政府房屋资源。新加坡建屋发展局对组屋的购买人资格、再上市及出租管理等问题都有明确的规定：①一个家庭只能拥有一套组屋，如果要购买新房，旧组屋必须退出来，以防止投机多占；②屋主在一定年限内不得整房出租，屋主必须居住在此套租屋内，而只出租其他房间；③一定年限内销售组屋，需要支付高昂的政府税费；④组屋不允许用于任何商业行为，任何违反规定的行为将受到严厉处罚。对于新加坡移民而言，购买组屋对身份也有一定的要求。一起购房的两人必须是直系亲属，夫妻、父母和子女、兄弟姐妹都可以搭档组合来申请。

5）政府服务

与其他国家的公租房项目相比，新加坡的组屋之所以如此成功，和政府周到贴心的服务是分不开的，包括：①政府定期 7~8 年重新粉刷组屋，并制订屋区更新计划，包括修补混凝土剥落、更换污水管、增设电梯等；②组屋往往配有划了车位的露天停车场，楼与楼之间的空地上还会设置游泳池、儿童游乐场所等公共配套设施，有的屋区还设立公办的幼儿园、政府服务机构等。公用设施一般价格合理，例如大部分游泳池收费仅为一次 1 新币（约合人民币 5 元）。

（4）对我国当前公共住房的启示

1）政策制定方面

①实行公建为主、鼓励私建的住房政策。新加坡国民的住房主要有三类：一是政府租屋，二是公寓。这两类都是由建屋发展局负责建设的，公寓的条件要高于组屋。三是洋房，属于私人房产。目前，新加坡有 89% 的人居住在政府组屋，11% 的人住公寓和洋房。公建为主表现在政府大量投资于住宅建设。在初期，这些住宅以出租形式分配给无房职工，当时主要营造 1 间一套或 2 间一套的简易楼房。但是，随着国家经济的持续发展，人民生活水平迅速提高，大多数新加坡人都追求更高的住房标准，因此在以后逐渐改建 3~6 间一套的住房，并鼓励个人由租房改为购房。私人获得住房的途径除了购和租以外，就是自建住宅，但这部分比重较小。公建为主的住房建设方针加快了新加坡住房问题的解决，但新加坡的公建住房并不是无偿或低租分配给职工用，因而能很快收回投资，实现住宅建设的良性循环。

②实行中央公积金制度。新加坡从 1955 年开始实行中央公积金制度，中央公积金制度为新加坡人购房提供了资金来源。公积金存取业务由中央公积金局管理，职工调动工作时不会受影响。中央公积金实际上是一种强制储蓄，由中央公积金局统一管理，并向存款人支付一定利率的利息。公积金中 30% 可用于购房。凡年满 21 岁、能组成家庭、家庭月收入在 6000 新元以下、不拥有其他产业的公民都可申请购买组屋，并可提取公积金的 1/2 作为购房首付款。政府以高于公积金利息 0.1% 的利率为购房者提供贷款。购房者则用公积金偿还贷款，付款期限可长达 25 年。

③综合考虑住房政策。在新加坡住房政策中，考虑到了中产阶级的住房问题，而我国以前的住房政策过多地趋向于调控高收入和保障低收入阶层，似乎对中产阶级不冷不热。在更为成熟的住房政策中应综合考虑、合理安排，以此来缓解居住压力。在保障低收入群体时，应加大廉租房和经济适用房的供应量。随着中国的不断发展，中产阶级将不断壮大，在保障低收入群体的同时也要考虑中产阶级的住房问题，未来经济适用房应更多地面向中产阶级，对高档住房建设则主要采取市场调节方式。

2）租金定价方面

①采用多种定价方法，对不同收入群体实施差别化租金。"第一夹心层"家庭（买不起经济适用房又不符合廉租房条件）收入水平低，属于应保尽保范围，需要政府给予更多的租金补助，可以按以不影响其正常生活的可支付能力定价的方法确定其租金水平。对于"第二夹心层"（不符合经济适用房条件，又买不起商品房）家庭，可以采用成本导向型或市场导向型的定价方法，给予其略低于市场价格的租金优惠。

②租金要体现地域、房屋的差异性。地域、区位不同，租金水平应该是不同的。同时，考虑到相同项目内的住房朝向、楼层之间也有差异，各户的租金标准也应该是不同的。

③租金应动态调整。公共租赁住房的租金标准应该根据经济发展、居民收入提高、建造成本变化、物价变动等动态调整。租金的动态调整有利于体现住房保障的公平性，有利于公共租赁住房建设与管理的可持续性。

3）建筑设计方面

①高层高密度规划。基于我国的基本国情以及节约用地的原则，我国目前重点发展高密度的高层住宅，但是为了有效避免高层高密度带来的不良后果，在规划设计时一定要注意提高居住区的适居性。可以通过以下方式在保证高层高密度的同时增加其舒适性：为了形成公租房特有的特征，应当注重其环境设计，如采用不同的环境色彩、特征、不同形态的购物中心配套公建以及绿化景观设计等；为了给居民提供更多的活动空间以及丰富的景观层次，可以在公共设施的屋顶设计天台花园；在高层住宅下设置架空层活动空间。

②合理的面积计量。新加坡在公共住宅的面积标准上，均不计公摊，将套内建筑面积作为控制指标，这种计算方法排除了各种不同住宅类型带来户内空间的差异。

③与时俱进的住宅设计。近半个世纪以来，新加坡在控制公共住宅面积标准趋势上，随着经济实力以及人民生活水平的不断提高，其控制指标逐渐呈现稳步上升趋势，并且通过精细化设计套型和产业化技术等手段提升了住宅的居住品质。

本章小结

  本章主要梳理了国外城市基础设施运营管理的先进经验,以资借鉴。在国家和案例的选取中,考虑到在基础设施运营管理中做得比较好的方面,如美国的供气系统及高速公路系统、德国的供水系统及轨道交通系统、日本的供水系统、轨道交通及垃圾处理系统、新加的公园管理及公共住房管理系统等,通过对这些好的模式的分享,希望为我国的基础设施运营提供好的经验参考。

 思考题

1. 简述中美、中德、中日、中新在城市基础设施运营管理方面存在哪些差异。
2. 以上国家好的做法应用于我国存在哪些障碍?

第 10 章

城市基础设施运营管理的机制保障

学习目标

> - 对每一个机制保障措施作深度理解。
> - 重点掌握费率改革及绩效考核的相关知识。

10.1 明确责任主体

城市基础设施是城市的"血管","血管通畅"城市运行才能顺利。城市基础设施分属不同的政府部门主管,各级政府应切实从机制保障、市场引导等方面科学地管理并履行主体责任。

10.2 规划先行

城市人民政府要依据当地城市总体规划和土地利用规划,编制或完善本地的城市市政基础设施建设规划,落实建设项目,制定投融资方案和年度实施计划,建立滚动项目库。加快对落实项目的可行性研究、立项、初步设计、土地取得、环境评价等必要前期准备和审批工作。

推动建立市政基础设施全国统一市场,各地要开放市场,打破地域垄断,采用并购、重组等方式,通过有效打包、整合提升收益能力,提高投资效益和产业集中度。

10.3 一体化管理

城市基础设施往往是连通的，甚至是跨区域的，如轨道交通及路网、气网、水网等，因此，以项目为单位的分散运营模式不能满足运营要求，实行规模化经营，鼓励厂网一体、站网一体、收集处理一体、建设养护一体的投资建设运营一体化管理，有利于发挥城市基础设施的运营效率和质量。

10.4 创新投融资模式

城市基础设施体量大、占用资金大，单靠传统的投资模式已经远远不能满足发展需要，近几年来大力推广的 PPP 模式可以充分发挥市场机制的决定性作用，形成政府投资和社会资本的有效合力。在 PPP 模式下，政府通过规划确定发展目标、任务和建设需求，采取公开招标、邀请招标、竞争性谈判等方式择优选择社会资本合作伙伴，通过合同管理、绩效考核、按效付费实现全产业链和项目全生命周期的 PPP 合作，积极引导社会资本有序参与城市基础设施建设、运行维护和服务，提高城市基础设施领域的投资效率和服务质量。努力拓宽 PPP 项目的融资渠道，充分调动各类金融机构的积极性，鼓励其为符合条件的 PPP 项目提供融资支持。鼓励银行等金融机构在风险可控、商业可持续的前提下，加快创新金融产品和服务方式，积极开展特许经营权、收费权、购买服务协议预期收益等担保创新类贷款业务，拓宽 PPP 项目的融资渠道，推进建立多元化、可持续的 PPP 项目资金保障机制。

支持符合条件的企业发行企业债券，扩大债券支持范围和发行规模，在有效控制企业债券市场风险的前提下，充分发挥企业债券对城市基础设施建设的支持作用。支持城市基础设施建设相关企业和项目发行短期融资债券、中期票据、资产支持票据、项目收益票据等非金融企业债务融资工具，拓宽市场化资金来源。

此外，深入研究如何能够激活存量城市基础设施的生命力，以减轻政府的财政压力。近期国家主推的不动产信托基金（REITs）就能够很好地盘活存量设施。

10.5 费用价格改革

推进费用价格机制改革，统筹运用税收、费用、价格政策，按照补偿成本、合理收益、公平负担的原则，清晰界定政府、企业和用户的权利和义务，建立健全公用事业和公益性服务财政投入与价格调整相协调机制，促进政府和社会资本合作，保证行业可持续发展，满足多元化需求。

10.6 绩效考核

城市基础设施的建设和运营进行市场化改革后,政府不能作"甩手掌柜",城市基础设施的所有权归于国家,属于公共产品和公共服务,因此,引入市场机制后,政府可以不插手具体的建设和运营,但是必须对绩效进行考核,建立完善的绩效考核指标体系和考核机制,如图10-1所示。

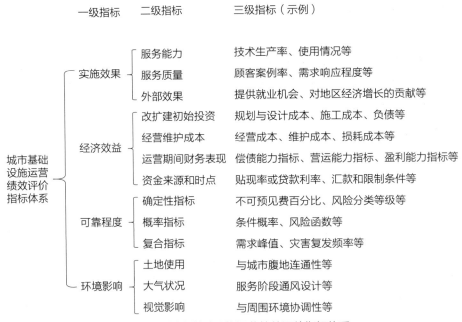

图 10-1　城市基础设施运营绩效评价指标体系
（资料来源：陈园，何为. 城市基础设施运营绩效评价指标与研究方法 [J].
重庆大学学报：社会科学版，2014（2）：8-14.）

关于城市基础设施运营绩效评价,陈园、何为主要从实施质量、经济效益、可靠程度、环境影响四个方面展开,具有可参考性和商榷性。另外,社会效益及社会满意度等也可以作为评价指标。

 本章小结

城市基础设施的运营管理是一项复杂的系统工程,需要政府、企业、公众等多方参与、协同治理,打破条块管理和狭隘的属地保护,尤其是针对跨境、跨区域的基础设施管理,需要顶层设计和战略规划。此外,城市基础设施的精细化管理需要政府从税价及绩效考核方面发挥杠杆作用。文中提出的六个保障措施，在本书中均没有深入研究，点到为止，希望读者进一步作为专题讨论和研究，提出更加具体的可操作化的建议，为我国城市基础设施运营献计献策。

 思考题

1. 对于跨流域的河湖，如何解决府际间的管理冲突问题，提出你的建议。
2. 目前的污水处理费定价及地铁票价等有关基础设施的定价是否合理？有何建议？
3. 选择一种可行的研究方法，写一篇关于城市基础设施运营绩效评价的课程论文。

附录：城市基础设施专业术语

1. 全生命周期（Whole Life Cycle），是指项目从设计、融资、建造、运营、维护至终止移交的完整周期。

2. 产出说明（Output Specification），是指项目建成后项目资产所应达到的经济、技术标准，以及公共产品和服务的交付范围、标准和绩效水平等。

3. 物有所值（Value for Money，VFM），是指一个组织运用其可利用资源所能获得的长期最大利益。VFM 评价是国际上普遍采用的一种评价传统上由政府提供的公共产品和服务是否可运用政府和社会资本合作模式的评估体系，旨在实现公共资源配置利用效率最优化。

4. 公共部门比较值（Public Sector Comparator，PSC），是指在全生命周期内，政府采用传统采购模式提供公共产品和服务的全部成本的现值，主要包括建设运营净成本、可转移风险承担成本、自留风险承担成本和竞争性中立调整成本等。

5. 使用者付费（User Charge），是指由最终消费用户直接付费购买公共产品和服务。

6. 可行性缺口补助（Viability Gap Funding），是指使用者付费不足以满足社会资本或项目公司的成本回收和合理回报，而由政府以财政补贴、股本投入、优惠贷款和其他优惠政策的形式，给予社会资本或项目公司的经济补助。

7. 政府付费（Government Payment），是指政府直接付费购买公共产品和服务，主要包括可用性付费（Availability Payment）、使用量付费（Usage Payment）和绩效付费（Performance Payment）。政府付费的依据主要有设施可用性、产品和服务使用量和质量等要素。

参考文献

[1] [瑞士]芭芭拉.韦伯等.基础设施投资指南：投资策略、可持续发展、项目融资与PPP[M].罗桂连,译.北京：机械工业出版社,2018.

[2] 陈宪祖.如何把握新基建机遇的"另一面"[J].建筑,2020（11）：24-25.

[3] Carson Qi.巨变下的充电桩产业[J].汽车与配件,2020（11）：56-57.

[4] 陈圆,何为.城市基础设施运营绩效评价指标与方法[J].重庆大学学报（社会科学版）,2014,20（2）：8-14.

[5] 蔡新民.高速公路PPP项目特许定价机制研究[J].价格理论与实践,2015（9）：100-102.

[6] 陈双,夏志坚.浅析PPP模式在中国的发展[J].经济论坛,2010（11）：39-42.

[7] 陈其林,韩晓婷.准公共产品的性质：定义、分类依据及其类别[J].经济学家,2010（7）：13-21.

[8] 陈晓.论我国PPP（公私合营）模式的法律框架[D].北京：中国政法大学,2010.

[9] 崔国清,南云僧.关于公共物品性质城市基础设施融资模式创新的探讨[J].经济学动态,2009（3）：39-42.

[10] 曹敏晖.城市基础设施管理中存在的问题及对策[J].管理工程师,2010（3）：14-17.

[11] 仇保兴.海绵城市（LID）的内涵、途径与展望[J].建设科技,2015（1）：11-18.

[12] 车伍,闫攀,赵杨,Frank Tian.国际现代雨洪管理体系的发展及剖析[J]中国给水排水,2014,30（18）：45-51.

[13] 蔡勰.国内生物质发电现状及应用前景[J].科学技术创新,2019（28）：195-196.

[14] 陈金亮.PFI—公用事业的建设和运营模式[J].经济管理,2008（1）：75-80.

[15] 陈柳钦.PPP：新型公私合作融资模式[J].建筑经济,2005（3）：76-80.

[16] 丁纪祥.基于大数据时代的物联网技术在智慧城市中的应用浅析[J].时代农机,2019,46（9）：54-55.

[17] 丁斌.物联网技术在智慧城市管理中的应用[J].信息与电脑（理论版）,2019（16）：162-163.

[18] 达霖·格里姆赛,莫文·K·刘易斯.公私合作伙伴关系：基础设施供给和项目融资的全球革命[M].北京：中国人民大学出版社,2008.

[19] 丁芸.我国城市基础设施投融资体制改革研究[J].中央财经大学学报,2004(8):24-27.

[20] 丁兆君.地方政府公共基础设施投融资管理体制研究[J].财经问题研究,2014(12):82-83.

[21] 傅杰.物联网在智慧城市中的应用分析[J].电子元器件与信息技术,2019,3(9):17-19+23.

[22] 傅晓艳.国外房地产政策与制度建设的经验借鉴[J].市场周刊(理论研究),2009(5):47-48+71.

[23] 方一君.浅议我国城市基础设施建设中的融资问题[J].广东科技,2011,20(14):9-10.

[24] 冯锋,张瑞青.公用事业项目融资及其路径选择——基于BOT、TOT、PPP模式之比较分析.中国软科学,2005(6):52-55.

[25] 郭劲松.市政设施养护维修项目特点及存在问题分析[J].沿海企业与科技,2007(2):121-123.

[26] 邰建人,宋菊萍,顾红卫.城市基础设施运营管理模式变迁与发展趋势研究[J].重庆大学学报(社会科学版),2004(3):20-22.

[27] 郭呈琳.那考河黑臭水体综合治理工程给我们的启示[J].建筑与预算,2019,278(6):49-53.

[28] 郭雁珩.助推我国可再生能源发电产业健康持续发展[J].中国电力企业管理,2019(16):26-29.

[29] 胡长英.双层规划理论及其在管理中的应用[M].北京:知识产权出版社.2012.

[30] 黄连帅,潘南红.物联网技术在智慧城市建设中的应用研究[J].信息与电脑(理论版),2019,31(22):164-165.

[31] 《海绵城市建设绩效评价与考核办法(试行)》发布[J].建设科技,2015(14):6.

[32] 黄如宝,王挺.我国城市基础设施建设投融资模式现状及创新研究[J].建筑经济,2006(10):5-8.

[33] 和宏明.我国基础设施投资运营体制改革的理论[J].城市发展研究,2004(1):54-58.

[34] 胡家勇.论基础设施领域改革[J].管理世界,2003(4):59-67.

[35] 何佰洲,郑边江.城市基础设施投融资制度演变与创新[M].北京:知识产权出版社,2006.7.

[36] 鞠齐.基于城市可持续发展的基础设施建设研究[J].经济师,2006(6):62-63.

[37] 江曼琦.对城市经营若干问题的认识[J].南开学报,2002(5):62-67.

[38] 金丽国.我国城市基础设施市场化融资方式发展的趋势及对策[J].城市,2011(11):41-44.

[39] 柯永建,王守清,陈炳泉.私营资本参与基础设施PPP项目的政府激励措施[J].清华大

学学报（自然科学版），2009，49（9）：1480-1483.

[40] 吕汉阳，马傲伦，袁雪，罗珺. 国资布局新基建之5G篇 [J]. 企业管理，2020（7）：6-11.

[41] 刘翔. 把特高压打造成中国新名片 [N]. 中国城乡金融报，2020-07-10（A07）.

[42] 罗绍洪. 城市市政基础设施智能化管理探讨 [J]. 江西建材，2020（7）：215-216.

[43] 路金霞，张亮，刘奔. 大型地下空间智慧运营管理研究 [J]. 建筑技术开发，2020，47（4）：113-115.

[44] 李婷贤. 基于双层规划的区域水资源优化配置问题研究 [D]. 青岛：山东科技大学，2013.

[45] 李初升. 对城市经营若干问题的认识 [J]. 南开学报，2002（5）：62-67.

[46] 李延亮，施喆. 探索县级城市基础设施管理存在的问题及改进建议 [J]. 四川建材，2020，46（1）：188-189.

[47] 吕进. 新时期我国基础设施建设与运营管理 [J]. 现代物业，2019（12）：146.

[48] 鲁庆城. 公私合伙（PPP）模式与我国城市公用事业的发展研究 [D]. 武汉：华中科技大学，2008.

[49] 李秀辉，张世英. PPP：一种新型的项目融资模式仁 [J]. 中国软科学，2002（2）：51-54.

[50] 李永强，苏振民. PPP项目的风险分担分析 [J]. 经济师，2005（9）：248-249.

[51] 李红薇. 基础设施公募REITs在促进基础设施建设及发展领域的意义 [EB/OL]. (2020-05-11) [2020-12-20]. 清华PPP研究中心公众号.

[52] 李秀娟. PPP模式下污水处理项目风险分担研究 [D]. 沈阳：沈阳建筑大学，2017.

[53] 李宏俭，张倩倩. 建筑业BIM技术发展的阻碍因素及对策方案研究 [J]. 土木建筑工程信息技术，2016，8（5）：45-50.

[54] 刘晴. PPP模式下基础设施建设项目绩效评价研究 [D]. 西安：西安建筑科技大学，2015.

[55] 李金路，白伟岚. 新加坡的公园和绿化规划 [A]. 中国公园. 中国公园协会2002年论文集 [C]. 中国公园协会，2002：3.

[56] 李欣. 我国城市市政基础设施项目投融资研究 [J]. 环境保护，2007（6）：58-61.

[57] 卢现祥. 论政府在我国基础设施领域促进竞争及反垄断中的"诺思悖论" [J]. 管理世界，2002（2）：81-86.

[58] 李宇兰，武夷山. 私营部门参与城市环境基础设施建设和运营模式研究 [J]. 中国科技论坛，2004（2）：106-108.

[59] 马维唯. 国际太阳能发电产业现状及发展趋势 [J]. 太阳能，2020（1）：5-12.

[60] 毛腾飞. 中国城市基础设施建设投融资模式创新研究 [D]. 长沙：中南大学，2006.

[61] 马威. 我国城市基础设施建设采用PPP模式的研究与分析 [D]. 北京：财政部财政科学研究所硕士学位论文，2014.

[62] 你知道什么是水力发电吗？[J]. 中国水能及电气化，2018（7）：69-70.

[63] 彭景乐.论物联网中智慧城市的发展趋势[J].中国新通信,2016,18(22):51.

[64] 秦颖,鞠磊,赵世强.流域水环境治理PPP模式应用研究——以南宁那考河项目为例[J].工程经济,2016,26(12):26-29.

[65] 岑雪婷.智能化技术在绿色节能建筑中的创新应用[J].智能建筑,2016(2):66-71.

[66] 邱奎宁,李洁,李云贵.我国BIM应用情况综述[J].建筑技术开发,2015,42(4):11-15.

[67] 秦惠雄,冯中越.区域厂网一体、混合所有制与城市公用事业监管——基于北京排水集团的案例[J].城市管理与科技,2015,17(1):20-23.

[68] 钱斌华.构建智慧城市基础设施建设的PPP模式[J].宁波经济(三江论坛),2012(10):15-19.

[69] 任树梅,周纪明,刘红等.利用下凹式绿地增加雨水蓄渗效果的分析与计算[J].中国农业大学学报,2000(2):50-54.

[70] 射手.2020值得关注的工业互联网平台[J].互联网周刊,2020(12):24-30.

[71] 孙守胜,董晓芙.浅谈新时期人工智能如何赋能国家社会经济发展[N].中国科学报,2020-07-09(003).

[72] 孙春玲,徐叠元.利益均衡视角下的PPP项目定价研究[J].价格理论与实践,2015(10):123-125.

[73] 沈红香.新加坡30年绿化之路[J].中国花卉园艺,2002(1):22-23.

[74] 孙洁,瞿伟.城市基础设施的经营与管理[J].合肥工业大学学报(社会科学版),2004,18(6):28-31.

[75] 师海斌.天津城建投融资体制改革后基础设施养护管理模式的探讨[J].天津建设科技,2008(S1):64-66.

[76] 孙磊,冯海.浅谈城市基础设施管理模式的发展[J].民营科技,2010(8):219.

[77] 时秋慧.城市基础设施管理中存在的问题及对策[J].技术与市场,2016,23(1):112-113.

[78] 孙琳.对风力发电产业循环利用的探究[J].环渤海经济瞭望,2020(3):24-25.

[79] 时玉强,鲁绪强.风力发电的原理及推广应用[J].数码设计,2017,6(5):152-154.

[80] 孙晓光.城市基础设施建设及其投融资研究[D].天津:天津大学,2004.

[81] 宋程.REITs在基础设施PPP项目中的应用初探[J].工程项目管理,2020(3):225-228.

[82] 仝贺,王建龙,车伍,李俊奇,聂爱华.基于海绵城市理念的城市规划方法探讨[J],南方建筑,2015(4):108-114.

[83] 魏信勇.对城市基础设施定价收费体制的思考[J].管理与财富:学术版,2009(5):89-90.

[84] 汪永华.新加坡园林绿化考察及对我国城市绿化的启示.中州建设,2011(19):54-55.

[85] 王岩，范苏洪. 基于 5G 网络的物联网技术在智慧应急中的应用 [J]. 通信技术，2021，54（1）：224-230.

[86] 王大亮. 物联网技术应用及主要特点 [J]. 现代物业（中旬刊），2018（3）：30.

[87] 王明浩，吴韶波. 基于智慧城市建设的 NB-IoT 应用研究 [J]. 物联网技术，2017，7（7）：79-82.

[88] 王光. BIM 框架体系与未来发展趋势研究 [D]. 天津：天津大学，2016.

[89] 吴建. 智能化技术在绿色建筑中的应用分析 [J]. 中华民居（下旬刊），2014（8）：127.

[90] 汪慧波. 浅谈智能化系统在综合档案馆工程建设中的应用 [J]. 智能建筑与城市信息，2014（5）：66-68.

[91] 王芝松. 浅谈美国高速公路的建设与运营管理 [J]. 北方交通，2013（S2）：33-35.

[92] 汪红，姜学峰，何春蕾，武川红. 欧美天然气管理体制与运营模式及其对我国的启示 [J]. 国际石油经济，2011，19（6）：25-30+110-111.

[93] 吴文烨. 项目区分理论下基础设施投融资方式研究 [D]. 长沙：湖南大学，2010.

[94] 汪文雄，陈凯，钟伟，丁刚. 城市交通基础设施 PPP 项目产品 / 服务价格形成机理 [J]. 建筑管理现代化，2009，23（2）：105-108.

[95] 汪永华，李昂. 新加坡园林绿化对广州"花园城市"行动的启示 [J]. 广东园林，2008，30（6）：60-65.

[96] 翁殊斐，高伟. 人与自然和谐共居的花园城市——新加坡 [J]. 广东园林，2008（5）：65-67.

[97] 王朝晖. 新加坡"花园城市"建设的决定因素——公园绿地系统规划与城市规划的统一协调 [J]. 中国建设信息，2004（15）：54-57.

[98] 王立校，靳秉强. 现代城市基础设施管理体系初探 [J]. 经济论坛，2008（15）：46-47.

[99] 王丽英，尹丽丹，刘炳胜. 城市基础设施可持续运营的管理维护策略探析 [J]. 现代财经，2009，29（11）：63-66.

[100] 王丽英. 我国城市基础设施建设与运营管理研究 [D]. 天津：天津财经大学，2008.

[101] 我可再生能源发电装机同比增长 12%[J]. 机械制造，2019，57（3）：21.

[102] 吴鸣，陈莹莹. 城市基础设施项目融资模式的探讨 [J]. 工业技术经济，2010（2）：48-51.

[103] 王思齐，沈清基. PPP 模式在城市基础设施中的应用：多元与包容 [C].2012 中国城市规划年会，中国云南昆明，2012.

[104] 我国公租房 REITs 融资模式研究 [D]. 重庆：重庆大学，2014.

[105] 吴亚平. 投融资体制改革：何去何从 [M]. 北京：经济管理出版社，2013.

[106] 项目管理协会. 项目管理知识体系指南（PMBOK 指南）（第 4 版）[M]. 北京：电子工业出版社，2010.

[107] 谢新松. 新加坡建设"花园城市"的经验及启示[J]. 东南亚南亚研究, 2009（1）: 52-55+93.

[108] 谢华. 新加坡"花园城市"建设之研究[J]. 中国园林, 2000（6）: 33-35.

[109] 谢华. 蓝天碧水中的花园城市——新加坡城市美化绿化之研究[J]. 城市规划, 2000（11）: 35-38.

[110] 郁苗. 新型基础设施建设投融资模式研究[J]. 金融纵横, 2020（4）: 82-87.

[111] 迎"新基建"风口中国特高压行业市场产业链上中下游分析[J]. 电器工业, 2020（5）: 14-17.

[112] 严景宁, 刘庆文. 基于CAPM模型的水库PPP项目特许定价建模及仿真[J]. 南昌航空大学学报（社会科学版）, 2017, 19（4）: 26-34.

[113] 游达明, 彭雨薇. 城际轨道交通PPP项目定价模型构建[J]. 财会月刊, 2016（32）: 39-44.

[114] 严丹良. 公私合作项目绩效评价研究[D]. 西安: 西安建筑科技大学, 2014.

[115] 袁竞峰, 季闯, 李启明, Skibniewski Miroslaw J. 基础设施PPP项目的KPI评价标准设定研究及案例分析[J]. 现代管理科学, 2010（12）: 24-27+49.

[116] 姚兆祥, 梁日凡. 借鉴新加坡城市绿化经验探讨我国节约型园林建设模式[J]. 广西职业技术学院学报, 2009, 2（3）: 8-11.

[117] 余池明. 民间资本如何参与城市基础设施建设[J]. 中国建设报, 2003: 9-20.

[118] 夏芳晨. 城市公共资源运营机制研究[D]. 大连: 东北财经大学, 2011.

[119] 肖艳, 刘红平. 国外城市基础设施筹资模式及经验借鉴[C]. 中国企业运筹学学术交流大会, 中国内蒙古呼和浩特, 2009.

[120] 张振凯. 我国城市基础设施建设存在的问题及其对策浅析[J]. 经济师, 2001（3）: 40-41.

[121] 曾凡慧. 我国城市可持续发展面临的主要问题与对策[J]. 北方经济, 2008（15）: 73-74.

[122] 张珉. "新基建"前景可期[J]. 企业观察家, 2020（5）: 38-39.

[123] 张昌福, 杨灵运. "新基建"背景下工业互联网的安全挑战及应对策略研究[J]. 中国信息化, 2020（6）: 73-74.

[124] 张家燕. 数据中心专业体系及产业链分析[J]. 电信快报, 2018（11）: 33-36.

[125] 张喆. 城市基础设施的市场化运营机制研究[J]. 现代经济信息, 2013（15）: 395.

[126] 周扬帆. 物联网技术在智慧城市建设中的应用[J]. 江西建材, 2020（1）: 8-9.

[127] 赵忠坤. PPP（公私合营）项目的绩效评估研究[D]. 昆明: 云南大学, 2015.

[128] 郑昌勇, 张星. PPP项目利益相关者管理探讨[J]. 项目管理技术, 2009, 7（12）: 39-43.

[129] 赵新博. PPP项目绩效评价研究[D]. 北京: 清华大学, 2009.

[130] 赵国富, 王守清. BOT/PPP项目社会效益评价指标的选择[J]. 技术经济与管理研究,

2007（2）：31-32.

[131] 周亮. 城市基础设施经营研究 [D]. 成都：四川大学，2004.

[132] 周漪. 西安市基础设施管理存在的问题及对策研究 [D]. 西安：西北大学，2015.

[133] 住房和城乡建设部. 海绵城市建设技术指南——低影响开发雨水系统构建（试行）[M]. 北京：中国建筑工业出版社，2014.

[134] 张彦婷. 上海市拓展型屋顶绿化基质层对雨水的滞蓄及净化作用研究 [D]. 上海：上海交通大学，2015.

[135] 周建国. 济南市"海绵城市"建设管理问题研究 [D]. 济南：山东大学，2016.

[136] 张伟，王家卓，车晗等. 海绵城市总体规划经验探索——以南宁市为例 [J]. 基础设施研究，2016，40（8）：44-52.

[137] 周显彤，鞠振河. 关于太阳能发电技术的综述及展望 [J]. 电子世界，2020（1）：83-84.

[138] 朱建乐. 风力发电存在的问题与发展策略 [J]. 居舍，2020（5）：9.

[139] 张欣，王丹忠. BOT 模式在基础设施项目中的应用 [J]. 东北财经大学学报，2002（3）：47-48.

[140] 曾刚，陈晓. 中国版 REITs 为什么选择从基础设施领域破题？ [N]. 21 世纪经济报道，2020-05-18（004）.

[141] 赵新博，王守清. 展望 REITs 之后我国基础设施投融资的发展与创新 [EB/OL].（2020-6-24）[2020-12-20]. 清华 PPP 研究中心公众号.

[142] Antonio Estache.Emerging Infrastructure Policy Issues in Developing Countries[C] A Survey of the Recent Economic Literature，World Bank Working Paper，2004.

[143] Biswajit D. Housing and Urban Infrastructure Management：Sustainable and Green Development[J].International Journal in Management & Social Science，2015（3）：355-365.

[144] Broadbent，J. and R. Laughlin." Public Private Partnerships：An Introduction[J]. Auditing& Accountability Journal，2003，16（3），332-511.

[145] Clive Harris. Private Participation in Infrastructure in Developing Countries[C]，world bank working paper，No.5，2003.

[146] Dae S Y，Jong H P. Urban Infrastructure Management in Developing Countries[J]. Journal of the Korean Regional Science Association，2000（16）：115-136.

[147] Damianov D S &Elsayed A H. On the transmission of spillover risks between the housing market，the mortgage and equity REITs markets，and the stock market[J]. Finance Research Letters，2018，27：193-200.

[148] John R.Allan. PPP：a Review of Literature and Practice[C]. Saskatchewan Institute of Public Policy Public Policy Paper，No.4. 1999.

[149] Kelly，G. The New Partnership Agenda[R]，London：Institute for Public Policy Research，2003.

[150] Kumaraswamy .M., Governmental role in BOT-led infrastructure development [J].International Journals of Project Management, Vol.19, 2001（8）: 49-73.

[151] L.Y. Shen, W.C.Wu, S.K.Ng.Risk assessment for construction joint ventures in China [J]. Journal of Construction Engineering and Management（ASCE）, 2001, 127（1）: 76-81.

[152] Linder, S.H.and P.V.Rosenau. "Mapping the Terrain of the Public-Private Policy Partnership", in P.V.Rosenau（ed.）, Public Private Policy Partnerships, Cambridge, MA: MIT Press, 2000.

[153] Manning, N. "The New Public Management in Developing Countries", in C.Kirkpatrick, R.Clarke and C.Polidano（eds）, Handbook on Development Policy and Management, Cheltenham: Edward Elgar, 2002.

[154]]Phillip F, Ehab Y, Geungu Y. The impact of the new real estate sector on REITs: An event study[J]. Journal of Economics & Finance, 2018, 43（4）: 1-19.

[155] S.M.El-Sayegh.Risk assessment and allocation in the UAE construction industry[J].International Journal of Project Management 2008, 26（4）: 431-438.

[156] Stoker, G. "Public Private Partnerships and Urban Governance", in J.Pierre（ed.）[J]. Partnerships in Urban Governance: European and AmericanExperience, Basingstoke: MacMillan, 1998.

后记

2016年经申请审批获得本教材的写作任务，期初申请的时候信心满满，但是真正动笔时却无从下手。主要困惑有以下几点：第一，目前市面上可参考的教材少之又少，大多数相关的书基本上是从规划和工程技术的角度编写，关于城市基础设施运营的书和资料相对较少；第二，城市基础设施涉及的内容相当宽泛，恐面面俱到又无法突出重点；第三，城市基础设施的运营实际上已经前置，如果不谈建设及投资就无法全面理解运营，建设和运营的内容交叉应怎么入手；第四，新旧基建内容整合后较多，而且"新基建"的内容界定目前尚不清晰，也无先例可循。基于以上困惑，通过课题组讨论，在参考已有相关教材的基础上，定了几个基调：第一，不面面俱到，抓重点；第二，建设与运营交叉研究；第三，把最新的投融资方式（PPP、RIETs）、"新基建"及"智慧运营"等内容写入教材；第四，通过采用通俗易懂的语言、章节后配案例和思考题等方式使读者更容易阅读。

本教材的完成是多方助力的结果。首先感谢住房和城乡建设部给予写作本教材的机会，同时本教材得到了中国建筑工业出版社的资助，出版过程中中国建筑工业出版社的编辑们倾注了大量心血，在此表示衷心感谢；其次，感谢北京建筑大学城市经济与管理学院在资源、时间、资金上的大力支持；最后，特别感谢我的研究生团队（孙丽梅、冯晓阳、代红梅、阚金祚、房芷萱、郑碧瑶、李佳宁以及原中国工程建设标准化协会秘书、现对外经济贸易大学博士李蕊等）及大唐黑龙江发电有限公司徐光同志在资料搜集及写作方面给予的支持。同时，本教材在写作过程中参考了国内外近几年发表的相关论文及书籍，以及国内外知名大学的硕博论文，正因为有了这些铺垫才让教材的内容更加丰富多彩。由于篇幅所限，不能一一列示作者，在此一并表示深深的谢意！